동아시아 문명과 한국의 생태주의

Civilization of East Asia and Ecologism of Korea

한 면 희 지음

동아시아 문명과 한국의 생태주의

Civilization of East Asia and Ecologism of Korea

한 면 희 지음

철학과현실사

머리말

━━━━━━━

필자가 환경문제(environmental problems)에 관심을 갖게 된 시기가 1980년대 말이므로 어느덧 세월이 흘러 20년이 되었다. 옛말에 십년이면 강산도 변한다고 했다. 아닌 게 아니라 변한 것이 많다. 필자도 변했겠지만, 그것 이상으로 환경에 대한 일반적 인식은 확연히 변했다. 1980년대 중반까지 한국에서 바라보는 환경문제는 단순히 공해문제로 여겨졌다. 그것은 산업공단 인근에서만 나타나는 국지적 현상으로 비춰졌던 것이다. 그러던 것이 한국 사회 전체의 문제, 더 나아가 지구촌의 문제로 확연히 각인된 계기는 1991년에 낙동강에서 발생한 페놀 오염 사건과 1992년에 브라질 리우에서 개최된 UN 환경개발회의 내용이 언론과 방송의 매체를 타고 한국 사회 전역에 알려지면서 비롯되었다.

1980년대의 한국은 뒤늦게 개발 대열에 동참하여 근대화와 산업화를 향해 치닫고 있었기 때문에 제대로 인식하지 못했을 뿐이지 이미 산업의 고도화를 달성한 선진국은 환경문제가 심각한 양태로 치닫고 있음을 자각하고 있었다. 어찌 되었든 21세기에 이른 오늘날 한국도 선진국을 뒤에서 따라갈 정도로 문제를 인식하는 수준에 이르렀다. 환경문제를 해결하는 데 비교적 진지한 노력을 기울인 집단으로 독일을 비롯한 서유럽 일부 나라를 들 수 있다. 그와 반대로 책임을 회피한 대표적 나라로 미국을 꼽을 수 있을 것인데, 오바마 정부가 들어서면서 부분적으로 상황이 바뀌고 있어서 그나마 다행으로 여겨진다. 무엇보다도 화석연료에 의존하던 경제에서 그 비율을 줄이면서 재생 가능한 에너지원을 찾아 새롭게 발굴하려는 시도가 전개되고 있다. 한국의 정부조차 그 진실성이 의심스럽지만 녹색성장을 외치는 것을 보면, 인식이 달라지고 정책에 변화가 야기되고 있는 것은 분명해 보인다.

지구촌 환경문제에 대한 세계 일반의 인식이 바뀌고 있는데, 그 연유로 지구 온난화 사태 등을 거론할 수 있고 또 가까이로는 2008년에 들이닥친 세계 금융위기에 의해 촉발된 측면도 있다. 그러나 변화의 근원은 기본적으로 화석연료 의존형 경제를 유지하고 있던 산업문명(industrial civilization)의 구조적 한계 때문이라고 할 수 있다. 현재 진행되고 있는 제도와 정책의 변화는 아직 뿌리에 이르지 못하고 현상적 치료에 머무는 정도에 불과하다. 왜냐하면 현재의 지구촌 경제는 성장을 지속적으로 도모하면서, 그 에너지원으로 기존의 화석연료와 원자력, 그리고 태양열과 풍력 등 재생 가능한 에너지에서 찾아 다변화하는 수준이기 때문이다.

초기 산업화 이후 지속된 문명이 석유와 석탄 등 화석연료에 의존해 왔다는 점에 비추어 볼 때, 재생 불가능한 화석연료 의존형 경제에서 장차 재생 가능한 태양형 경제로 바뀔 경우 그것은 일대 차원 변화로 간주될 것임은 분명하다. 그러나 문제는 여전히 남게 된다. 동력 에너지가 재생 가능한 것으로 전환되고 있을 뿐이지, 산업사회 인간의 생활양식에서 요구되는 물품은 여전히 철이나 시멘트 등에서 보듯이 영원히 재생할 수 있는 자원은 아니기 때문이다. 비록 과학기술이 새로운 것을 개발하여 제공함으로써 속도가 늦춰질 수는 있어도 현대인은 지구 생물권이 다 감당할 수 없는 경제성장의 한계(limits of economic growths)에 봉착할 수밖에 없다. 바로 이 경계에 다가가면서 산업문명은 종식을 고하게 되고, 그에 따라 새로운 문명으로 진입하지 않을 수 없을 것이다.

산업문명이 스스로 한계 상황에 봉착하는 까닭은 물질적 풍요를 마음껏 누리도록 조성된 사회제도와 생활양식 때문이고, 그 배후에는 자연을 도구로만 간주하는 산업주의(industrialism) 가치관이 자리를 잡고 있다. 이에 산업사회 이후에 오는 문명의 자연관은 생태주의(ecologism)일 수밖에 없다. 생태주의 자연 이념을 토대로 형성된 문명은 초록문명 또는 생태문명(ecological civilization)이 될 것이다. 이때 생태문명의 체제를 이루는 이데올로기는 하나일 수도 있지만 여럿일 수도 있다. 산업주의 문명에서 자본주의와 사회주의 두 체제가 등장한 것처럼, 그런 형세로 나타날 수 있다. 다만 생태주의는 구성원 사이의 연계성(relationship)이 우선적으로 중시되는 까닭에 상대적으로 이념적 대립의 간격은 훨씬 좁혀질 것으로 예측된다. 여기서 필자는 산업문명의 토대를 이루는 자연관으로 산업주의가 있듯이 생태문명의 기반을 형성하는 자연 이념으로 생태주의를 설정할 수 있다고 본다. 필자는 이런 것을 소극적 생태주의로 표현하고자 한다. 그런데 생태문명의 체제를 이루는 실천적 이데올로기가 나타날 것이다. 이런 것이 출현해야 사회가 구체적 상을 구현하면서 자리를 잡게 되기 때문이다. 이것 역시 구체성을 띤 생태주의로 상정할 수 있다. 필자는 이것을 적극적 생태주의라고 부르겠다.

이 책에서 필자는 동아시아 문명과 한국의 전통적 자연관이 소극적 생태주의로 알맞다고 주장한다. 그것은 자연 친화적 사상과 문화를 풍성하게 잉태하고 있었기 때문에, 새로운 문명의 자연이념으로 그다지 손색이 없다고 판단한다. 다만 문제는 옛것으로서 빛이 바랬다는 것이 한계다. 이에 현재 한국에서 펼쳐지는 생태적(또는 생명적) 담론, 즉 김지하의 생명사상과 장회익의 온생명론이 그런 것을 현대적 버전으로 수용하고 있으므로 주목할 필요가 있다고 여긴다. 그리고 여기서 더 나아가 한국적 색채의 이념적 논의의 활성화를 위해 필자가 이전부터 주장한 기(氣)-생태주의 이론을 함께 어울리도록 추가하였다. 필자가 이렇게 의도하는 이유는 장차 한국적 생명문화학파의 탄생으로까지 이어지는 담론의 활성화가 지속되고, 그에 따라 적극적 생태주의의 반열에 오를 수 있기를 희망하기 때문이다.

끝으로 이 책이 나오도록 도움을 주신 분들께 감사를 드린다. 비록 본문에서 필자의 좁은 소견으로 그 특성을 드러내고 또 단호히 비판적 평가도 수행했지만, 시인 김지하 이사장님 및 장회익 교수님과 맺었던 인연을 기쁘고 소중하게 여긴다. 바쁘게 책이 나오도록 신경을 써준 철학과현실사에도 감사를 전한다. 책이 나오도록 부추긴 이강원 교수님, 글의 성격을 전반적으로 평가하고 자문에 응해 준 선배 이진복 교수님, 꼼꼼하게 교정을 보고 평가도 해준 후배 윤종호님께 고마움을 전한다. 그리고 녹색대학에서 맺은 인연 이후 끈끈한 정으로 좋은 저술 출간을 독려해 준 지혜학교 김창수 교장선생님, 동아시아 의학을 보는 눈을 깊게 열어 준 녹색대학 유시호 교수님과 늘 함께하면서 정신적 안식을 갖게 하는 아내 권성아님께 말로 다할 수 없는 감사의 마음을 전한다.

2009년 7월 20일
가언(駕言) 한면희 모심

8

차 례

제 1 부

생태주의에 대한 이해

산업사회의 현대인은 인류 역사상 유래를 찾을 수 없을 정도로 풍요로운 세상을 맞이하고 있다. 그런데 물질적 풍요에 수반된 환경문제가 점차 위기로 증폭되면서 인류를 위험사회로 내몰고 있다. 그대로 방치한다면, 지구 생물권은 상당히 파괴되고, 진화의 오디세이 호에 함께 동승하고 있는 현존 생물 종은 극도로 위협을 받게 되며, 인류도 참혹한 곤경에 처하게 될 것이다. 사태가 이 지경으로 치달은 것은 물질을 중시하는 산업문명에서 연유한 것이지만, 그 이면에는 우월한 인간이 열등한 자연을 정복할 수 있다고 여기는 오만한 태도가 자리 잡고 있다. 이는 사회 내의 계층화 구조가 자연으로 확장되면서 나타난 필연적 귀결인데, 이런 지배적 자연관에는 인간과 자연이 분리되어 있다는 이원론적 인식이 배어 있다.

위기 극복을 위해 해법을 모색해야 하는데, 현존 체제를 그대로 유지하면서 자연을 효과적으로 관리하려는 보수적 환경주의는 본원적 해결책일 수 없다. 이에 산업문명을 넘어 새로운 문명을 열어 갈 생태주의가 실질적이면서 근원적인 대안으로 부상할 수 있다. 마침 자연을 생명적 단위의 연결 관계로 기술하는, 즉 생물과 생물, 생물과 물리적 환경을 연계해서 설명하는 자연과학의 생태학(ecology)이 출현했다. 환경문제는 사회의 중대 사안으로 등장하고 있으므로 생태적 인식은 사회과학적 생태론(ecological theory)으로 확장되고 있다. 그리고 더 나아가 세계관과 사회제도, 생활양식까지 포함하는 패러다임 전환으로 이행해야 하는데, 그러려면 이념적 생태주의(ecologism)의 지평으로 격상되어야 한다.

지구촌 사회에서 1970년대에 환경위기를 자각하면서 여러 유형의 생태주의가 출현하였다. 주로 서양에서 등장했지만, 향후 자연 친화적 문화와 전통을 풍부하게 갖고 있는 비서구권, 대표적으로 동아시아 등지에서 새로운 생태주의 사상과 이념이 나타날 수 있다. 앞으로 색깔을 다소 달리하는 생태주의가 출현할 것으로 예견되기 때문에, 최소한의 의미 규정이 이루어지지 않으면 자칫 혼란스럽게 비춰질 수 있다. 이에 필자는 생태주의를 두 단계로 분류했다. 소극적 생태주의는 인간(사회)과 자연이 유기적으로 연결되어 있다는 연계성 논제와 자연이 도구를 넘어서는 가치를 갖는다고 보는 탈도구적 가치 논제를 함께 받아들일 때 성립한다고 본다. 적극적 생태주의는 소극적 유형의 두 논제를 수용하면서, 추가로 두 논제를 포함한다. 첫째는 사회의 지속적 성장을 허용하기에는 자연에 한계가 있다는 생태적 한계성 논제이고, 둘째는 현실 속에서 구체적으로 실현이 가능하도록 이념의 체계화가 구축되어야 한다는 이념 구체화 프로그램 논제이다. 여기서 논의된 네 가지 논제는 그것을 소극적 또는 적극적 유형의 생태주의로 평가할 수 있는 최소 필요조건이다. 이런 기본 논제에 어떤 옷을 입히거나 또는 또 다른 요인을 추가하고 있느냐에 따라서 그것은 생태주의 내에서도 그 나름의 고유한 색채를 드러내는 것으로 평가를 받게 될 것이다.

1 장 생태주의의 출현과 의미

1. 환경문제와 위험사회

지구상의 숱한 생명체 가운데 인간은 진화를 거치면서 도구 사용 방식을 발전시키고, 이에 따라 수렵과 목축 생활을 거쳐 마침내 한곳에 정착하면서 땅을 경작하기 시작했다. 인간의 도구 사용은 정신의 발달을 더욱 촉진하고, 마침내 자연에 문화(culture)를 구축하는 단계로 형성되었다. 원시 공산제에서 출발하여 고대 노예제 국가를 거쳐 봉건제 사회로 이어졌는데, 이때까지는 주로 논과 밭을 경작하여 확보하는 농산물로 생활을 영위하는 농업문화를 형성했다. 그런데 근대에 들어서서 서양에서는 지리상의 발견으로 무역의 장이 확장되면서 상업의 비중이 매우 높아졌고, 과학과 기술의 발전에 따라 새로운 형태의 산업문명이 등장했다.

산업문명은 자본주의를 탄생시키면서 획기적인 생활양식의 변화를 초래했다. 봉건제 사회의 낙후된 생산력을 개선하여 생산성 증진을 이룩했다. 초기 산업 자본주의는 경제의 파이를 키움으로써 점차 사회를 빈곤에서 벗어나도록 인도했지만, 그 과실은 주로 신흥 지배계급인 부르주아에게 집중됨으로써 사회의 경제적 불평등은 더욱 심화되었다. 야수와 같은 초기 자본주의의 한계가 사회적 실상으로 노출되면서 사회주의가 출현했다. 자본주의가 사유재산제와 시장경제를 두 축으로 삼고 있었던 반면, 마르크스주의는 생산수단의 사적 소유 철폐와 국가의 계획경제를 통해 계급이 사라지고 만인이 평등한 사회를 추구했다.

산업사회가 어떤 형태의 제도를 채택하든, 그 목적은 인간을 위한 생산성 증진의 도모에 있다. 산업 자본주의는 개인의 자유로운 영리 활동을 보장하고 또 시장제도에 따라 그 과실이 각자의 능력에 따라 수확되도록 허용함으로써 자연에 대한 사회적 이용을 가장 효율화하고 있다. 마르크스의 산업 사회주의도 국가의 계획경제에 의거할 뿐이지 만인의 평등하고 풍요로운 삶을 위해 생산력을 증진시키는 데 주안점을 두기는 마찬가지였다.[1] 자본주의 시장경제의 기본 틀을 유지하면서 사회주의 이념을 부분적으로 반영하여 사회보장제도를 강화하는 형태로 출현한 복지국가의 노선도 그 자체로는 산업사회의 연장선상에 있었다. 그러나 이런 산업사회의 물질적 풍요 추구는 그 이면에 엄청나게 증폭되는 환경문제를 수반하고 있었다.

환경문제는 초기에 산업 선진국에서 먼저 발생하였고, 이후 공해 다발성 생산설비의 후진국 이전으로 인해 전 세계 모든 국가로 파급되었다. 따라서 20세기 초에는 선진국에서 국지적 형태로 발생하던 환경재난이 20세기 후반부터는 전 지구적 규모로 증폭되고 있고, 그것이 21세기에 들어선 지금에는 위기의 모습으로

---

1) A. McLaughlin, *Regarding Nature*(Albany: State University of New York Press, 1993), p.61.

더욱 가시화하고 있다. 환경문제를 진단하는 방식은 크게 둘로 구별된다. 하나는 보수적 접근으로서 환경문제가 문제인 것은 분명하지만, 그것을 현 체제 속에서 해결할 수 있다고 본다. 또 다른 하나의 진보적 접근은 환경문제가 위기로 증폭되고 있고, 그 위기가 직접적으로 산업사회에서 기인한다고 여긴다.

환경문제에 보수적 시각으로 접근하는 경우는 환경주의로 나타난다. 환경주의(environmentalism)는 전통적인 세계관과 사회제도를 그대로 유지하고자 한다. 이것은 현존 산업문명의 사회제도를 유지하는 선에서 환경문제를 풀자는 것이다. 다시 말해서 산업문명, 좀 더 특화해서 산업 자본주의 체제가 제공하는 물질적 풍요를 그대로 만끽하면서 환경문제를 해결할 방도를 모색한다. 자연에 대한 가치관도 산업주의 세계관을 유지하는 선에서 다소간의 변화를 주고자 한다. 이성적 인간에게 자연은 도구로서의 가치(instrumental value)를 지닐 뿐이다. 이성적 인간은 우월한 주체로서 자연을 자원(resources)의 보고로 간주하여 이용하되, 부족한 자원과 환경오염의 문제를 주로 시장제도와 과학기술에 맡겨해결하는 정책적 접근을 취한다. 자원이 풍부할 때 도구적 값어치는 낮게 평가되어 이용자가 많도록 하고, 부족한 자원의 경우수요-공급의 논리에 따라 도구적 값어치가 올라가게 되어 이용자가 줄어듦으로써 합리적으로 자원 사용이 이루어지도록 한다. 예컨대 맑고 깨끗한 물과 공기가 풍부하면 누구나 자유자재로 마음껏 향유하게 되지만, 그 반대가 되면 많은 돈을 주고라도 공급받고자 하는 수요가 늘어날 것이며, 이에 따라 물과 공기를 정화하는 과학기술에 의뢰하여 문제를 해결할 수 있다고 보는 것이다. 물론 국가가 법률을 통해 오염의 정도를 수치로 제시하고 이를 준수하도록 과학기술에 따른 오염정화 설비를 구비하여 운영하게 하며, 이를 어기는 기업에 대해서는 고발을 통해 벌금을 물리는 정책적 조치도 병행하고자 한다. 다만 산업 사회주의는 시장의 역할을 국가가 계획에 의해 담당하도록 조치를 취한다는 점에서만 자본주의와 다르다고 할 수 있다.

문제는 보수적 환경주의 정책이 환경문제의 고삐를 근원적으로 잡을 수 있느냐는 것이다. 환경주의의 결정적 한계는 산업문명이나 산업 자본주의를 유지하고자 하므로 무한한 물질적 성장을 도모하고, 그에 따라 생물권이나 생태계가 갖는 생명부양 체계의 한계를 고려하지 않는다는 데 있다. 그런데 인간의 경제는 지구 생물권 경제의 하위에 속해 있다.[2] 녹색식물은 광합성 작용을 통해 이산화탄소를 흡수하고 산소를 배출하며 스스로를 탄수화물의 저장소로 만드는데, 이런 녹색식물의 일부는 초식동물의 먹이가 되며, 또 이것의 일부는 육식동물의 먹이가 된다. 그리고 생명체의 생물학적 시한이 끝나면, 박테리아와 같은 미생물이 작용하여 유기물을 다시 무기물로 분해하여 땅으로 되돌린다. 생명 에너지가 순환함으로써 모든 지구 생명체가 삶을 의지하며 살아가는 것이다. 이렇게 자연은 온갖 생명체를 부양하는데, 여기서 탄생한 인간이 자연을 잠식하면서 숱한 생명체가 질식할 정도로 문화적 권력을 행사하고 있는 것이 현실이다.

과거 유럽 선진국의 산업화에 따른 생태적 부하는 전 지구적 차원에서 어느 정도 감내가 가능했다. 그러나 전통적 선진국이 더 많은 상품시장을 요구함으로써 산업화가 전 세계로 퍼져 나가기 시작하고, 특히 신자유주의 무역질서가 이를 추동하면서 문제

---

2) H. E. Daly, "Sustainable Growth: An Impossibility Theorem", H. E. Daly et al.(eds.), *Valuing the Earth: Economy, Ecology, Ethics*(Cambridge: The MIT Press, 1993), p.267.

는 급변했다. 거대한 인구 대국 중국과 인도 등을 비롯한 후발 개도국도 산업 자본주의 체제에 본격적으로 뛰어들면서 사태가 달라지기 시작했다. 예컨대 13억의 중국이 미국인의 생활양식을 닮고자 하고, 그래서 어느 시점에 가정마다 자동차를 보유하는 등 동일한 방식으로 석유를 사용하게 되면, 중국 한 나라만으로 전 세계 석유 생산량을 몽땅 써야 하는 상황에 직면할 것이다. 실제로 1990년대 초 세계 전체 석유 생산량이 7천 4백만 배럴이었는데, 미국의 생활양식을 닮은 중국이 필요로 하는 양은 8천만 배럴로 추정되었다. 그리고 중국의 1년 종이 소비량이 1인당 35kg인데, 미국의 수준인 342kg이 된다면, 세계 전체 숲의 절반의 나무를 베어야 한다.3) 한마디로 지금과 같은 추세로 간다면, 지구 두세 개가 필요한 셈이다. 이것은 보수적 환경주의에 따른 문제 대처가 지구 생물권의 생명부양 한계를 고려하지 못함으로써 실패할 수밖에 없다는 것을 의미한다.

인류를 위협하는 또 다른 요인이 있다. 이미 1963년에 카슨(R. Carson)은 『침묵의 봄(Silent Spring)』이란 저서를 통해 이를 예고한 바 있다. 제2차 세계대전을 겪으면서 본격적으로 출현한 화학약품의 사용이 한편으로 해충을 죽임으로써 농산물 생산성을 증대시켰지만, 또 다른 한편으로 대지를 병들게 하고 생명체를 죽이며, 인간에게 암과 같은 각종 질병을 주는 양태로 나타나고 있다.

화학물질은 우리 생활의 영역으로 성큼 다가와 있다. 유아용 젖병과 캔커피, 컵라면, 배달해 먹는 비닐 씌운 음식에서 비스페놀A와 스틸렌다이머와 DOP 탈레이트, 맹독성의 노닐페놀 등이

---

3) 레스터 브라운, 한국생태경제연구회 옮김, 『에코 이코노미』(도요새, 2003), 38-40쪽.

미량이나마 검출된다. 모두 발암성 물질인데, 낱개로는 안전하지만 계속 누적된다면 치명적 질병을 초래하거나 자녀에게 전이되는 문제로 비화하게 된다. 2003년에 세계적 환경운동단체인 세계자연기금(WWF)은 당시 유럽연합(EU)의 환경부장관에 해당하는 환경 담당 집행위원에게서 혈액을 채취하여 그 속에 독성 화학물질이 얼마나 검출되는지를 확인한 바 있다. 그때 그녀의 피에서 28종의 독성 화학물질이 채취되어 모두를 깜짝 놀라게 하였다.4)

　인조환경에서 출현하는 온갖 화학물질이 자연으로 흘러들어 동물의 생식기능 이상을 초래하고 있다. 환경물질이 동물의 정상 호르몬을 밀쳐 내고 유사 호르몬으로 작용하여 수컷을 암컷화하거나 암수동체의 출현을 발생시키고 있다. 1990년대부터 도쿄 다마강과 런던 템스강에서 잡힌 어류에서 이런 현상이 높은 빈도로 나타났고, 미국 플로리다 반도에서는 야생 퓨마 등에게도 나타난 바 있다. 이런 환경호르몬은 자연을 거쳐 인간에게도 들어온다. 특징적으로 남성에게는 정자의 수를 감소시키거나 비정상으로 만들어 불임을 유발하고 또 점차 중성화나 여성화로 인도하며, 여성에게는 유방암 발병이나 극심한 생리통 등을 유발한다. 물론 인간 개개인의 약한 틈으로 스며들어 각종 암을 발생시키는 것으로 알려져 있다. 그리고 산업화한 가축의 사육은 조류독감을 발생시켜서 장차 포유류와 인간에게도 전이될 가능성을 드리우고 있고, 생명체에 대한 유전자 조작 기법은 인간의 밥상을 불안하게 만들 뿐 아니라 장차 어떤 항생제를 써도 듣지 않는 슈퍼바이러스의 출현도 배제할 수 없는 방식으로 확장되고 있다. 한마디로 후기 산업사회는 위험사회(risk society)로 진입하고 있는 셈이

---

4) 『한겨레신문』, 「내 혈액은 화학물질 칵테일」, 2003년 11월 8일자.

다. 보수적 환경주의는 산업사회의 현상적 치료에 머문 채 그 구조적 위험요인을 원천적으로 차단하는 노력을 기울이고 있지 않다는 점에서 명확히 한계를 드러내고 있다.

이에 반해 진보적 시각에서 조망하면, 환경위기는 산업문명의 구조에서 비롯된 것이다. 아파트 및 사무실과 같은 콘크리트 구조물에서 생활을 영위하면서 산업공단이 산출한 문명의 이기를 풍성하게 향유하는 인조환경의 현대인은 한편으로 자연환경으로부터 석유와 석탄, 철 등 에너지와 물질을 이용하고 또 다른 한편으로 순치환경으로부터 농수산물을 확보하여 사용하는데,5) 이렇게 자원을 발굴하여 상품을 생산하고 소비하며 폐기하는 과정에서 두 가지 유형의 문제를 발생시킨다.6) 첫째, 석유와 석탄 등 재생 불가능한 에너지를 점차 고갈시킴으로써 자원을 둘러싼 유무형의 시련을 겪고 국제적 갈등을 증폭시킨다. 둘째, 자연에 과부하를 줌으로써 자연의 생명부양 체계를 취약하게 만들고, 그에 따라 현존하는 동식물 종을 소멸로 이끌며, 그리고 그 먹이사슬의 업보로서 인간의 건강과 생명을 위협하는 지경으로 내몬다. 이때 자연환경과 순치환경 이외에 현대인의 생활에 핵심이 되는 인조환경이 바로 산업문명의 직접적 산물이기 때문에 위기는 산업사회에서 비롯된 것이다.

위기의 징후는 다양한 형태로 나타나고 있다. 석유 등 자원 가격의 폭등은 현대사회에 엄청나게 폭발성을 지닌 잠재적 불안 요인이다. 산업화에 따른 개발로 숱한 생물 종이 이미 멸종했거나

---

5) 인간이 살고 있는 지구의 여건을 자연환경과 순치환경, 인조환경의 셋으로 구별한 것에 대해서는 다음을 볼 것. 유진 오덤, 이도원 외 옮김, 『생태학: 환경의 위기와 우리의 미래』(민음사, 1995), 22-24쪽.

6) 한면희, 『초록문명론』(동녘, 2004), 55-56쪽.

멸종 위기에 처함으로써 지구상의 생물 종 다양성이 약화되고 있고, 아마존 유역 및 인도네시아, 말레이시아 열대림과 같은 야생 자연환경이 급격히 사라지고 있다. 그리고 무엇보다도 더욱 큰 시련이 현대인을 기다리고 있다. 하나는 온실가스 과다 사용에 따른 지구 온난화와 이로 인해 초래되는 기후 대재앙이다. 또 다른 하나는 인류가 사용한 온갖 화학물질과 생명공학의 유전자 조작이 자연으로 스며들어 각종 생태계를 병들게 할 뿐 아니라 인간에게도 부메랑으로 되돌아와서 환경호르몬 등에 의한 치명적 위해를 초래할 것이라는 점이다.

서구에서부터 조성된 근대화의 물결은 인류가 자연재난과 빈곤에서 벗어날 수 있는 결정적 계기를 제공했다. 이것은 부인할 수 없는 엄연한 사실이다. 그런데 문제는 그것이 오늘날 욕망으로 점철된 분별없는 물질적 풍요로 치닫게 됨으로써 오히려 사회의 구조적 위험요인을 증폭시키는 위험사회로 몰아가고 있다는 데 있다.7) 과거 빈곤사회에서 잠시 동안의 풍요사회로, 그리고 이제는 풍요-위험 공존사회로 접어들고 있다. 그대로 방치한다면, 장차 위험상존사회로 이행하게 됨으로써 미래세대 인류와 지구상의 현존 생명체는 치명적 위험 상황에 직면할 것이다. 따라서 이런 진단이 옳다면, 향후 우리는 위험사회가 목전에 다가와 있음을 염두에 두면서 우리가 직면한 문제를 슬기롭게 풀 수 있어야 한다. 이것은 환경문제 발생의 근본 원인을 진단하고, 그에 따라 새로운 해법을 제시하는 진보적 접근으로 나아가지 않을 수 없음을 뜻한다.

장차 산업사회의 현대인이 위험사회로 진입하는 과정에 노출되

---

7) 울리히 벡, 홍성태 옮김, 『위험사회』(새물결, 2006), 39쪽.

어 있다면, 불가피하게 진보적 생태주의에 대한 이해를 토대로
자치에 대한 상을 새롭게 설정하지 않으면 안 된다. 생태주의
(ecologism)는 기본적으로 전통적 세계관과 사회제도를 혁신하고
자 한다. 왜냐하면 그것을 위기의 당사자이자 뿌리로 인식하기
때문이다. 이에 생태주의는 진보적이다. 그런데 생태주의는 출현
과정에서 20세기에 본격적으로 발아한 자연과학의 생태학과 긴
밀하게 연결되어 있다. 생태학(ecology)은 기존의 주류 생물학과
성격이 매우 다르다. 주류 생물학은 서양의 이원론적 세계관에
따라 생명체를 파악하는 경향이 강했다. 반면 생태학은 생물 또
는 군집을 그 물리적 환경과 연결해서 바라본다는 특징을 갖고
있다. 생물과 생물, 생물과 물리적 환경을 분리해서 보지 않고 서
로 연결해서 조망하는 시각은 환경문제를 해결하는 데 필요한 새
로운 자연관 형성에 결정적 영향을 끼쳤다. 다만 자연과학으로서
생태학의 한계도 노출되었다. 왜냐하면 환경문제는 사회적 현안
으로 발생하여 사회제도와 정책의 변화로 이어져야 했고, 더 나
아가 제도와 생활양식의 혁신을 수반하는 패러다임 전환으로까지
이어지는 이념적 지평으로 격상되어야 했기 때문이다. 이에 이
장에서는 자연과학의 생태학적 기술을 통해 형성된 인식을 바탕
으로 사회적 현안을 해결하기 위한 사회과학의 생태론적 논의가
어떻게 진행되는지, 그리고 생태적 논의의 지평에서 이념적 생태
주의가 어떤 의미를 갖고 출현하게 되었는지를 살펴보고자 한다.
끝으로 자연 친화적 대안문명의 출현과 연관된 새로운 사상들을
생태주의의 반열에 올려놓을 수 있는지를 평가하기 위해서 생태
주의를 소극적 및 적극적 계기로 분별하여 그 최소 기준을 논의
하고자 한다.

2. 자연과학의 생태학과 특성

자연과학은 근대에 접어들면서 비약적으로 발전을 이룩했다. 우주관과 천문학에서는 고대와 중세에 드리웠던 지구 중심의 체계가 태양 중심의 체계로 바뀌었고, 역학에서는 일상적 경험에 의존하는 형태에서 수학적 언어에 기초한 뉴턴(I. Newton)의 역학으로 전환되었으며, 과학의 방법에 대한 성찰도 변화를 맞이했다. 과학혁명이 일어난 것인데, 한마디로 근대의 뉴턴 패러다임으로 변모되었다.

근대과학이 발전을 거듭하고 이후 기술과 합세하면서 위력적인 현대의 과학기술로 태동하게 되는데, 그 이면에는 과학사상이 깊게 자리 잡고 있었다. 근대 이후 과학사상을 형성하는 데 지대한 영향을 끼친 가장 대표적인 철학자로서 데카르트(R. Descartes)와 베이컨(F. Bacon)을 들 수 있다. 대륙의 합리론자 데카르트는 정신이 사유를 특징으로 하는 반면, 물질은 질량과 부피, 속도 등을 갖는 연장성을 특징으로 하기 때문에 양자는 서로 별개의 실체라고 주장함으로써 이원론(dualism)을 극명하게 피력하였다. 그는 진리를 탐구할 때 연역적 방법이 요구된다는 것을 주장했을 뿐만 아니라, 물질에는 기계론적 법칙이 적용된다고 함으로써 자연을 물질의 집합으로 보는 시각을 유포시키는 데 적극 기여했다. 영국의 경험론자인 베이컨은 과학자가 경험적 관찰 자료를 확보하여 귀납적 방법을 적용함으로써 자연에 대한 일반적 지식을 얻을 수 있음을 제시하였다. 그런데 그는 과학의 지식 탐구 방법에 대한 견해만 제공한 것이 아니라, 자연을 대하는 과학자의 태도에도 결정적 영향을 미쳤다. 즉, 그는 마녀의 경우 고문을 해서라도 그 본모습을 자백 받아야 하는 것과 마찬가지로 자연이라는 존재도 여러 유형의 재해로 인간에게 심술을 부리기 일쑤이기 때문에 기계장치를 들이대서라도 그 비밀을 낱낱이 캐냄으로써 자연에 대한 지식을 확보하고, 그럼으로써 자연에 인간의 왕국을 구축할 수 있어야 한다고 주장했다.[8] 그의 이런 견해는 흔히 "지식은 힘이다."라는 간결한 표현으로 회자되었다.

기본적으로 근대과학은 당시 과학사상의 영향 속에서 성장했기 때문에 전형적으로 두 가지 특징을 보이고 있다. 하나는 관찰 주체와 대상이 구분되는 이원론이고, 다른 하나는 정신을 가진 인간이 물질로 구성되어 있는 자연에 비해 우월하다는 것이다. 이 두 가지 결합에 의한 과학적 탐구는 근대에서 현대 과학기술로까지 확장되어 있는데, 산업사회 성장의 견인차 역할을 수행했다. 그리고 자연에서 생명체의 현상을 탐구하는 생물학에도 예외 없이 적용되었고, 그 일환으로 생명공학도 탄생했다.

그러나 물리학의 영역에서는 현대로 접어들면서 새로운 변화가 초래되었다. 뉴턴으로 대표되는 근대 물리학과 궤를 완전히 달리하는 현대 물리학이 출현한 것이다. 이것을 추동한 것은 상대성이론과 양자역학이었다. 특히 양자역학은 뉴턴 패러다임의 종식과 새로운 패러다임의 출현을 알리는 결정적 신호탄이었다.

근대과학은 주체와 대상의 이분법적 구분 위에서 관찰대상이 어떤 성질을 갖고 있는지를 파악함으로써 자연적 사실을 포착하고자 한다. 예를 들자면, 야구공이 투수의 손을 떠나서 타자의 방망이 가까이에 이르렀을 때 어느 정도의 속도를 갖는지 확인하고자, 스피드건을 쏘아 되돌아온 빛을 분석함으로써 시속 140km라는 진단을 내리게 된다. 같은 방식으로 달에 반사되어 지구로 오

---

8) 마리아 미스·반다나 시바, 손덕수·이난아 옮김, 『에코페미니즘』(창작과 비평사, 2000), 62쪽 참조.

는 태양 빛을 분석하여 달이라는 대상이 특정 시간에 어느 위치에서 어떤 속도로 공전하는지 파악하고, 이를 토대로 달 탐사선 아폴로 11호를 쏘아 올릴 수 있었다. 인간이 알고자 하는 자연적 사실은 대상이 갖는 성질에 달려 있고, 인간 관찰자는 경험적 실험과 탐구를 통해 이것을 파악함으로써 과학적 지식을 얻을 수 있다고 여겼다. 여기서 대상이 갖는 성질을 포착할 때, 관찰 주체의 주관적 영향을 배제해야 지식의 객관성(objectivity)을 확보할 수 있다고 생각했다. 결국 과학지식의 객관성 확보는 관찰 주체와 대상의 구분 속에서 이루어지고 있었다.

양자물리학의 등장은 이런 근대적 접근이 착각이었음을 여실히 드러내 주었다. 거시현상을 탐구할 때는 그렇게 해도 문제로 드러나지 않지만 미시현상을 파악할 때는 그런 접근이 갖는 한계가 명확하게 노출된다. 예를 들어 전자와 같은 소립자가 어떤 성질을 띠고 있는지 파악한다고 가정하자. 야구공이나 달을 관찰할 때도 그랬듯이 이때도 인간이 관찰에 따른 지식을 얻으려면 반드시 빛이라는 조건을 구비해야 한다. 다만 아인슈타인(A. Einstein)의 광양자설이 밝힌 것처럼 빛은 에너지를 띠고 있다. 그리고 에너지는 진동수에 비례하고, 진동수는 파장에 반비례한다. 한 과학자는 전자라는 대상이 어떤 성질을 갖고 있는지 파악하기 위해서 첫 실험조건을 조성하고, 그 일환으로 진동수가 많은 빛을 채택하여 전자를 관찰했다고 하자. 진동수가 많은 빛은 파장이 짧고, 그에 따라 위치 측정이 쉬워서 실험 속 전자가 특정 위치에 있는 것으로 관찰하기에 매우 용이했다. 그런데 도대체 전자의 속도와 운동량은 측정이 거의 불가능한 지경이었다. 왜냐하면 많은 진동수를 가진 빛은 에너지가 매우 센 것이어서 그 빛에 쏘인 전자의 속도와 운동량에 커다란 변화가 야기된 것이다. 마치 굴러가는 당구공이 쇠구슬을 맞아서 원래 속도와 운동량에 변화가 생겨 어디론가 튕겨져 나간 것과 같은 형세였다. 과학자는 두 번째 실험에서 조건의 변화를 주어서 진동수가 매우 적은 빛을 채택했다. 그랬더니 에너지가 작은 빛, 말하자면 솜방망이 빛이어서 전자의 속도와 운동량을 확정적으로 관찰하는 것이 가능했다. 그런데 이번에는 도무지 전자의 위치를 찾기가 힘들었다. 왜냐하면 진동수가 적은 빛은 파장이 길고, 파장이 긴 빛으로 전자를 찾으려고 하니 도대체 그 위치가 제대로 포착되지 않는 것이었다. 관찰자가 조성한 실험조건이 어떤 것이냐에 따라서, 전자의 위치를 확정지으면 지을수록 그 속도와 운동량의 불확정성은 높아지고, 반대로 전자의 속도와 운동량을 확정지으면 지을수록 그 위치의 불확정성은 높아진다. 이에 하이젠베르크(W. Heisenberg)는 "전통 물리학의 용어로 원자 사건을 기술하려는 시도는 모순(contradictions)에 봉착했음을 반복해서 확인하게 되었다."고 적고 있다. 결국 과학자는 이런저런 실험을 토대로 미시세계의 사실을 파악하는데, 그것은 확률함수로 나타낼 수 있게 될 뿐이었다. 이때 "확률함수는 두 가지 것의 혼합, 즉 부분적으로 사실과 부분적으로 사실에 대한 우리 인식의 혼합을 나타낸다."9)

양자물리학의 내용을 해석하자면, 관찰자 인간이 어떤 형태로든 실험조건을 구성하고, 그에 따라 자연에 대한 지식을 얻게 되는데, 그것은 관찰자 인간과 선명하게 분리된 이원론적인 객관적 지식이 아니라 관찰자 의존적인 지식일 뿐이라는 것이다. 따라서 인간과 무관하게 객관적인 과학지식을 확보한다고 보는 주객 이분법의 분리주의 패러다임은 몰락하고, 오히려 지식은 인간과 자

---

9) W. Heisenberg, *Physics and Philosophy*(New York: Harper & Row, 1958), p.35, p.45.

연의 상호작용의 산물이라는 것이 밝혀짐으로써 양자물리학의 탈이분법적 패러다임이 등장하는 계기를 맞이한 것이다.

20세기 초에 물리학의 영역에서 분리주의 패러다임이 상관성의 패러다임으로 바뀌는 전환이 일어났는데, 이와 마찬가지로 생물학에서도 변화가 이미 진행되고 있었다. 전통 생물학 역시 분리주의 패러다임으로 생명 현상을 포착하고 있었다. 그런데 이런 관찰 방식으로는 자연에서 살아가는 생물의 활동을 온전하게 설명할 수 없었다. 마침내 상관성의 시각으로 자연을 설명하려는 시도가 나타났다. 이것은 미약하나마 독일의 동물학자 헤켈(E. Haeckel)이 1866년에 '생태학(ecology)'이란 분야를 새롭게 제안하는 데서부터 시작되었다. 그에 따르면 생태학은 동물과 식물을 그것이 처한 물리적 환경과 상호연관을 지어서 연구하는 학문 분야이다.10)

생태학이란 낯선 표현이 새로운 학문 분야로 제기되기는 했지만, 당시에 그것은 '자연의 경제(economy of nature)'라는 표현으로 사용되고 있었으며, 헤켈도 이것을 생태학과 동의어로 쓰고 있었다. 자연의 경제는 18세기 식물학자 린네(C. Linnaeus)가 쓴 저술의 이름으로 경제적 관점에서 지구가 거대한 생물 조직체임을 뜻하는 것이었다. 자연에 존재하는 각 생물 종은 스스로의 생존을 위해 고유한 방식으로 작동하는데, 이런 작동이 전체적 차원에서는 서로 맞물려서 상호작용을 하는 연유로 모든 물질적 재원이 효율적으로 사용되고, 그 결과 모자라는 것도 없고 남는 것도 없는 절묘한 상태에 이른다는 것이다. 전체로서의 자연에 효율적 경제가 구현되고 있다는 것이다. 물론 린네는 자연에 정교

---

10) 로버트 매킨토시, 김지홍 옮김, 『생태학의 배경: 개념과 이론』(아르케, 1999), 22-23쪽 참조.

한 질서가 구현되어 있는 까닭은 신 때문이라고 보았다.[11] 그렇다면 린네에게 살아 있는 자연이라는 것도 알고 보면 무수한 기계 부품들이 매우 정교하게 작동하는 거대한 기계일 뿐이다.[12]

자연을 바라보는 린네의 개념은 20세기 초 생태학자들에게도 그대로 이어졌다. 클레멘츠(F. E. Clements)는 시간의 경과 속에서 식물세계의 자연이 변화하는데, 초기의 혼란 상태에서 점차 안정 상태로 이행하고 있는 것으로 묘사하고 있다. 처음에는 초본식물이 개척을 시작하고, 뒤이어 목본식물이 침입해 들어오며, 그리고 이들에 의해 만들어진 그늘에 또 다른 목본식물이 자리를 잡는 형태로 진행된다. 자연에서 일련의 천이(succession)가 여러 차례 진행되는 가운데 우점종 식물이 중심이 되는 극상에 이르러서 마침내 안정 상태가 이룩된다고 여겼다. 그러면서 그는 사회를 초유기체(superorganism)로 보는 스펜서(H. Spencer)의 시각을 차용해서 자연을 초유기체로 묘사하기 시작했다.[13] 엘턴(C. Elton)도 식물 및 동물 연합체에 대해 생물 공동체에서 적합한 역할을 하는 영양학적 직위를 부여하는데, 이것은 자연의 경제에서 이루어지는 길드식 직업에 해당한다. 이런 은유적 표현에 따르면, 녹색식물은 생산자가 되고, 초식동물과 육식동물은 1차 및 2차 소비자가 되며, 박테리아와 같은 미생물은 분해자가 된다.[14]

자연을 초유기체로 보는 클레멘츠의 견해는 린네의 자연의 경제 개념과 함께 후세 생태학자들에 의해 혹독한 비판을 받게 된

---

11) T. Hayward, *Ecological Thought*(Cambridge: Polity Press, 1994), p.25.

12) J. B. Callicott, *In Defense of the Land Ethic*(Albany: State University of New York Press, 1989), p.105.

13) 김기윤, 「생태학의 사회 문화적 배경에 관한 역사적 고찰」, 『한국과학사학회지』 제24권 제1호(2002), 44-46쪽 참조.

14) J. B. Callicott, *In Defense of the Land Ethic*, p.106.

다. 린네에 대한 비판은 자연과학의 영역에서 종교적 잔재를 지우는 작업의 일환으로 전개되었고, 클레멘츠에 대해서는 자연이 안정 상태를 지향한다는 주장이 목적론을 적극 풍기고 있다는 데 맞춰졌다. 이즈음 탠슬리(A. G. Tansley)는 1935년에 클레멘츠가 생물 군집과 군집의 상호작용에만 초점을 맞춘 나머지 생물과 물리적 환경과의 연계성을 제대로 드러내지 못하고 있음을 비판하고 또 자연에 드리워진 목적론적 색채를 지우려는 동기에서 '생태계(ecosystem)'란 용어를 창안하여 제시한다. 이것은 한 시스템 속에서 생물과 생물이 상호연관 속에 놓여 있을 뿐만 아니라 생물과 그 물리적 환경도 유기적으로 연결되어 있음을 나타내는 것이다.

현대에 들어서서 오덤(E. P. Odum)과 같은 생태학자들은 세포가 분자생물학에서 기본 단위가 되듯이 생태계는 생태학에서 기본 단위가 되어야 한다고 여김으로써 생태계 생태학의 지평을 열었다. 무엇보다도 오덤은 더욱 확실하게 생태학이 전체론(holism)의 특성을 띠는 것임을 밝혔다. 그는 자연에서 나타나는 계층적 구조에서 "하나의 구성요소 또는 하위 단위가 조합하여 더 큰 기능적인 전체를 이룰 때 그 하위 수준에서는 존재하지 않던 또는 뚜렷하지 않던 새로운 특성들"이 생겨나고, "생태적 수준 또는 단위의 창발성(emergent property)은 구성요소들의 기능적 상호작용의 결과"로 나타난 것임을 밝히면서, 생태계에서 나타나는 이런 모습은 "전체는 부분들의 합보다 크다." 또는 "숲은 나무들의 집합 이상이다."라는 오래된 금언이 가지는 의미를 격식을 갖추어 표현한 것이라고 보았다.15) 분리주의 이원론에 근거한 전통

---

15) 유진 오덤, 『생태학: 환경의 위기와 우리의 미래』, 48-49쪽.

생물학이 개체론의 특성을 띠고 있음에 반하여, 자연적 존재의 관계성을 기술하는 생태학은 전체론의 특성을 띠고 있음을 명시한 것이다.

탠슬리의 생태계 개념과 오덤의 생태계 생태학으로 인해 그동안 생태학에 드리워진 린네 부류의 목적론적 잔재는 일소되었지만, 자연이 안정성을 구현한다는 착상은 그대로 견지되었다. 그런데 최근 들어서 생태학 진영에서 또 다른 흐름이 나타나고 있다. 진화 생태학이 조성된 것이다. 이 입장에 따르면, 반드시 자연에서 천이가 일어나면서 극상으로 이행하는 것은 아니고, 이 과정에서 생물 종의 다양성으로 전개되는 것도 아니며, 더군다나 종 다양성의 구현에 따라 안정 상태로 귀결되는 것은 아니라는 것이다. 오히려 자연에서 확인할 수 있는 것은 변화가 무수히 다양하게 일어나기 때문에, 마치 누더기처럼 기워진 조각보가 덧씌워져 연결되듯이 새로운 형태로 진행된다고 본다. 자연에서 종 다양성이 이루어지면서 안정 상태를 향해 결정적으로 나아가는 것이 아니라, 종종 생물 개체군의 수적 변화가 시간 추이 속에서 혼돈 양상을 보인다고 한다. 이런 흐름을 주도하는 보트킨(D. Botkin)은 자연에서 결정적 요소와 비결정적 요소, 선형적 요소와 비선형적 요소가 함께 결합되어 복잡하면서 혼돈의 양태를 드러내고 있다고 보았다. 그러면서도 그는 정교하게 발달하고 있는 컴퓨터의 도움을 얻어 혼돈스러운 자연의 변화를 예측하여 이를 통제하는 것이 가능하다고 보고 있다.[16] 그는 자연이 혼돈 상태에 놓여 있음을 적극 주장하면서도 아이러니컬하게도 기계론적으로 정교하게 설명하고 또 통제도 가능하다고 보고 있는 셈이다.

---

16) 김기윤, 「진화 생태학의 형성을 통해 살펴본 생태학의 성격」, 『한국과학사학회지』 제24권 제2호(2002), 162쪽 참조.

생태학은 초기에 생물을 물리적 환경과 연결해서 보는 것이 자연적 사실에 더 부합한다는 이유로 출현했다. 그러나 당시에는 기독교의 목적론적 자연관이 배어 있었고, 그에 따라 자연의 경제 개념이 전제되어 있었으며, 그런 시각으로 자연의 평형성 개념이 중시되었다. 보편학으로서 생태학의 발전이 거듭되면서 생태계 개념이 출현하였고, 이로써 목적론적 요인은 해소되면서 자연의 안정성 개념으로 초점이 모아졌다. 그러나 최근 자연이 혼돈 양태를 보이고 있다고 주장하는 진화 생태학이 출현하기에 이르렀다.

생태학의 역사적 발전 과정에서 알 수 있듯이 생태학은 아직 학문적 정체성을 명료하게 형성하고 있지 않은 것으로 보인다.[17] 따라서 생태학에 의거하여 환경적 위험사회를 극복하기 위한 대안을 구성할 때 신중할 필요는 있다. 여기서 필자는 몇 가지 쟁점 화제를 분별하고, 이를 토대로 생태학에 근거한 논의를 확장해서 발전시킬 수 있다고 본다. 첫째 자연의 안정성 화제가 있고, 둘째 환원주의와 전체론의 충돌 화제가 있으며, 셋째 자연의 유기적 연계성 화제가 있다.

첫째의 안정성 화제를 살펴보자. 생태학은 자연이 점차 안정화를 추구하는 경향이 있다는 것을 제시하는 편이었다. 특히 생태계 생태학은 이 점을 특징적으로 드러내는 데 기여했다. 그래서 이 명제는 1970년대에 선진국 시민이 환경위기를 자각할 때 그 대안으로 생태주의를 추구하면서 폭넓게 수용했던 것이다. 다만 최근 들어 진화 생태학은 자연이 종종 혼돈 상태에 놓여 있다고

---

17) 자세한 논의는 필자가 최근에 집필한 다음 논문을 볼 것. 한면희, 「인문생태 연구의 필요성과 의의」, 『한국학논집』 제36집(계명대학교 한국학연구원, 2008), 2절.

주장하고 있다. 이 쟁점에 대해서는 향후 생태학의 진전 과정에서 학문적 입장이 정리될 것으로 보인다. 그것에 따라 자연의 안정성 개념에 중요 초점을 맞춘 일부 생태주의는 그 견해를 그대로 유지하거나 또는 수정을 해야 할 것으로 보인다. 그러나 자연이 늘 혼란에 빠져 있다고 보는 것은 경험적 상식에 일치하지 않는다. 그렇다고 해서 자연이 늘 안정 상태를 지향한다고 말할 수도 없게 되었다. 오히려 자연은 생명체가 살기에 알맞은 안정화를 추구하는 경향을 나타내지만, 태풍이나 산불, 운석의 충돌과 같은 자연적 교란 요인이나 인간의 간섭 유무에 따라 종종 혼돈 상태에 놓인다고 보는 것이 온당할 듯싶다. 일종의 혼돈 속 질서화로 특징을 짓는 것이 가능할 것으로 보인다.

둘째 화제로 넘어가자. 생태학자들 사이에는 자연을 환원주의 시각으로 볼 것인지 아니면 전체론으로 조망할 것인지가 늘 빈번하게 충돌하는 문제로 부상된다. 매킨토시(R. P. McIntosh)는 생태학에서 지금까지도 기계론적 자연관과 유기적 자연관 또는 환원주의와 전체론의 시각 충돌이 빈번하게 발생하고 있음을 밝히고 있다.[18] 개체론(individualism)의 방법으로 자연이나 생명체를 바라보는 것은 그것을 거대한 기계로 보는 것과 같다. 거대한 기계는 여러 부품들의 합으로 구성된다. 예컨대 자동차는 엔진과 연료통, 브레이크, 차체, 유리창 등의 합으로 환원된다. 그리고 그런 부품들 사이의 관계는 외적인 것이고, 거기에 적용되는 것은 기계론적 법칙이다. 그리고 자동차는 운전자가 액셀을 밟는 정도에 의해 속도가 결정된다. 이것이 기계론적 세계관이고, 이렇게 자연을 조망하는 방식이 개체론이며, 환원주의도 이런 맥락에서

---

18) 로버트 매킨토시, 『생태학의 배경: 개념과 이론』, 31쪽, 38쪽, 197쪽, 338쪽.

발생했다. 이원론은 이런 방식을 주체와 대상으로 압축해서 간결하게 표현한 것이다. 이에 반해 오덤은 진화를 거치는 생물 종이 새로운 여건에 적응하면서 창발적 특성을 갖게 되는데, 이와 같이 상위 수준에서 나타난 특성은 본래 하위 수준에서는 없던 것이기 때문에 환원주의와 기계론적 법칙주의는 자연에서 성립하지 않으며, 따라서 전체는 부분들의 합보다 크고 숲은 나무들의 집합 이상이라고 말한 것이다.

필자는 방법론적 전체론의 시각으로 자연을 이해하는 것이 바른 길이라고 본다. 왜냐하면 전체로서의 자연은 그 구성 부분인 생물과 생물 종 등이 서로 간에 또는 다른 구성 부분인 물리환경과 상호작용을 하는 가운데 생명의 에너지가 흐르고, 그런 흐름 속에서 숱한 생명체가 탄생과 소멸을 겪고 있기 때문이다. 자연은 그것이 드러내고 있는 연계성(relationship)과 과정(process)에 비추어 볼 때 결코 분리될 수 없는 존재론적 연결의 장(field)이다. 다만 인간이 세부적인 지식을 얻기 위해 자연의 특정 부분으로 클로즈업을 하듯이 다가가고, 이때 컴퓨터와 같은 도구를 사용하여 분석함으로써 유용한 지식을 얻을 수 있는데, 이것은 어디까지나 인간이 다가가는 방식에 의존하는 지식이지 자연 그 자체의 본 모습은 아니다. 이런 분석적 인식의 실용성 때문에 자연도 분리되어 있고, 그에 따라 환원주의 접근이 바르다고 여기는 것은 대단한 착각이다. 다른 예를 들어 보자. 교육목표의 달성을 위해 학생을 평가하는 시험을 볼 수 있다. 특히 객관성과 수월성을 위해 사지선다의 객관식 시험을 치르고 컴퓨터로 자동처리를 빠르게 할 수 있다. 이때 유념해야 할 것은 이런 접근이 교육목표 실현의 보조적 방안으로 간주되어야지, 그것으로 교육받는 학생의 전부를 바르게 평가했다고 보아서는 안 된다. 오히려 식견 있는 교사가 공정하게 내리는 주관식 평가가 주가 되어야 하고, 그 것에 병행해서 객관적 시험도 치를 수 있다. 그리고 이것에서 더 나아가 교육이 바람직한 인격을 함양하는 데 목표를 두었을 경우 에는, 눈에 보이는 이성적 평가 이외에도 가슴으로 느낄 수밖에 없는 감성 및 영성 평가까지 고려해야 한다.

비유컨대 전통 생물학은 객관식 평가의 눈으로 자연을 본 반 면, 생태학은 분리주의 인식의 한계 때문에 연계성에 초점을 맞 춘 주관적 평가에 문을 여는 시도인 셈이다. 이것에 문을 열게 되 면, 관계적으로 자연을 보는 과학적 이성의 영역이 나타난다. 그 런데 여기서 끝나는 것이 아니다. 사회과학과 인문학의 이성적 지평이 기다리고 있다. 더 나아가 감성 및 영성의 지평으로 이행 할 수 있는 여지가 또 드러난다. 따라서 자연을 바르게 이해하고 자 하는 과학적 생태학은 이념적 생태주의로 격상되는 단초를 제 공하는 역할을 할 수 있다.

이제 생태학의 셋째 화제로 이행하는 것이 가능하다. 생태학의 역사에 비추어 보면, 아직 학문적 정체성을 명료하게 형성하지 못한 단계에 있다고 보아야 한다. 교육이 이루어지는 장에서 학 생에 대한 온전한 평가가 결코 쉽지 않은 것에 견주어 보면, 충분 히 이해할 만하다. 자연의 평형과 안정성 개념이 심각하게 도전 을 받았고, 더 나아가 생태계 개념도 다소 흔들리고 있다. 그러나 어떤 색깔의 생태학이든, 심지어 진화 생태학이나 카오스 생태학 조차도 자연의 연계성을 거부할 수 없다. 필자는 이것을 자연의 연계성 논제라고 하겠다. 생태학은 전통 생물학과 달리 한 생물 (종)이 다른 생물(종)이나 또는 그것이 처한 물리적 환경과 연계 된 상호작용을 통해 생존을 이어 가고 있다는 것을 기술하고 있 음은 분명하다. 따라서 생태학은 최소한 자연의 연계성 논제를 적극 제시하고 있는 것이다. 어떤 의미에서 자연의 연계성을 발견하였기 때문에 생태학이 학문 분야로서 출현하게 되었다고 볼 수 있다.

다만 생태학은 자연과학의 틀을 유지하면서 탐구를 진행하기 때문에 사실에 대한 연계적 기술(description)에 주력하고, 그에 따라 자연현상의 진행을 예측하고 설명하려고 할 뿐이다. 반면 인류가 직면한 환경위기는 사회적, 문명적 사안이기 때문에 사회 제도와 세계관, 가치관과 연루해서 문제를 해결하지 않으면 안 된다. 이에 자연에 대한 기술을 넘어서서 사회적 설명과 해법 제시로 나아가야 하고, 이것을 원활하게 이루어지도록 하기 위해서는 형이상학적 해석을 통한 이념적 지평으로 올라서지 않을 수 없다. 생태학의 인식이 긴요하게 요청되면서 또한 그것을 넘어서는 단계로 이행하지 않을 수 없다.

3. 사회과학의 생태론과 특성

우리나라에 모기마을이라는 달갑지 않은 이름을 얻게 된 곳이 있다. 울산광역시 울주군에 있는 이 지역은 이른 봄부터 늦은 가을에 이르기까지 모기가 극성을 부리기 때문에 이런 명칭이 붙었다. 그런데 1960년대까지 이곳은 참 살기 좋은 곳이었다. 마을 앞 논과 밭에서 벼와 채소 등이 자라고 또 경작지 건너편으로 작은 외항강이 흐르는데 장어와 숭어 등을 잡을 수 있었으며, 조금 아래로 내려가면 바다가 바로 펼쳐지고 그 아래쪽에 장생포항이 있어서 고래를 볼 수 있는 아름다운 곳이었다. 그런데 1960년대 말부터 강 건너편에 석유 화학 시설이 들어서고 점차 단지가 커지면서 그곳에서 공해 연기가 불어오기 시작했다. 바로 밑으로는 구리 등 비철금속을 생산하는 온산공단도 들어섰다. 이런 곳에서 나오는 폐기물의 일부는 마을 밑의 거대한 저습지에 매립되었는데, 거의 모든 생명체는 죽고 갈대만 무성하게 자라면서 이곳이 모기의 집단 산란처 역할을 하고 있었다. 1980년대 어느 시점부터 추위가 물러갈 즈음이면 여지없이 모기떼가 천지사방에 들끓기 시작하였고, 그로부터 이곳 마을 사람들은 고통스러운 나날을 보내야 했다. 이 상황을 견딜 수 없어 행정관청에 여러 차례 민원을 넣었지만, 돌아오는 것은 빈 대답뿐이었다. 마침내 주민들이 서울로 집단 상경하여 국회 앞에서 자신들의 의견을 공개적으로 개진하면서 사회문제로 공론화가 되었다. 20년 이상의 지루한 공방전 끝에 2005년에 마을의 집단 이주가 결정되었지만, 여러 가지 사정으로 인해 아직도 그 조치는 시행되지 않고 있다.

모기마을 사건에서 우리는 환경문제와 관련된 중요한 사안 하나를 확인할 수 있다. 마을 인근 지역의 생태계에 커다란 변화가 야기되었다는 것이고, 그 변화를 감내할 수 없던 주민들이 여건 개선이나 마을의 집단 이주를 요구함으로써 사회정책상의 조치를 요구하고 있다는 점이다.[19] 환경문제는 먼저 인간이 살아가고 있는 생태계 여건의 변화로 다가오고, 이것이 무시할 수 없을 정도로 사회적 의미를 가질 경우 이것에 대처하기 위해 정책과 제도의 차원에서 접근하지 않을 수 없으며, 이로써 환경사안은 사회과학(social science)의 주제로 전환된다는 점이다.

사회과학은 인간 사회의 제반 현상과 연루된 과제를 인식하고 설명하며, 이것을 해결하는 절차를 마련하는 분야이다. 따라서 경험적 사유를 바탕으로 마련된 이론을 가설로 제시하여 이미 벌어

---

19) 이 문제에 대한 좀 더 자세한 논의는 다음을 볼 것. 한면희, 『미래세대와 생태윤리』(철학과현실사, 2007), 제1장.

진 사회적 현상을 설명하고, 장차 벌어질 사태를 예견하며, 그에 따라 사태 발생을 제어하거나 촉진함으로써 사회가 좀 더 건강한 상태로 나아갈 수 있도록 학문적으로 인도하는 분야가 곧 사회과학이다. 전통적으로 사회과학은 인간 사회 내의 문제만을 다루는 데 익숙했다. 그래도 별 다른 문제가 없었기 때문이다. 특히 사회학은 산업주의의 확립 속에서 기초되었고 또 그 속도를 가속화하는 데 기여하고 있었기 때문에 초기에는 환경문제를 무시했고 또 자연이 사회발전에 장애가 될 것이라는 생각을 갖지도 못했다.[20]

그런데 사회과학은 20세기 중반 이후부터 새로운 유형의 문제에 부딪치기 시작했다. 다름 아니라 환경문제였는데, 이것은 초기에 자연의 문제처럼 비춰졌다. 그러나 모기마을의 사태에서 보듯이 자연환경의 문제는 사회문제와 분리되어 있지 않음을 깨닫기 시작한 것이다. 원칙적으로 사회과학은 사회문제 해결에 주안점을 두기 때문에 자연을 탐구하는 생태학이 아니다. 역으로 생태학은 사회문제를 설명하고 해결하는 분야가 아니기 때문에 사회과학의 범주에 있지 않았다. 그런데 환경문제 발생으로 인해 양자 사이에 접점의 영역이 생기기 시작한 것이다. 결국 사회과학이 생태학의 인식을 수렴하는 형태로 이론적 발전을 도모하게 됨으로써 사회과학적 생태론(ecological theory)이 탄생하기에 이른 것이다.

사회과학적 생태론의 차원에서 모색된 시도 가운데 의미가 매우 높은 것으로 지속 가능한 발전 담론(sustainable development)을 들 수 있다. 1970년대 이후 환경운동 단체와 생태 전문가의 압박을 받고 있던 선진국은 지구환경 보호의 필요성에 나름대로

---

20) 루크 마텔, 대구사회연구소 옮김, 『녹색사회론』(한울아카데미, 1998), 31-32쪽 참조.

공감하는 편이었다. 반면 후진국과 개발도상국가는 이제 막 경제 성장에 눈을 뜨면서 이것을 일관되고 효과적으로 추진해야 할 상황이었다. 이런 배경에서 양자 사이의 이해관계를 함께 조율하여 탄생한 것이 바로 지속 가능한 발전인데, 이것은 1992년 브라질 리우에서 개최된 UN 환경개발회의에서 정치적 합의를 통해 발표되었고, 2002년 남아프리카공화국 요하네스버그에서 열린 UN 지속가능발전지구정상회의에서 세부적 내용을 추가함으로써 국제사회에서 핵심 화두로 천명되었다.

물론 지속 가능한 발전에 대한 준비는 1983년 UN 총회에서 결의된 세계환경발전위원회(WCED)를 구성하는 데로 소급된다. 이 위원회는 4년간의 준비를 거쳐 1987년에 『우리 공동의 미래(Our Common Future)』라는 보고서를 제출하는데, 여기서 "지속 가능한 발전은 미래세대 인간의 필요 여력에 지장을 주지 않으면서 현세대 인간의 필요에 부응하는 것이다."라고 개략적 정의를 내리고 있다. 그리고 이것을 받쳐 주는 핵심적인 두 가지로서 필요(needs)와 한계(limits) 개념을 제시하였다.[21] 첫째로 제시된 필요 개념은 후진국의 요청을 받아들여서 가난한 민중의 본질적 필요는 우선적으로 충족되어야 한다는 것을 뜻한다. 실제로 가난한 사람들은 생존 위협에 몰리게 될 때 나무를 베어 목탄을 굽고 그것을 시장에 내다 팔아서 생계를 유지하는 등 자연에 기대는 삶을 살고 있기 때문에, 그들이 인간으로서 최소한의 알맞은 삶을 유지하도록 배려하는 것은 불가피하다고 보았다. 둘째로 언급된 한계 개념은 인간 사회의 무한 성장을 허용하기에는 자연이 한계를 갖기 때문에, 이것을 감안하는 선에서 자연보호에 동참해야

---

21) WCED, 조형준·홍성태 옮김, 『우리 공동의 미래』(새물결, 1994), 75-76쪽 참조.

한다는 것을 의미하는데, 선진국 환경보호론자의 요구를 반영한 것이다.

문제는 선언적 의미에서 정의가 이루어지고 핵심 개념이 제시되었지만, 그것이 구체화되는 과정에서 많은 혼선을 빚고 있다는 점이다. 먼저 경제학적 차원에서 이 개념에 대한 세부 정의가 시도되었는데, 그 스펙트럼이 너무 넓다는 한계를 드러내었다. 편의상 네 가지로 단순화를 하였지만, 매우 약한 것에서 시작해서 약한 것, 강한 것, 그리고 매우 강한 지속 가능한 발전에 이르기까지 다양하게 표출되었다. 이때 매우 약하거나 약한 접근은 산업자본주의를 유지하면서 실현할 수 있을 정도로 보수적으로 규정되어 있었고, 매우 강한 견해는 급진적 생태주의 진영에서도 동의를 할 수 있을 정도였다. 따라서 국제사회가 정치적 선언으로 합의를 보기는 했지만, 구체적 정책 각론에 들어갈 경우에는 의견 차이가 극심하게 벌어질 정도가 되었다. 사태가 이렇게 조성된 데는 이것이 카멜레온의 성격을 띠고 있었기 때문이었다.[22] 다시 말해서 포괄적 개념을 천명하는 형태로 모두를 한 깃발 아래 끌어 모았지만, 그 색깔의 폭넓은 다의성 때문에 아무도 제대로 만족시키지 못하는 지경에 이르렀다는 의미다.

지속 가능한 발전과 관련된 국제사회의 합의가 쉽게 이행되지 못하고 있다는 점은 사회과학적 생태론이 일정한 한계를 갖고 있음을 드러내 준다. 사회과학의 정책적 이견은 이념적 합의에 도달하지 못하는 한 힘의 역학관계에 의해 진행될 수밖에 없다. 이런 경우 힘이 약한 집단은 힘 센 집단의 밀어붙이기에 규범적으로 동의를 하지 않게 된다.

---

22) N. Carter, *The Politics of the Environment*(Cambridge: Cambridge University Press, 2001), p.199.

독일에서 나타난 환경 조항의 기본법 반영 논란도 마찬가지다. 독일에서는 1970년대부터 우리나라의 헌법에 해당하는 기본법에 환경보호 조항을 어떤 내용으로 담을 것인가와 관련해서 논쟁을 벌여 왔다. 보수적인 기민당과 기사당 연합은 "인간의 자연적 생활기반은 국가의 보호를 받는다."를 주장하고, 이에 대해 진보적인 사민당(추후 녹색당 참여)은 "자연적 생활기반은 국가의 보호를 받는다."로 표현하자고 맞섰다.23) 양자의 차이는 '인간의'라는 수식어를 채택하느냐 마느냐의 차이로 사소하게 비춰지지만, 실상은 가치관에 따른 엄청난 차이였다. 보수적 견해에 따르면, 자연은 인간을 위해 존재하는 것으로 간주되며, 이에 따라 자연이 갖는 가치는 도구적일 뿐이다. 반면 진보적 견해는 자연이 도구를 넘어선 가치(non-instrumental value)를 지니는 것으로 간주될 수 있다. 서유럽에서는 정치적으로 이런 흐름이 역동적으로 진행되고 있었기 때문에, 생태론이 정치학계에 두 가지 혁신적인 방식을 제공했다고 판단하고 있다.24) 첫째, 정치적인 사회생활에는 자연적인 한계가 있다. 둘째, 자연은 인간에게 도구일 수만은 없는, 따라서 자연 그 자체를 위해 존속해야 할 내재적 가치(intrinsic value)를 갖고 있기 때문에 인간이 자연에 대해 도덕적 평가를 수행해야 한다.

여기서 정치학계가 수용하고자 하는 사회의 자연적 한계는 1972년에 로마클럽(Rome Club)이 성장의 한계 담론을 펼친 것에서 비롯된 것이다. 필자는 이것을 사회의 생태적 한계성 논제라고 하겠다. 독일 녹색당의 이념을 검토할 수밖에 없는 진보적 정치학계는 또한 전통의 도구적 가치를 넘어서서 자연을 조망하

---

23) 박기갑 외, 『환경오염의 법적 구제와 개선책』(소화, 1996), 19-37쪽 참조.
24) 루크 마텔, 『녹색사회론』, 198쪽.

는 새로운 가치론을 수용하고 있다. 이것을 자연의 탈도구적 가치 논제라고 하겠다. 여기서 자연의 가치를 새롭게 논의하기 시작했다는 것은 이미 사회과학이 그 지평을 넘어서서 철학, 더 구체적으로 윤리학의 담론을 적극 수용하기 시작했음을 뜻한다. 철학과 사상의 영역에서 논의되는 가치관이 사회를 규범적으로 인도하지 않는다면, 문제 해결은 바르게 이루어질 수 없다. 더군다나 정책이 힘의 역학관계에 의해 이루어질 경우, 이에 승복하지 않는 집단이 부단히 저항할 것이기 때문에 자칫 표류하기 십상일 것이다. 따라서 환경문제를 바르게 풀고자 하는 생태적 인식은 생태주의 이념의 지평으로 나아가지 않을 수 없다.

4. 이념적 생태주의의 출현과 특성

생태학의 영역에서 생태주의 이념으로, 자연정책에서 생태윤리의 지평으로 이행한 전형적 사례를 한 인물에게서 확인할 수 있다. 그는 미국 환경운동의 바이블로 평가를 받는 『모래 군의 열두 달(A Sand County Almanac)』을 집필한 알도 레오폴드(Aldo Leopold)이다. 1909년에 예일대학 삼림학과를 졸업하고 산림청에 취업한 레오폴드는 초기에는 정책의 집행자로서 충실한 역할을 수행했다. 당시 사슴과 들소는 인간을 위한 사냥감으로 보호를 해야 할 좋은 동물로 간주되었고, 늑대와 곰은 이들에게 위협이 되는 나쁜 동물로 선정되었다. 그래서 레오폴드는 늑대와 곰을 보는 대로 사냥총을 겨냥하여 사살하는 일을 업무의 하나로 수행하고 있었다. 그러던 어느 시점부터 자신이 하는 일이 옳은 것은 아니라는 생각이 들기 시작했다. 그는 어두운 밤 저 너머 깊은 산에서 늑대가 울부짖는 소리를 들으면서 인간은 모르지만 자연은 알고 있는 그 무엇이 있다고 생각했다. 그는 고요한 밤에 야영장의 모닥불이 잔잔해지고 별무리가 떼를 지어 나타날 때 조용히 명상에 잠겨, 늑대의 소리가 자연의 다른 소리와 화음을 이루면서 멀리멀리 파장을 그리며 퍼져 나가는 것을 느꼈다. 그러면서 먹이가 돌고 도는 것임을 알아차렸다. 참나무의 열매는 사슴의 먹이가 되고, 사슴은 퓨마의 먹이가 되며, 퓨마는 참나무 밑에서 죽어 자신의 지난날의 먹이들을 위한 도토리로 되돌아간다고 여겼다. 어느덧 그에게 막 조성되던 생태학의 인식이 자연에 대한 지혜와 깨달음으로 다가오기 시작했다. 그는 이를 토대로 그 유명한 '대지의 윤리(land ethic)'를 설파하게 된다. 즉, 인간도 자연의 평범한 구성원임을 일깨우면서, "생명 공동체의 순결과 안정성, 그리고 아름다움의 보전에 이바지한다면, 그것은 옳다. 그렇지 않으면, 그르다."고 천명하였다.[25]

우리는 레오폴드의 견해에 전적으로 공감하느냐의 여부를 떠나서, 자연의 유기적 연관성에 대한 그의 인식이 더욱 심화될 경우 윤리와 이념의 지평으로까지 확산될 수밖에 없음을 확인할 수 있다. 레오폴드의 저술은 1949년에 출간되었는데, 당시에는 이목을 끌지 못했다. 그러다가 환경문제가 증폭되던 1970년대에 접어들면서 새롭게 주목을 끌게 된 것이다.

20세기 초중반에 선진국에서 국지적으로 나타나던 환경문제는 점차 전 지구적 규모로 증폭되고 있었다. 1968년 프랑스를 진원지로 하는 뉴에이지 운동은 전통적인 사회적 현안을 담고 촉발되었는데, 여기에는 새로운 화제가 중요하게 추가되었다. 그것은 다름 아니라 환경문제를 제대로 해결해야 한다는 것이었다. 이런

---

25) 알도 레오폴드, 송명규 옮김, 『모래 군의 열두 달』(따님, 2003), 267쪽.

분위기는 1970년 4월로 이어져서 선진국 시민 다수가 뉴욕 맨해튼과 워싱턴 D.C., 런던 등 대도시 한복판으로 집결해서 위기에 처한 지구를 구하자는 캠페인을 대대적으로 전개하였다. 그리고 1972년에는 UN 차원에서도 환경문제에 초점을 맞춰 국제사회의 인식을 공유하기 위해서 스웨덴 스톡홀름에서 인간환경회의를 개최하기에 이르렀다. 이렇게 1970년대는 지구촌 환경위기가 국제사회에서 본격적으로 인지되기 시작한 시기인데, 바로 이런 시대적 분위기에서 생태주의가 트로이카의 형세로 출현하였다.

초기에 대두한 생태주의 트로이카는 심층 생태주의(deep ecology)와 사회 생태주의(social ecology), 그리고 생태 여성주의(ecofeminism)를 가리킨다. 이런 유형의 생태주의가 전면적으로 등장하게 된 배경이 있는데, 두 가지를 우선적으로 꼽을 수 있다. 첫째, 환경문제를 보는 각 나라의 시각이 매우 안이해서 문제의 현상을 다루는 보수적 해결책만을 준비하고 있다는 것을 한계로 인식했다. 후진국은 환경문제를 부자 나라인 선진국의 문제로만 간주하고 있었다. 선진국은 선진국대로 그것을 산업시설에 따른 공해문제로 보고, 그런 시설을 분산하거나 과학기술로 해결할 수 있다는 정도로 인식하고 있으며, 법적 규제를 통해 효과적인 관리를 한다고 여겼다. 둘째, 환경문제 발생의 원인을 추적하면 산업사회의 구조에서 나타나고 있고, 문제 확산이 사회와 자연의 연계선상에서 발생하고 있는데, 마침 자연을 새롭게 인식할 수 있는 생태학이란 학문 분야가 조성되고 있음을 알게 되었다. 당시 생태학은 자연이 서로 유기적으로 연결되어 있다는 것과 생태계가 안정 상태를 지향하는데 인간의 과도한 개입으로 인해 교란이 야기되고 있다는 것을 알려 주는 것으로 해석되었다.

1960년대에서 1970년대로 이행하면서 조성된 국제사회의 독특

한 분위기에서 생태주의의 트로이카는 두 가지 특징을 공유하고
있었다. 첫째, 생태위기를 초래한 원인을 규명하면서 현상의 탐색
에 머무르지 않고 그 뿌리까지 추적함으로써 사회적 기원이나 자
연적 태도로서의 세계관을 지적하였다. 둘째, 문제를 근원적으로
해결하기 위해서 사유의 내용과 틀을 바꾸는 문화 패러다임 교체
나 혁명이 필요함을 역설하였다. 이와 같은 색깔을 선명하게 취
하고 있었던 탓에 당시 생태주의는 급진적인(radical) 것으로 분
류되었다.26)

심층 생태주의는 생태위기의 원인으로 인간 중심의 자연 지배
적 세계관을 꼽았다. 인간은 자연과 본질적으로 다르고 또 우월
한 존재이기 때문에 자연을 도구로 삼아 인간의 부귀영화를 누리
는 것은 당연하다는 그릇된 세계관과 가치관이 문제를 초래한 장
본인이라고 여겼다. 그리고 대안을 모색하면서 두 가지 핵심 규
범을 천명하였다. 하나는 인간이 자연과 같은 뿌리를 갖고 있기
때문에, 개인이 속 좁은 고립적 자아의 지평을 넓혀서 동료 인간
은 물론 모든 자연적 존재까지 하나로 인식하는 큰 자기실현에
이르러야 한다는 것이고, 다른 하나는 생물권 평등주의로서 생명
적 차원에서 인간이나 다른 자연적 존재나 원리적으로 평등하다
는 것이다. 그리고 영성적인(spiritual) 태도로 자연 생명에 다가갈
때, 이것을 가능하게 하는 실천이 일어날 수 있다고 보고 있다.
물론 실천적 강령도 여러 가지로 밝힌 바 있다. 그것에는 자연이
그 자체로서 고유성을 지니는 내재적 가치(intrinsic value)를 갖
고 있다는 것과 인간의 자연 간섭이 과도할 정도로 인구가 늘어

---

26) M. E. Zimmerman, "General Introduction", M. E. Zimmerman et al.
(eds.), *Environmental Philosophy*(Englewood Cliffs, N.J.: Prentice Hall,
1993), vii.

나고 있다는 것, 그리고 많은 양의 물질을 확보하는 높은 생활수준이 아니라 작은 것에 만족할 줄 아는 소박한 삶을 사는 가치관을 가져야 한다는 것 등이 포함되어 있다.27)

사회 생태주의는 생태위기의 진정한 뿌리가 인간과 자연의 대립적 구도에 놓여 있다기보다 오히려 사회적 요인, 즉 서열화(hierarchy)에서 비롯되었다고 보았다. 즉, 인간 사회 내에 구조적으로 또 의식적으로 서열화가 조성되어 있어서 계급문제와 인종문제, 성차별문제 등을 초래하고 자연의 영역으로도 확산되어 오늘의 생태위기가 나타났다고 인식하였다.28) 이에 해법도 다를 수밖에 없다. 이 입장은 아나키즘(anarchism)이 생태주의를 포용한 데서 알 수 있는 것처럼, 인간 사회에서 개인의 자유를 중시하는 소공동체를 꾸려서 직접 민주주의에 의해 순수 자치를 수행하고, 단위 공동체의 연대를 통해 상위의 연합체를 형성함으로써 강제성을 수반하는 국가의 정부 없이 모든 일을 꾸려 나가되, 변증법적 자연주의의 시각으로 자연에 대해 친화적으로 다가가면 사회 및 환경 문제 모두를 함께 해결할 수 있다고 보고 있다.

생태 여성주의는 기존의 여성주의가 앞의 두 사조로부터 영향을 받는 가운데 출현했다. 기본적으로 사회적 요인, 즉 남성에 의한 여성 억압으로서 가부장제가 여성문제를 낳았고, 이것이 자연으로 확장되어 오늘의 인류가 직면한 환경위기를 초래하고 있다고 인식했다. 다만 심층 생태주의에 더 많은 영향을 받은 문화적 생태 여성주의(cultural ecofeminism)는 여성과 자연을 동일시하

---

27) A. Naess, D. Rothenberg(tr. & rev.), *Ecology, Community and Lifestyle* (Cambridge: Cambridge University Press, 1989), p.29.

28) M. Bookchin, *The Ecology of Freedom*(revised ed., Montreal: Black Rose Books, 1991), p.1.

고 있다. 자녀의 출산 기능을 갖고 있는 여성이 생명체를 낳고 양육하는 자연과 동일하기 때문에 지구를 어머니 여신으로 상징화하면서 여성성을 고무하고 찬양하는 형태로 지구를 구하는 데 여성이 남성보다 앞선 역할을 할 수 있어야 한다고 보았다. 반면 사회 생태주의에 더 많은 영향을 받은 사회적 생태 여성주의(social ecofeminism)는 여성문제와 환경문제 이외에도 계급문제, 인종문제가 함께 결부되어 있기 때문에 여성이 남성보다 우월하다는 인식은 가부장적 이원론을 뒤집은 것에 불과하다고 평가하면서 여성이 남성과 더불어 문제의 뿌리를 함께 해소하는 방향으로 나아가야 한다고 주장하였다. 따라서 문화적 생태 여성주의는 인간과 자연의 영성적 결속을 중시하여 가치관 전환에 초점을 맞추는 반면, 사회적 생태 여성주의는 현실 사회제도를 개선하는 정치사회적 요인에 주안점을 두고 있는 편이다.29)

생태주의의 트로이카 이후에도 또 다른 유형의 생태주의가 출현하거나 제기되고 있다. 예컨대 마르크스 사회주의의 기조를 유지하면서 생태주의를 지향하는 생태 사회주의(ecosocialism)가 있다. 이것이 마르크스주의와 다른 중요한 점은 사회의 성장을 다 수용하기에는 자연에 한계가 있음을 수용하면서, 문제에 대한 해결을 계획에 따른 집단적 제어의 형태로 다가간다는 것이다.30) 미국에서 실천적 운동의 형태로 나타난 환경정의(environmental justice)도 생태적 요소를 적지 않게 간직하고 있다. 그것은 "분배적 정의가 실현"되는 가운데 "지속 가능한 공동체를 유지하는 문

---

29) V. Plumwood, "Feminism and Ecofeminism: Beyond the Dualistic Assumptions of Women, Men, and Nature", *The Ecologist* 22(1992), p.10.

30) D. Pepper, *Eco-socialism*(London: Routledge, 1993), p.233.

화적 규범과 가치·규칙·규정·행동, 정책·결단을 나타내는 데, 그런 것이 실현되는 공동체 안에서 사람들은 환경이 안전하고, 영양을 공급하며, 생산적이라는 확신을 갖고 서로 교류하는" 것을 추구한다.31) 이에 1991년에 워싱턴 특구에서 '전국유색인종 환경대표자회의'를 개최하였고, 그 전문에서 "어머니 지구의 신성함에 우리가 영적으로 상호 의존하고 있음을 재천명"하면서, 첫 번째 강령에서 "환경정의는 어머니 지구의 신성함과 생태적 통일성, 모든 종의 상호 결속, 생태 파괴로부터 자유로울 수 있는 권리를 승인한다."고 밝혔다.32)

물론 이런 것 이외에 생명 지역주의(bioregionalism) 등 또 다른 것이 있다. 그리고 서양 이외의 지역에서도 생태주의 담론이 생성되어 주창될 수 있다. 점차 많은 것이 생태주의로 불리게 될 터이고, 그로 인해 다소간의 혼란도 초래될 수 있다. 이런 혼란을 피하기 위해 생태주의가 무엇인지, 더 나아가 보수적 의미에서 사용되는 환경주의와 어떻게 다른지를 분별할 필요가 있다. 이에 생태주의에 대한 최소한의 의미 규정이 필요하다. 최소한의 의미 규정은 어떤 사상이든 생태주의로 불리기 위해 충족시켜야 할 필요조건(necessary conditions)이다. 이것은 그야말로 최소한의 필요조건이기 때문에 이런 것 이외의 요인이 추가될 경우, 그런 생태주의는 다른 것과 차별화가 될 것이다.

다만 필자는 생태주의를 바라보는 시각이 둘로 분화되어 있기 때문에, 소극적 생태주의와 적극적 생태주의의 둘로 분별하겠다.

31) B. Bryant, "Introduction", B. Bryant(ed.), *Environmental Justice*(Washington, D.C.: Island Press, 1995), p.6.

32) D. E. Newton, *Environmental Justice*(Santa Barbara: ABC-CLIO, 1996), p.156.

그 이유는 자연을 보는 세계관과 가치관을 담은 보편적 시각을 넓은 의미의 생태주의로 보는 사상적 견해가 있는가 하면, 또 달리 사상으로서의 생태주의는 현실 구제를 위해 출현한 만큼 그 이념이 실천적으로 적용이 가능함으로써 위기 극복의 실질적 대안으로 채택되어야 한다고 보는 정치사회적 견해도 존재하기 때문이다. 더 나아가 자연과 사회를 보는 존재론적 이원론은 그릇된 것이지만, 인식적 구체화를 위해 구사하는 분석적 사유는 필요할 수 있다. 결국 환경주의와 생태주의도 경계선을 기준으로 대쪽 갈라지듯이 나뉘는 것이 아니라는 것이다. 이에 소극적 생태주의는 환경주의와 만날 수 있는 접점 지역을 형성하면서 적극적 생태주의로 이행할 수 있는 여지를 열어 주는 데 비해, 적극적 생태주의는 알맞은 토양이 조성되는 대로 현실에 실천적 적용이 가능한 이념이라고 보아야 할 것이다.

5. 소극적 및 적극적 생태주의의 의미

자연과학으로서의 생태학은 생명체의 특성과 기능, 역할을 기술하면서, 그것이 서로 간에 그리고 물리적 환경과 상호작용을 하면서 생명 유지 활동을 하는 것으로 파악하기 시작했다. 이에 필자는 생태학이 기본적으로 수용하고 있는 것이 자연의 연계성 논제라고 보았다. 이때 인간도 생물학적 존재로서의 특성을 구비하고 있기 때문에 생명적 차원에서 인간 사회도 자연과 유기적으로 연결되어 있다고 볼 수 있다. 이것은 모기마을의 사례에서 살펴볼 수 있는 것처럼 환경문제에 직면하면서 인간 사회가 겪고 있는 모습이다. 생태학의 자연 통찰에 영향을 받은 사회과학의 생태론과 이념적 생태주의가 보수적인 환경주의와 달리 자연에 새로운 형태의 가치관으로 다가가고 있는데, 여기에 담긴 것이 자연의 탈도구적 가치 논제이다. 그리고 로마클럽이 투박한 형태로나마 문제로 비화시키고 지속 가능한 발전 개념에 부분적으로 반영되었으며 또한 독일 녹색당을 보는 녹색정치의 지평에서 제기된 것이 사회의 생태적 한계성 논제이다. 이것은 양적 크기를 키우는 경제성장을 다 받아주기에는 자연에 일정한 한계가 있다는 것을 뜻한다. 여기서 제기한 세 가지 논제는 생태주의를 자처한 담론에서 공통적으로 나타나는 것들이다.

필자는 거론된 세 가지 이외에도 녹색정치를 다루는 영역에서 제기한 또 한 가지 논제에도 주목할 필요가 있다고 본다. 영국의 사상가 돕슨(A. Dobson)은 환경주의와 생태주의를 구분하면서 후자를 아예 이데올로기로 규정하고 있다. 그에 따르면, 환경주의는 현재의 생산 및 소비 체계를 그대로 두면서 환경문제를 해결할 수 있다고 보기 때문에 자연을 관리하는 방식으로 다가가는데 반해, 생태주의는 사회 및 정치 제도를 포함하는 생활양식의 전환을 도모하기 때문에 이데올로기(ideology)의 특성을 갖고 있다.[33] 이때 생태주의를 포함하여 어떤 무엇이 이데올로기로 평가되려면, 그것이 현재 이루어지고 있는 정치적 실재에 대해 평가를 수행하고, 사회 구성원에게 좋은 삶이 무엇인지에 대한 조망을 통해 미래를 규범적 규정으로 제시해야 하며, 더 나아가 사회변혁의 실천적 전략을 제시할 수 있어야 한다고 보고 있다.[34] 그러면서 그는 보수적 환경주의에는 없는 생태주의의 핵심 논제를 둘로 구별하고 있다. 첫째, 사회의 물질적 성장에 한계가 있다는

---

33) A. Dobson, *Green Political Thought*(3rd ed., London: Routledge, 2000), pp.2-3.
34) Ibid., p.112.

것을 수용하고, 둘째, 인간중심주의를 거부한다.[35] 여기서 첫째는 사회의 생태적 한계성 논제에 해당하고, 둘째는 자연의 탈도구적 가치 논제에 부응한다.

필자는 돕슨이 이야기한 것처럼 생태주의가 현 문명사회의 대안으로 진입하기 위해서는 사회 변화의 전략을 가지고 있어야 한다는 지적에 공감한다. 생태주의가 이데올로기로서 그 이념을 사회적으로 구체화하는 프로그램을 구비하고 있지 못하다면, 이상적인 담론 수준에 머물게 될 뿐 현실 속에서 구현되지 못하기 때문이다. 필자는 이것을 이념 구체화 프로그램 논제라고 하겠다. 이것은 이념이 정치와 경제, 사회, 그리고 문화로 침투하여 뿌리를 내릴 수 있는 내용과 그런 각각의 것을 실현할 수 있는 방식을 함께 포괄하는 성격의 것이다. 즉 이념 구체화의 내용과 형식을 함께 구비한 것을 일러 이념 구체화 프로그램 논제라고 하겠다. 이렇게 보면 1960년대 이후 생태학이 환경운동 진영에 영향을 준 논제, 즉 자연의 연계성 논제를 포함하여 모두 네 가지 논제를 거론한 셈이다.

이제 필자는 생태주의를 두 가지 단계로 설정하겠다. 첫 번째 단계는 소극적 생태주의(passive ecologism)의 단계로서 사상적 이념의 차원에서 생태주의가 논의된다. 이때 핵심이 되는 것은 두 가지 논제인데, 하나는 자연의 연계성 논제이고 다른 하나는 자연의 탈도구적 가치 논제이다. 최소한 이 두 논제를 수용할 때 소극적 생태주의의 범주 속에 있다고 할 수 있다. 여기서는 주로 자연과학적 생태학의 인식의 영향을 받으면서 사상적 생태주의 이념이 태동하여 전개된다. 특징적으로 자연은 그것을 구성하는

---

35) Ibid., p.200.

생명체와 물리적 여건이 서로 내적으로 연결되어 있고, 인간 사회에 의해 도구를 넘어선 가치를 지니는 것으로 간주된다. 즉 자연은 생명의 원천이고, 거기서 나오는 생명 에너지 덕분에 인간을 비롯한 지구 생명체가 생존을 할 수 있는 장으로 이해한다.

첫 번째의 소극적 생태주의 단계에서 더 발전하면, 두 번째 단계에 오를 수 있다. 이것은 적극적 생태주의(active ecologism)의 지평으로서 현 문명사회의 실천적 대안으로 구체화하는 수준이다. 이 단계에서는 앞의 것을 계승하면서 최소한 다음의 두 가지 논제가 더 수용된다. 하나는 사회의 생태적 한계성 논제이고, 다른 하나는 이념 구체화 프로그램 논제이다. 여기서는 자연과학의 생태적 인식을 기반으로 태동한 생태주의 이념이 사회의 정치와 경제, 문화 등에 대한 인식과 교류하고, 사회과학의 실천적 프로그램과 조우하며, 그럼으로써 대안사회의 지평이 열린다. 그래서 산업주의 및 자본주의 문명이 무한 성장을 도모하지만, 그것이 한계에 봉착할 것임을 통렬하게 비판하면서, 문화적 패러다임의 전환 등을 통해 새로운 사회로 이행하는 구체화 전략을 제시하는 데까지 이르게 된다.

필자는 모두 네 가지의 논제를 거론했지만, 그 가운데서 자연의 안정성(또는 평형성) 개념은 소극적 및 적극적 생태주의의 토대를 이루는 범주에서 제외했다. 이유는 그 개념이 자연과학적 생태학의 발전 과정에서 초기에 적극 주창되다가 후기에 이르면서 학문적 논란거리로 전락했기 때문이다. 향후 생태학의 논의가 더욱 진전되면서 다시 부활할 수도 있지만, 반대로 폐기될 수도 있다. 평형성 개념은 그대로 존속할 수도 있고 또 필자가 염두에 두는 자연의 진화적 창조성 논제로 대체될 수도 있다. 필자는 여러 색깔의 생태주의가 고유의 이론을 펼치면서 수정과 발전을 모색하리라고 보고, 그 과정에서 평형성 개념은 운명이 정해질 것이라고 생각한다. 따라서 이 개념에 대해서는 기본 범주에서 배제하되, 문호를 열어 놓는 형세를 취하는 것이 기본 논제만 그릇에 담는 토대의 특성에 부합하리라고 본다.

대지의 윤리를 주창한 알도 레오폴드의 사상은 자연의 유기적 연계성 논제와 안정성 개념, 그리고 탈도구적 가치 논제를 담고 있다. 자연보호를 위해 선명하게 직접적 현장 대응을 수행하고 있는 세계적 규모의 환경운동단체 그린피스는 1976년의 선언문에 비추어 볼 때, 자연의 연계성 논제와 안정성 개념, 그리고 생태적 한계성 논제를 적극 천명하고 있다. 생태주의의 트로이카 가운데 하나인 심층 생태주의는 연계성 논제와 안정성 개념, 탈도구적 가치(구체적으로 내재적 가치) 논제, 생태적 한계성 논제를 드러내고 있지만, 이념 구체화 프로그램 논제를 명료하게 제시하지 못하고 있다. 생태 여성주의, 특히 문화적 생태 여성주의도 대체로 이와 비슷하다. 이런 유형의 진보적 이념들은 생태학계가 의구심을 드리우고 있는 자연의 안정성 개념을 적극 수용하고 있다는 점에서 그 정당성 여부에 따라 향후 이론적 변화가 요구될 수 있다. 그럼에도 불구하고 이런 이념들은 대부분 생태주의의 1단계, 즉 소극적 생태주의 범주에 속해 있으면서 어느 정도 2단계를 지향한다고 여겨진다.

생태주의 가운데 사회적 요인을 많이 함축하고 있는 것들이 있다. 가장 대표적으로 사회 생태주의는 자연과 변증법적인 상호작용을 하는 사회를 추구하므로 자연의 연계성 논제와 탈도구적 가치 논제를 수용하고 있고, 자연에 다가가는 사회의 참여적 진화를 주장하는 연유로 생태적 한계성 논제를 약하게 포용한다. 그러면서 혁명을 통해 개인의 자유가 만개하는 아나키즘 사회를 추구하므로 일단 이념 구체화 프로그램 논제를 포함하고 있다고 보인다. 마르크시즘의 생태화를 도모하는 생태 사회주의 역시 이념 구체화 프로그램 논제를 갖고 있지만, 탈도구적 가치 논제를 제대로 수용하지 못하는 것으로 도전을 받고 있고 있다. 이런 유형의 것들은 사회적 접근을 짙게 드리우고 있기 때문에 적극적 생태주의의 이념 구체화 프로그램 논제를 갖추고 있지만, 상대적으로 다른 논제를 끌어안는 정도가 조금 약하거나 취약하다고 할 수 있다. 여하튼 다양한 생태주의 이념이 출현하고 있는데, 각각 기본이 되는 논제의 서로 다른 조합을 구비하고 있으면서 그것 이외에도 특징적인 것을 더 수용함으로써 고유의 색깔을 드러내고 있다.

필자가 생태주의의 기본 토대를 두 단계, 즉 소극적 및 적극적 단계로 구별한 연유는 다음 두 가지에서 비롯된다. 하나는 자연에 대한 인식을 바탕으로 비교적 순수한 이념이 사상적 수준에서 거론되어 회자되고 있는데, 이를 생태주의의 반열에 올릴 필요가 있다는 점이다. 또 다른 하나는 최근에 논의되는 서양의 생태주의 담론과 달리 동양, 좀 더 구체적으로 동아시아 자연관은 생태학적 인식의 원 출처에 해당할 뿐만 아니라 그 사상의 상당 부분이 소극적 생태주의 그 자체를 받쳐 주고 있어서, 역시 이를 발전시킨 견해를 생태주의의 한 유형으로 분류할 필요가 있다는 점이다.

아시아, 특히 동아시아는 천인합일(天人合一) 사상을 적극 수용하는 선에서 문화를 펼쳐 왔다. 자연과 인간 사회를 둘로 분리해서 보는 것이 아니라 유기적으로 연결되어 있다고 여겼다. 자연을 도구로 삼기보다 오히려 자연과 자연적 생명을 경외하는 자세로 다가갔음은 물론, 하늘과 땅의 이치에 힘입어 농사도 짓고 또 질병도 예방하거나 치유하는 동양 고유의 의학도 발전시켰다. 따라서 동아시아의 전통사상은 자연의 연계성 논제와 탈도구적 가치 논제를 수용할 뿐 아니라, 오히려 그 원형이라고 하는 것이 옳다. 서양이 자연에˙ 대한 분리주의 접근이 그릇됨을 뒤늦게 알고 최근 들어서서 생태학적 인식을 발전시키기 시작한 것이다. 생태적 인식의 오래된 출처는 아시아를 비롯한 비서구적 전통에서 찾아볼 수 있다. 이에 다음 장부터 동아시아 자연관과 한국의 생태주의 사상을 적극 발현시키면서 그것을 소극적 생태주의와 결부짓고, 더 나아가 적극적 단계로 이행할 수 있는 여지를 탐색하고자 한다. 그리고 이런 일련의 과정을 통해 동아시아 생태주의가 합리적 사회제도 구축에 기여할 수 있는 서양의 생태주의와 호혜적 교류를 함으로써 미래에 다가올 생태주의 사회를 일구는 데 실질적으로 부응할 수 있기를 희망한다.

제 2 부

동아시아 문명의 생명사상과 생태적 함의

오늘날 인류가 직면한 환경위기는 서양의 산업문명에서 초래되었는데, 그 배후에는 산업주의 세계관이 있다. 산업주의는 자연과 인간의 관계를 설정하면서 자연을 인간에게 유용한 도구나 수단에 불과한 것으로 간주하였다. 필자는 현대인이 위기 극복을 위해 새로운 유형의 사회를 개척하지 않으면 안 되는 문명적 요청에 직면해 있다고 본다. 이에 산업주의에 기초한 산업문명을 넘어서서 생태주의(ecologism)에 바탕을 둔 초록문명(green civilization)으로 나아갈 필요가 있다고 전망한다.

새로운 문명사회를 개척하고자 할 때, 무(無)에서 출발할 수는 없고 그 어디에선가 중요한 실마리를 찾는 것에서 실타래를 풀어 가는 것이 현명할 것이다. 필자는 그런 단서를 동아시아 문명(civilization of East Asia)에서 발견할 수 있다고 본다. 동아시아 문명을 잉태하고 그것을 발전시킨 대표적 전통사상으로 유학과 도가, 불교의 사상을 꼽을 수 있다. 이런 전통사상은 정도의 차이가 있기는 하지만 자연 친화적이라는 특성을 띠면서 인간 사회가 나아가야 할 바람직한 상을 제시하고 있다.

한국의 전통사상도 동아시아 문명을 구축하는 데 적지 않은 기여를 한 것으로 평가할 수 있다. 신라 말의 최치원이 언급한 것처럼, 우리 민족은 상고시대부터 '풍류(風流)'라고 불리는 고유 사상을 이미 간직하고 있었기에 중국에서 들어온 유학과 불교, 도가의 사상을 더욱 쉽게 수용하여 우리의 것으로 발전시킬 수 있었다. 공자는 자신이 사는 곳에서 도(道)가 행해지지 않음을 애석하게 여기면서 바다 건너 동이족이 사는 군자의 나라로 가고 싶다고 하였고, 또 민족의 기원 신화를 담고 있는 홍익인간의 이념은 인간을 널리 이롭게 하는 가운데 자연과의 평화를 도모하는 내용을 담고 있다. 중국에서 전래하고 한국에서 나름대로 고유 색채를 띤 유불선은 그 자연관에 있어서 천인합일이나 연기설을 기반으로 하고 있기 때문에 풍성한 자연 친화적 문화를 조성하도록 영향을 끼쳤고, 근대에 태동한 실학과 동학도 차이는 있지만 자연관에 있어서 자연의 이치를 파악하여 그 범주 안에서 인간의 삶을 영위하고자 하였다.

동아시아와 한국의 전통사상은 자연을 경외하는 생명 존중의 사상으로 특징을 지을 수 있기 때문에 그것이 갖는 생태(주의)적 함의도 분명하다. 어느 경우에도 인간과 자연이 유기적으로 연결되어 있다고 보고 또 자연을 도구 이상의 가치를 지닌 것으로 간주하기 때문에, 자연의 유기적 연계성 논제와 탈도구적 가치 논제 모두를 포함하고 있으므로 최소한 소극적 생태주의의 반열에 올라와 있다고 보는 것은 자연스럽다. 다만 적극적 생태주의의 요건인 생태적 한계성 논제 및 이념 구체화 프로그램 논제와 관련지을 때, 각각의 사상이 이런 논제의 내용을 부분적으로만 반영하고 있거나 또는 결여하고 있음도 분명하다. 물론 새로운 사회를 지향하면서 막연하게 옛날로 돌아가자고 할 수도 없다. 이에 한편으로 동아시아와 한국의 전통문화에 구비된 생명 존중의 자연관과 가치관을 중시하고 또 다른 한편으로 서양에서 발전시킨 합리적 사회제도를 고려하면서, 양자가 서로 조화를 이루는 방향으로 새로운 생태주의 문명의 사회를 개척해야 할 것이다.

2장 동아시아 문명의 전통사상과 자연관, 생태적 함의

1. 새롭게 주목받는 동아시아 문명

산업화로 초래된 환경재난이 장차 지구 생물권에 극심한 위해를 입힘으로써 인류 문명에게도 치명적이 될 수 있다는 위기감이 1960년대에 본격화되었다. 이런 위기감을 자각하게 하는 데 기여한 인물로 여성 생물학자 레이첼 카슨(Rachel Carson)을 들 수 있다. 그녀는 1962년에 출간한 『침묵의 봄(Silent Spring)』에서 현대인이 만들어서 사용하는 화학약품이 단기적으로 생산성 증진과 편리함을 가져다 줄 수 있어도, 그 해악이 자연과 인류에게 되돌아옴으로써 계절이 바뀌더라도 새가 울지 않는 침묵의 봄을 맞이할 수 있고 인간에게는 불치의 암 등이 찾아올 수 있음을 경고했다.

환경위기가 고조되고 있을 무렵인 1967년 과학사가 린 화이트(Lynn White, Jr.)가 『사이언스(Science)』에 기고한 한 편의 글은 서구인들에게 자신들의 삶의 양식과 자연관에 대해 반성할 수 있는 결정적 계기를 마련해 주었다. 그는 생태적 위기가 현대의 과학과 과학기술에 의해 촉발되고 있는데, 이것은 중세 이후 본격적으로 드리워진 서구 자연관을 반영하고 있다고 지적하였다. 그러면서 그는 자연에 대한 인간의 태도가 종교에 의해 결정적 영향을 받게 되는데, 서구의 종교인 기독교는 "아시아의 종교와 현저히 대조될 정도로" 인간과 자연의 분리주의 이원론을 조성하면서 자연에 대한 약탈을 정당화하고 있다고 반성하였다.[1]

환경위기로 촉발된 서구 전통의 자연관과 종교에 대한 성찰이 진행되면서 서양 일각에서는 아시아에 대한 관심이 고조되고 있었다. 특히 미국의 캘리포니아에서는 불교와 참선, 요가에 대한 이해와 문화적 참여가 두드러졌다. 이런 분위기는 일부 과학자에게도 전달되었다. 당시 버클리의 캘리포니아대학에서 원자물리학을 가르치던 프리초프 카프라(Fritjof Capra)도 그런 영향 속에서 물리학적 자각을 새롭게 하는 계기를 맞이했다. 인도의 전통사상과 도교의 영향을 받은 그는 해변에서 일어나는 파도의 일렁임을 물리적 입자의 운동으로 볼 뿐 아니라 힌두교도가 숭배하는 춤의 신인 시바의 율동으로 바라보게 된다. 그래서 그는 1975년에 많은 유럽인들과 더불어 세계인들에게 신선한 충격을 준 『물리학의 도(道)(*The Tao of Physics*)』를 출간한다. 그는 책의 서문에서 서구인들에게 신비적으로 보이는 동양의 전통사상과 종교가 현대 물리학과 동일한 패러다임에 속하는 것임을 깨달으면서 양자물리학의 불가사의를 선(禪)의 그것과 연결해서 생각해 보는 등 새로운 시도를 전개하는 것임을 밝히고 있다.[2]

---

1) Lynn White, Jr., "The Historical Roots of Our Ecological Crisis", *Science* 155(1967), p.1205.
2) 우리나라에서는 *The Tao of Physics*가 『현대 물리학과 동양사상』이란 제

뉴턴으로 대표되는 전통 물리학이 관찰 주체와 대상의 이분법적 구분 위에서 자연적 사실을 객관적으로 파악한다고 여긴 반면, 양자물리학은 인간이 우주에서 얻는 과학 지식도 주체와 대상의 상호작용의 산물일 뿐임을 밝히고 있다. 양자물리학의 탈이분법적 패러다임은 생태학의 자연 이해와도 궤를 같이한다. 전통 생물학 역시 인간 관찰자가 분리적 사유체계 속에서 자연의 생물을 기계론적 법칙에 의해 기술하려고 했던 반면, 진화론과 자연사 연구에 영향을 받아 탄생한 생태학은 생물과 생물, 생물 종과 물리적 자연환경을 서로 연결해서 조망하고 있다. 생태학의 자연에 대한 기술을 이념적 지평으로 심화시킬 때 생태주의에 이르게 된다. 고전 역학의 개념적 구도 속에서 소립자에 대한 실험조건을 조성하여 미시적 사실을 얻고자 했을 때 일종의 모순에 봉착했고, 이를 해결할 근원적 방도로서 보어(N. Bohr)와 하이젠베르크(W. Heinsenberg)를 필두로 한 일군의 현대 물리학자들이 새로운 형이상학적 해석을 채택하여 후일 코펜하겐학파로 불리게 된 것처럼, 서구에서 환경위기를 초래한 기존의 세계관에서 벗어나서 자연을 새롭게 해석하는 생태주의가 요청되었다. 생태주의가 기초적으로 수용하는 것은 자연의 연계성 논제이고, 이것을 조망하는 시각은 유기적 자연관(organic views of nature)이다. 그런데 카프라를 비롯한 선진적 서구인들이 동양을 주목하게 된 연유는 동아시아와 인도의 전통사상 및 종교가 유기적 자연관을 가장 선명하게 드러낼 뿐 아니라, 자연에 다가가는 인간의 문화적 접근이 매우 온화하다는 데 있다.

동아시아의 중국은 과거 화려한 고대문명을 꽃피웠다. 그것은

목으로 번역되었다. 프리초프 카프라, 김용정 외 옮김, 『현대 물리학과 동양사상』(범양사, 1994), 21-22쪽 참조.

후일 한국과 일본에도 심대한 영향을 미침으로써 한자 문화권을 형성했다. 중국에서 발아한 유학과 도가사상, 그리고 불교 등이 한국에 많은 영향을 주었고, 그것이 한국적 수용과 변화를 거쳐 일본으로 전해지면서 동아시아 지역에 한자 문화권이 조성된 것이다. 유학의 경우, 이미 우리나라에 들어와 있었지만 고구려 소수림왕 때인 서기 372년에 태학이라는 국가 교육기관의 설립을 통해 적극 수용되었고, 백제는 오경박사를 통해 유학을 가르쳤다. 불교의 경우, 고구려는 소수림왕 때(372년) 수용했고, 백제는 침류왕 때(384년) 받아들였으며, 신라는 뒤늦은 법흥왕 때(527년) 국가적으로 공인하여 후일 적극적으로 불교문화를 창달하였다. 도가사상 역시 비슷한 시기에 전래되었지만, 전통의 민간신앙으로 흡수되었다. 그런데 중요한 것은 통일신라시대의 대유학자 최치원이 언급한 것처럼, 우리 민족에게는 풍류(風流)라고 일컫는 고유의 전통사상이 먼저 있었고, 그 안에 이미 유불도의 기본 정신을 구비하고 있었기에 중국에서 전래하는 사상을 쉽게 주체적으로 수용하고 흡수할 수 있었다는 점이다. 일본은 초기에 규슈와 나라 등에서 우리나라 삼국의 결정적 영향을 받아 7세기 무렵 아스카(飛鳥) 문화 등을 형성하다가, 8세기 말에 이르러 수도를 교토로 옮겨 헤이안(平安) 시대를 열면서 주체적 변화와 발전을 도모할 수 있게 되었다.3) 그 후 동아시아 각국은 전통사상과 문화를 유지하는 가운데 후일 서구 산업문명을 수용하였지만, 고대의 찬란한 문화로 인해 현대에도 전 세계 대다수 나라들로부터 주목을 끌고 있다. 특히 환경위기가 가시화되는 오늘날 오히려 서구 일각에서 새로운 대안문명을 추구하면서 고대 동아시아 문

---

3) 한영우, 『다시 찾는 우리 역사』(경세원, 1997), 121쪽.

명의 자연관에 주목하고 있다. 이에 필자는 한국의 생태주의를 본격적으로 논의하기에 앞서 고대부터 비롯되는 동아시아 문명의 전통사상과 종교가 갖는 생태주의의 기초 특성을 드러내고자 한다. 특히 한중일 동아시아 삼국에 지대한 영향을 미친 유학과 도가사상, 그리고 불교에 초점을 맞추어 논의를 전개하고자 한다.

2. 동아시아 유학사상의 자연관과 생태적 함의

고대에 출현한 4대 문명의 하나에 해당하는 중국문명은 역사적 사료에 비추어 볼 때 황하 유역에서 기원전 3000년경에 본격적으로 출현한다. 중국은 전설상으로 3황 5제를 거쳐 하나라, 은(상)나라, 주나라로 이어지고, 이어서 춘추전국시대를 맞이했다가 마침내 진시황에 의해 처음으로 통일을 이룩한다. 중국은 진에 의해 세워진 통일국가 이후 한나라, 위진남북조시대, 수나라, 당나라, 송나라, 원나라, 명나라, 청나라, 그리고 현대국가로 이어진다. 그런데 고대부터 근현대에 이르기까지 아시아는 중국으로부터 많은 영향을 받았다. 특히 동아시아 지역이 더욱 그러했는데, 오늘날에는 중국 이외에도 한국과 일본이 옛것을 계승하여 스스로 고유한 문화적 풍토를 조성하여 세계에 의미 있는 영향을 미치고 있기 때문에 이 지역의 것을 동아시아 문명으로 부르기도 한다. 동아시아 지역에 가장 많은 정신적 영향을 미친 요인은 중국에서 태동한 유학사상이다.

기원전 551년경에 태어나서 유학(儒學)의 실질적 창시자로 추앙을 받는 공자(孔子)는 자신의 가르침이 옛 성현의 글을 서술하여 전하는 것이지 새롭게 창작하는 것이 아님(述而不作)을 밝힌 바 있다. 공자는 문왕과 무왕, 주공을 높이 숭상하면서, 고대의

훌륭한 문화유산을 받들어 전하는 데 주력한다. 예컨대 "공자께서 『시경』의 시 3백 편을 한마디로 표현하자면 그 생각에 사악함이 없다."[4]고 하였다. 그러나 실제로 공자는 옛것을 서술하는 과정에서 이를 창의적으로 발전시켜 설파하게 된다. 단순히 기술하는 데 그친 것이 아니라는 뜻이다.

공자는 나라를 바르게 하는 사회적 관심을 지대하게 가졌고, 이것은 사회윤리를 구축하는 데 결정적으로 영향을 끼치면서 동시에 정치에 대한 담론으로 확장되었다. 그는 "정치를 덕으로 하면, 마치 북극성이 제자리에 머물러 있어서 모든 별이 그곳으로 향함과 같다."[5]고 하여 덕행을 중시했는데, 그 가운데 으뜸을 인(仁)으로 여겼다. 제자 안연이 인에 대해 묻자, 공자는 "자신의 사욕을 극복하여 예를 실천하는 것이 인이다. 하루라도 스스로의 이기심을 이겨 내면 천하가 인으로 돌아간다."[6]고 답한 바 있다. 공자에게 인이란 한마디로 "남을 사랑하는 것"인데, 적극적으로는 "어진 사람이 스스로 목표로 세운 바를 남도 세우게 하고, 스스로 이루고자 한 바를 남도 이루게 하는", 소극적으로는 "자기가 하고 싶지 않은 것을 남에게 시키지 않는 것이다."[7] 『중용(中庸)』에서는 이것을 일러 충서(忠恕)의 도라고 하였다. 적극적 인의 실행은 충이고, 소극적 인의 실행은 서인 것이다.[8] 인을 사랑으로 풀이한 것은 기독교의 핵심 정신과 일치하고, 또 충서의 도역시 「누가복음」 6장 31절에 "너희는 남에게 대접을 받고자 하

---

4) 『論語』, 「爲政」: 子曰, 詩三百, 一言以蔽之, 曰思無邪.

5) 『論語』, 「爲政」: 爲政以德, 譬如北辰, 居其所, 而衆星共之.

6) 『論語』, 「顔淵」: 克己復禮爲仁, 一日克己復禮, 天下歸仁焉.

7) 『論語』, 「顔淵」: 愛人; 「雍也」: 夫仁者, 己欲立而立人, 己欲達而達人; 「顔淵」: 己所不欲, 勿施於人.

8) 풍우란, 정인재 옮김, 『중국철학사』(형설출판사, 1989), 65-66쪽.

는 대로 남을 대접하여라."는 황금률에 해당한다고 볼 수 있다. 독일의 철학자 칸트(I. Kant)는 성경의 황금률에 의거하여 실천이성의 근본법칙을 세우고 보편화하였으며, 독일의 법체계가 칸트의 도덕적 규범체계를 기반으로 바르게 정비된 것에 비추어 보면, 공자의 사상도 인간 사회에서 도덕규범과 법의 정신으로 기초할 수 있는 성격의 것이다.

춘추시대의 공자에 뒤이어 전국시대의 맹자(孟子)는 더욱 분명하게 윤리적 정치사상을 펼쳤다. 맹자는 먼저 인성론을 논의하면서, 인간의 본성에 사단이 있음을 주목하였다. "측은하게 여기는 마음은 인의 단서이고, 부끄럽고 미워하는 마음은 의의 단서이고, 사양하는 마음은 예의 단서이며, 시비를 가리는 마음은 지의 단서이다."9) 인간이 갖고 있는 인의예지(仁義禮智)의 사단은 인간 이외의 동물에게 없는 선천적 본성이자 빼어난 사회의 덕목이므로 인간은 본래 선하다고 보았다.

인간에게 사단의 마음이 본성적으로 구비되어 있으니, 군주라 하더라도 이 덕목을 외면하는 방식으로 나라를 다스릴 수 없다. 맹자는 나라가 반드시 요청되지만, 도덕적으로 존속해야 하는 만큼 통치자 역시 윤리적 지도자여야 한다고 보았다. "군주가 어질면 어질지 않은 사람이 없고, 군주가 의로우면 의롭지 않은 사람이 없으며, 군주가 바르면 바르지 않은 사람이 없으므로, 군주가 바르게 서면 나라가 안정된다."10)고 여겼다.

맹자는 경제 운영과 관련해서도 구체적인 해법을 제시하였다.

---

9) 『孟子』, 「公孫丑上」: 惻隱之心, 仁之端也. 羞惡之心, 義之端也. 辭讓之心, 禮之端也. 是非之心, 智之端也.

10) 『孟子』, 「離婁章句上」: 君仁莫不仁, 君義莫不義, 君正莫不正, 一正君而國定矣.

대표적으로 농경사회에서 가장 중요시했던 토지 분배에 대해서는 공정한 정전제도를 주장했다. 우물 정(井) 자를 예로 들 수 있는데, 가운데 토지 하나는 공적인 것이고, 나머지 여덟은 사적인 것으로 개별 가구가 하나씩 불하받아 농사를 지을 수 있다. 이 제도는 여덟 가구가 소출물로 세금을 낼 수 있도록 먼저 공전을 경작하고 그리고 이어서 자신에게 불하된 사전을 경작토록 하는 것이다. 농부들이 농사를 짓거나 자연에 다가갈 때, "농사철을 어기지 않도록 하면 곡식은 다 먹을 수 없을 정도가 될 것이고, 촘촘하여 조밀한 그물을 못과 물가에서 치지 못하도록 하면 물고기가 다 먹을 수 없을 정도로 넉넉해질 것이며, 도끼 든 사람을 적절한 때에 맞춰서 산림에 들어가게 하면 통나무 재목은 다 쓸 수 없을 정도로 풍성해질 것이다. 곡식과 물고기가 다 먹을 수 없을 정도로 풍족해지며 재목은 다 사용할 수 없을 정도로 많아질 것이니, 이런 시책은 백성들로 하여금 산 사람을 부양하고 죽은 이를 장사 지내는 데 유감이 없도록 하는 것이고, 이와 같이 산 사람을 부양하고 죽은 이를 장사 지내는 데 유감이 없도록 하는 것이 왕도정치를 펴는 정책의 시작이다."11) 군자는 도를 구현하여 가르치고, 군주는 이를 수용하여 시행하면 나라에 왕도가 펼쳐지니 세상이 태평해질 것이다. 그런데 맹자는 군주가 통치를 행함에 있어서 덕을 구현하지 못하고 오히려 백성을 사지로 내몰 경우, 백성이 임금을 갈아 치우는 것이 오히려 하늘의 뜻에 부합한다고 보았다. 역성혁명을 허용하고 있는 것이다.

비록 맹자가 왕도정치를 촉구했지만, 현실은 현실대로 수용하

---

11) 『孟子』, 「梁惠王章句上」: 不違農時, 穀不可勝食也, 數罟不入洿池, 魚鼈不可勝食也, 斧斤以時入山林, 材木不可勝用也. 穀與魚鼈不可勝食, 材木不可勝用, 是使民養生喪死無憾也, 養生喪死無憾, 王道之始也.

여 군주 및 대인(大人) 집단과 평민 및 소인(小人) 집단을 명확히 구분한 것은 사실이다. 그뿐만 아니라 묵자(墨子)가 남과 자기 부모를 동등하게 대해야 한다고 주장한 데 대해, 이렇게 되면 자기 부모도 제대로 모실 수 없게 된다고 논박하면서, 모두에게 인을 실현하되, 그것이 막연한 남에서 나의 이웃과 친척, 가족으로 가까워질수록 그 강도에 차이를 두어야 함도 분명히 했다. 즉, "맹자가 말하기를 군자는 금수초목에 대해서는 어여쁘게 여기지만 어진 마음으로 대하지는 않고, 일반 백성에 대해서는 어진 마음으로 대하지만 육친 대하듯이 하지 않는다. 가까운 친족을 친밀하게 대하고 나서 일반 백성을 어질게 대하고, 백성을 어질게 대하고 나서 금수초목을 어여쁘게 여긴다."12) 친족과 일반인, 그리고 동식물을 대할 때 실질적 차등을 둔 것이다. 여기에는 유학사상의 자연관이 부분적으로 드러나 있다.

공자는 우주론과 결부지어 도를 말한 노자와 달리 도를 인간이 마땅히 걸어야 할 길로 제시하였다. 맹자도 마찬가지였다. 그러나 성인의 도는 천지의 도와 일치한다. 유학은 노장사상과 동일하게 천인합일(天人合一)을 수용하고 있다. 유학이 중시하는 구체적 자연관은 『주역(周易)』에서 살필 수 있다. 『주역』은 본래 은나라에서 주나라에 이르기까지 당시 생활상을 담고 있는 것으로써 점을 치는 복서였다. 후일 64개의 점괘에 다양한 해석이 붙으면서 오늘날 전하는 형태의 주역으로 불리게 된다. "공자께서 말씀하셨다. '역은 무엇을 하는 것인가? 역은 사물을 밝히고 일을 이루고 천하의 바른 도를 간직한다. 이와 같은 것일 따름이다.'" 그러

---

12) 『孟子』, 「盡心章句上」: 孟子曰, 君子之於物也, 愛之而弗仁, 於民也, 仁之而弗親. 親親而仁民, 仁民而愛物. 이것에 대한 해석은 다음을 참조하였음. 謝冰瑩 等 編譯, 『新譯 四書讀本』(臺北: 三民書局印行, 1981), 499面.

면서 "변화의 도를 아는 사람은 자연의 작용을 안다."고 했다. 이
때 "한 번은 음이 되고 한 번은 양이 되는 것을 도라고 한다."[13]
따라서 『주역』에 따르면 도에 의거한 음양의 조화로운 작용에 의
해 만물이 탄생하고 또 소멸 과정을 거친다.

전기 한나라 때 편찬된 『회남자(淮南子)』는 자연에 대한 이야
기를 전하고 있다. 그것에 의하면, 도(道)가 광활하게 비어 있는
가운데 우주를 생성시켰고, 우주에서 기(氣)가 태동했다. 우주에
기가 가득 차 있었고, 이것은 가벼운 것과 무거운 것으로 분리되
어 하늘과 땅으로 나타났다. 이런 이야기의 내용은 공맹의 전통
사상과 더불어 송나라 때 본격적으로 출현한 신유학자들에게 그
대로 수용된다. 주돈이(周敦頤)는 태극이 움직이니 양이 태동하
고 이것이 극한에 이르러 고요한 단계로 접어들면서 또한 음을
낳는다고 하면서, 음양의 두 기운이 감응하여 인간을 비롯한 만
물을 형성한다고 보았다. 또한 신유학자들은 전국시대의 추연(鄒
衍)에 의해 체계화된 오행(五行)도 수용하여, 다섯 가지 기가 천
하에 퍼져 1년이 사계절로 운행한다고 여겼다.

유학의 발전 과정에서 보면 송나라 후기의 주희(朱熹)도 공맹
의 계보를 잇는 지도적인 위치에 오르게 된다. 신유학자들은 『논
어』와 『맹자』, 『대학』, 『중용』을 매우 중시하여 교육과 가르침의
핵심 교재로 사용하였고, 주희는 이것을 정교하게 해석하는 주석
을 달게 되는데, 이후 사서에 대한 주자집주만을 정통으로 여기
게 된다. 주희는 형체를 갖고 있는 사물이 존재하게 된 연원을 추

---

13) 『周易』, 「繫辭傳」: 子曰, 夫易何爲者也. 夫易開物成務, 冒天下之道, 如斯
而己者也; 知變化之道者, 其知神之所爲乎; 一陰一陽之謂道. 해석은 다음
에 의거하였음. 김인환 역해, 『주역』(고려대 출판부, 2006), 513쪽, 524쪽,
527쪽.

적하면서 그것이 보이지 않는 이치(理)에서 비롯되었다고 여겼다. 자연적으로 존재하든 아니면 인간이 만들었든 사물에는 그 본래적 성질이 구현되어 있는데, 그것이 바로 사물을 생겨나게 한 이치이다. 인간도 마찬가지다. 따라서 인간을 포함한 우주만물의 본성은 이치인 것, 즉 성즉리(性卽理)이다. 주희가 이(理)에 대해 명확한 정의를 내리지 않았지만, 천하의 사물은 그렇게 된 까닭으로서 소이연(所以然)을 갖고 있고, 그럼으로써 그렇게 되거나 해야 할 소당연(所當然)의 규칙이 있다. 예컨대 자녀가 부모를 효성스럽게 모셔야 하는 것은 소당연의 (도덕)규칙이고, 왜 자녀가 그렇게 해야 하는가는 소이연의 까닭이다.14) 주희는 이것이 인간은 물론 천지만물에게도 통용된다고 여겼다.

천하에 본성이 없는 사물은 하나도 없으므로 모두 생성될 때부터 이치를 갖고 나타났다. 만물의 탄생에 앞서 이가 선행하고 있는 것이다. 그러나 이치만 존재한다면 우주에 눈에 보이는 것은 없을 것이다. 주희는 우주에 이와 더불어 기도 있다고 보았다. 이가 형이상(形而上)의 존재라면, 기는 형이하(形而下)의 실체로서 일종의 물질이자 재료(具)이다. 인간과 천지만물은 생성될 때 반드시 그 이치를 품수한 연후에 본성을 가지며 기운을 품수한 연후에 형태를 갖는다. 만물은 단순히 기가 모이고 흩어짐에 따라서 생성되고 소멸하지만, 반드시 그 이치에 따라 그렇게 된다. 이때 천지만물의 이치의 총화가 곧 태극이다.15) 성즉리에 의거한 성리학, 특히 주자학이 중국은 물론 우리나라에도 결정적으로 영향을 미치지만, 신유학자가 모두 이학을 설파한 것은 아니었다. 송나라 장재(張載)는 도가나 불교의 무(無) 사상을 배격하면서,

---

14) 김영식, 『주희의 자연철학』(예문서원, 2005), 44-45쪽 참조.
15) 풍우란, 『중국철학사』, 363-365쪽 참조.

우주만물이 탄생하던 무렵의 태초에 비어 있는 것으로 보이지만 거기에는 눈에 보이지 않는 기가 흩어져 있을 뿐이었다고 주장한다. 그러면서 태극을 이의 총합이라는 주희의 견해도 논박하면서 태극은 구체적으로 기 이상도 이하도 아니라고 여겼다.

중국에서도 초월적 자연관이 없었던 것은 아니다. 주나라 초이전까지는 하늘을 인격적 최고신으로 설정하여 인간에 대한 지배를 자연스럽게 받아들였다. 아마도 하늘을 대하는 종교적 경건함 때문이었을 것이다. 그런데 춘추전국시대에 접어들면서 자연관에 대한 변화가 본격적으로 조성되기 시작했다.16) 초월적 인격신의 면모가 탈색되면서 내재적 천인합일의 관계로 드러나게 된다. 인간 사회는 마땅히 도를 구현해야 하는데, 이런 도는 근원적이면서 통합적인 자연의 이치일 뿐이다. 물론 자연에 존재하는 만물은 모두 기의 이합집산에 따른 결과이다. 인체에도 기가 소통하기 때문에 동의학은 기의 흐름인 경락체계에 의해 병을 예방하고 질병을 치료한다. 인간에게 자연은 외부적인 것이 아니라 내재적인 것이다. 『주역』에서 말하고 있듯이 자연은 낳고 또 낳는데(生生), 『시경』에서 표현하듯이 그것에 끝이 없다(不已). 자연의 생명 창조 활동은 쉼 없이 지속되는 것이다. 자연적 존재는 음양의 조화와 이완 속에서 생성과 유지, 소멸을 반복한다. 그리고 오행의 작용에 의해 변화가 조성된다. 자연적 존재는 변화하는 여건 속에 개방적으로 열려 있지만, 모두 내적 관계로 이어져 있다. 자연은 개방적으로 연결되어 있으면서 창조적 자발성을 지니고 있는데, 도의 운동 때문이다. 자연에는 물리적 여건과 작용하여 살아가는 온갖 생물 종이 있는데, 모두 기의 특징적 이합집

---

16) 풍우, 김갑수 옮김, 『동양의 자연과 인간 이해』(논형, 2008). 36-39쪽 참조.

산으로 인해서 그렇게 된 것이다. 인간도 그런 자연 공동체 안에 있을 뿐이다. 따라서 인간 사회와 자연의 관계를 외적인 연관으로만 간주한 서양과 달리, 유학사상이 주축을 이룬 동아시아는 인간과 자연의 내적 연관성을 수용하면서 서로 간의 상호 의존과 조화에 주목하였다.17) 이렇게 보면 유학사상은 소극적 생태주의의 한 특성인 유기적 연계성 논제를 고대부터 수용하는 자연관을 지녔던 셈이다.

유학사상에 의해 인간이 자연을 조망할 때 갖게 되는 자연의 가치는 탈도구적일 수밖에 없다. 물론 가치란 표현 자체는 서양에서도 근대 들어서서 경제학의 영역에서 처음으로 사용되었다. 마침 그 용어가 서양 고대철학에서 운위되던 좋음이나 옳음, 덕, 아름다움 등을 통칭하여 분별하는 데 매우 유용했던 까닭에 철학과 윤리학의 지평에서 창의적이고 발전적으로 수용되어 오늘날 광범위하게 회자되고 있다. 이런 가치관의 눈으로 동양의 사상과 자연관을 조망하는 것도 매우 의미가 있는 일이다. 본래 인간과 자연이 분리된 상태에서 인간이 우월한 자세로 자연을 대할 때, 자연은 도구로서의 가치(instrumental value)만 지니게 된다. 이것은 서양의 주류 자연관에 따른 입장이다. 이에 비해 동아시아에서 인간은 누구나 본성상 인의예지와 같은 덕목을 구현할 이치를 구비하고 있고, 또 마땅히 그런 덕목을 실현해야 하므로 내재적 가치를 갖고 있는데, 자연과 인간은 유기적으로 연계되어 있으므로 자연 역시 탈도구적 가치(non-instrumental value)나 내재적 가치(intrinsic value)를 갖는다고 할 수 있다. 다만 맹자에게서 확인할 수 있듯이, 나에게서 내 가족, 이웃, 내 고장 밖의 사람 그리고

---

17) Chung-ying Cheng, "On the Environmental Ethics of the *Tao* and the *Ch'i*", *Environmental Ethics* 8(1986), p.353.

자연의 동식물로 이행하면서 수준별 차별화가 이루어지기 때문에 자연의 가치는 차별적인 탈도구적 가치를 갖는 것으로 볼 수 있을 것이다. 여하튼 동아시아 유학사상은 자연의 탈도구적 가치 논제를 수용한다고 평가할 수 있다. 필자는 다소 신중하게 유학사상이 소극적 생태주의의 두 논제 모두를 수용하고 있다고 판단하는데, 이런 판단에 별 무리는 없다고 본다.

엄밀하게 조망하면 유학사상은 사회제도의 이상도 제시하고 있기 때문에 적극적 생태주의의 여러 논제도 포함하고 있다. 유학은 자연관에 있어서 도가사상과 상당한 정도로 내용을 공유하고 있다. 무엇보다도 주역을 양자 집단이 수용하고 있기 때문이다. 그러나 차이도 분명하다. 노장사상은 인간에게 자연의 이치가 통용되는 천진난만한 어린아이의 지평으로 되돌아갈 것을 촉구하는 반면, 유학사상은 오히려 인간 존재의 특별한 본성에 비추어 덕을 구비한 인간이 자연에 참가하여 이를 완성할 필요가 있다고 보았다.18) 이 점은 공자가 "인간이 도를 기르는 것이지, 도가 인간을 기르는 것은 아니다."19)라고 한 데서 알 수 있다. 맹자는 인간은 누구나 호연지기를 길러야 하는데, 이것은 도와 의로 형성된 것으로서 자연에 충만할 수 있다고 여겼다. 군자가 도를 행하고, 소인이라도 이를 좇아 행하며, 군주가 왕도를 펼치는 사회는 자연과 조화도 도모할 것이다. 이렇게 보면 유학사상은 서양에서 발아한 사회 생태주의(social ecology)와 유사한 측면이 있다.20)

---

18) 같은 글, p.354.

19) 『論語』, 「衛靈公」: 人能弘道, 非道弘人.

20) M. E. Tucker, "Ecological Themes in Taoism and Confucianism", M. E. Tucker et al.(eds.), *Worldviews and Ecology*(Maryknoll, N.Y.: Orbis Books, 1994), p.157.

사회 생태주의는 환경위기의 근원적 원인을 진단할 때 인간의 자연 지배를 거론하기보다 오히려 사회 내에서의 인간에 의한 인간 지배가 확장되어 나타난 것으로 조망하고, 그런 연유로 인간 사회의 서열화 구조를 혁파하는 선에서 자연과의 변증법적인 발전 관계를 희구한다.21) 이때 이 이념은 사회적 인간이 구현하는 합리적 접근을 중시한다. 비슷하게 주류의 유학사상도 사회적 도의 실현에 주력하고 만물의 이합집산을 가능하게 하는 기의 운행 원리로서 이(理)에도 깊은 신뢰를 주고 있다. 그렇다면 토지제도로서 공평한 정전제도를 실시하는 등 사회에서는 도를 구현하고, 그런 사회의 인간 역시 고기를 잡을 때도 촘촘한 그물을 사용하지 않는 등 자연 친화적 방식으로 이행하고자 하므로, 또다시 여건만 허용된다면 생태적으로 지속 가능한 사회로 이행할 수 있는 프로그램을 재가동할 수 있다. 따라서 유학사상은 적극적 생태주의의 핵심 주제인 이념 구체화 프로그램 논제를 이미 구비하고 있는 셈이다.

전통적 유학사상이 사회 생태주의의 일부 요소를 갖고 있다고 해도 몇 가지 문제를 띠고 있다고 보인다. 첫째, 그것은 낡은 것으로 비춰진다는 점이다. 다소 막연하게 공맹이 희구했던, 성인의 정치가 구현되는 문무주공의 시대로 돌아가자는 것이, 과거로의 일방적 회귀일 수 있어서 설득력이 약할 수 있다. 다만 새로운 미래를 기획하면서 유학사상의 사회적 이성과 자연관을 적극적 실마리로 활용할 수는 있을 것이다. 둘째, 성리학(특히 주자학)에서 잘 드러났듯이 지나치게 합리주의가 강하기 때문에 생태주의 시대에 요구되는 이성 외적인 감성이나 영성에 대한 배려가 약할

---

21) 이것에 대한 자세한 내용은 다음을 참조할 것. 한면희, 『초록문명론』(동녘, 2004), 7장.

수 있다는 단점이 있다. 이성 만능주의가 오늘의 생태위기를 초
래하는 데 깊이 연루되어 있다고 자성하는 생태주의 사조가 적지
않게 공감대를 이루고 있음에 비추어 보면 그렇다. 셋째, 대인과
군주 등의 지배집단과 소인과 평민의 피지배집단을 은연중에 전
제하고 있듯이 유학자는 기존의 체제인 계급사회에 도전적이지
않았다는 것이 문제이고, 더 나아가서 가부장제를 유지하는 데
오히려 중심적 역할을 했다는 점에서 반생태주의의 요소도 부분
적으로 갖고 있다. 바로 이런 측면에서 유학사상은 서구의 사회
생태주의와 궤를 달리하고 있다. 사회 생태주의는 아나키즘(anar-
chism)의 토양 위에서 생태주의를 수용했기 때문에, 철저하게 반
권위주의를 주창하고 있다. 강제로 조성되거나 그렇게 느껴지는
권위는 생태주의 사회에 부합할 수 없다.

　물론 유학사상이 몇 가지 한계를 갖고 있다고 해도, 그 자연관
은 천인합일에 바탕을 두고 있다는 점에서 서양의 이원론적 세계
관과 확연히 다르다. 자연과 일체를 이룰 수 있는 유기적 세계관
을 구비하고 있고, 인간 사회가 자연을 바라보는 가치관이 상생
적일 뿐 아니라 존중의 태도로 일관되어 있다. 그뿐만 아니라 유
학사상은 도가 바르게 실현되어 인의예지가 충만한 사회를 희구
하고자 했다는 점에서 여전히 미래의 생태주의 사회로 나아가는
데 중요한 등불의 역할을 할 것으로 기대된다.

3. 동아시아 도가사상의 자연관과 생태적 함의

　중국에서 유학과 도가(道家)의 사상이 함께 발원하는데, 양자
는 기본적으로 다르지만 또한 공통된 특성도 적지 않게 보이고
있다. 사회 전체의 차원에서 보면, 양자는 묘하게도 현실 속에서

서로 다르면서 상보적으로 작용을 했다. 양자의 대표적인 공통점은 주역을 함께 수용하여 발전시킴으로써 도와 기, 음양론을 구사하고 있다는 점이다. 자연에 대한 이해를 부분적으로 공유하는 셈이다. 여기서는 도가의 철학, 주로 노장사상에 초점을 맞추어 그 자연관과 생태적 의미를 살펴보고자 한다.

다만 도가에 접근할 때 세밀하게 둘로 구분하여 논의하지 않으면 안 된다. 하나는 철학으로서의 도가이고, 다른 하나는 종교로서의 도교(道敎)이다. 유학도 교의화(敎義化)가 된 측면에서 보면 유교로 볼 수 있지만, 서양의 종교처럼 초월자를 상정하지 않는다는 점에서 종교로 보아서는 안 된다고 여기는 견해가 상당하다. 그래서 유가의 사상을 이념과 학문의 차원에서 유학이라고 지칭하여 탐구하고 수용한다. 도가에서도 마찬가지지만, 여기서는 그 차이가 더 확연히 벌어진다. 사상사적으로 노자와 장자로 지칭되는 집단의 사유와 이념이 결정적 영향을 미쳤지만, 그것이 민간의 세속신앙과 결부되어 도교로 변모되면서 중국은 물론 동아시아 문명사회에 적지 않은 영향을 미쳤음도 부인할 수 없다. 이때 철학으로서의 도가사상과 종교로서의 도교에는 적지 않은 차이가 있다는 것에 유념해야 한다. 전자는 노자와 장자의 주류 흐름에서 확인할 수 있듯이 자연의 이치에 철저히 따르도록 요구하는 반면, 후자는 한나라 후반기에 탄생했으며 자연의 이치를 어기면서까지 불로장생의 신선이 되기를 추구했다.[22] 필자는 동아시아 문명사회에 적지 않은 영향을 끼쳤고 또 오늘의 생태위기를 극복하는 데 중요한 실마리를 제공할 철학으로서의 도가사상에 초점을 맞추어 그 자연관과 생태적 함의를 논의하고자 한다.

---

22) 풍우란, 『중국철학사』, 21쪽.

도가사상의 실질적 출발점은 『도덕경』으로도 불리는 저술 『노자(老子)』에서 비롯된다. 이것은 노담이라는 사람의 저술로 알려져 있고, 그가 공자보다 약간 앞선 시대의 사람으로 파악되고 있지만, 『노자』는 훨씬 후세대에 집필되었거나 아니면 후일 대대적인 첨삭이 이루어진 것으로 보는 것이 정설이다. 『장자(莊子)』도 맹자와 같은 시대의 장주가 지은 것으로 보이지만, 이 경우에도 장주의 글에 후세대 도가들이 상당 부분 첨가한 것으로 파악하고 있다. 모두 도가의 무리들이 함께 저술한 것이다. 이런 노장사상은 사회에 대한 평가를 많이 하고 있지만, 무엇보다도 우주관이 매우 특징적이다.

『노자』는 첫머리부터 도를 언급한다. "도를 인식할 수 있는 도라고 하면, 진정한 상도(常道)가 아니다. 명칭을 이름으로 표현하면, 진정한 명칭이 아니다. 이름 붙일 수 없는 무명(無名)은 만물의 시작이고, 이름 붙이는 유명(有名)은 만물의 모태이다."23) 도가사상에 의하면, 시초에는 무였는데, 여기서 유가 생겨나고, 그로 인해 천지만물이 탄생하게 되었다. 천지에는 개별적으로 지시하고 이름을 붙일 수 있는 것들이 무수히 있다. 이런 것들은 이름을 갖는 존재자이다. 그런데 이런 것들의 탄생과 유지, 소멸은 그런 것을 가능하게 하는 이름을 붙일 수 없는 무명에서 비롯되었다. 물론 이름을 붙일 수 없는 탓에 인간이 인식할 수도 없다. 천지만물의 생성과 변화는 그것이 일어나는 원천적 연유로부터 비롯되는데, 그것이 상도이다. 그래서 도는 달리 말해 무명이고, 이것은 드러나 있지 않기 때문에 이름도 없다. 다만 도 또는 무명은 천지만물 또는 유명에 앞서는데, 이것은 시간적 차원에서 앞선다

---

23) 『老子』, 제1장: 道可道, 非常道. 名可名, 非常名. 無名, 天地之始. 有名, 萬物之母.

는 뜻이라기보다 논리적으로 선행하는 것으로 보는 것이 온당하다. 그래서 "천지간의 만물은 유에서 생겼고, 유는 무에서 드러났다."24)고 할 수 있다.

도란 무엇인가? 인식하거나 표현하는 것이 불가능하므로 정의를 내리기도 불가하다. 그럼에도 불구하고 이해를 돕기 위해 다가가자면, 노자는 이것을 통나무(樸)로 비유했다. 통나무로 책상이나 의자를 만들 수 있고, 장롱을 짤 수도 있다. 도는 이렇게 일정한 형체로 구체화할 수 없는 것(예, 통나무)이지만, 그것으로 인해 구체적 형체를 지니면서 차별화된 것들(예, 책상이나 의자, 장롱)이 출현한다. 또 달리 표현하자면 도는, 증발된 수증기 무리가 바람을 타고 육지에 비로 내리면서 황하와 양쯔강, 한강 등 이름 붙인 곳에서 아래로 흘러 바다로 모이듯이, 바다처럼 언제나 변함이 없는 것이다. 도는 천지만물의 존재 원천이자 근본 이치인 셈이다.

노자는 자연의 생성 과정에 대해서도 말하고 있다. "도에서 일(一)을 낳고, 일에서 이(二)가 나오며, 이에서 삼(三)이 형성되는데, 삼에서 만물이 탄생했다."25) 일과 이, 삼에 대한 해석은 여러 가지이지만, 그것을 한 방향으로 풀면 다음과 같다. 즉 도에서 기(氣)가 나오고, 하나의 기가 음기와 양기 둘로 분화되며, 음양이 서로 조화를 이루어 음기와 양기, 화기(和氣)를 형성하는데, 이 셋이 어우러져서 천지만물이 탄생했다.26) 이런 우주론적 설명은 태극에서 음양이 나오고, 여기서 오행이 발생하여 만물의 운행

---

24) 『老子』, 제40장: 天下萬物生於有, 有生於無.

25) 『老子』, 제42장: 道生一, 一生二, 二生三, 三生萬物.

26) 이런 해석은 다음을 참조했음. 余培林 註譯, 『新譯 老子讀本』(臺北: 三民書局印行, 1973), 76面.

법칙이 되고 있다고 보는 주역의 우주론적 견해와 흡사하다.

도가의 사상에서 자연에 다가가는 핵심 논제는 무위자연설이다. 자연의 도에 부합하지 않는 인간의 행위는 인위적이다. 이런 행위는 단기적으로 무엇인가를 이루게 된 것처럼 비춰지지만, 결국 아무것도 이루지 못하는 좌절로 다가온다. 반면 무위(無爲)는 행위하지 않음이 아니라 자연스러운 행위이다. 무위는 자연의 순리에 부응하는 것이므로 이루지 못하는 것이 없다. 따라서 "도는 언제나 무위로서 이루지 못하는 일이 없다."27)

도는 인간에게 자연을 보는 특징적 시각을 제공한다. 무위자연설이 그것이다. 그뿐만 아니라 도는 사회적 처신에 대해서도 중요한 규범적 지침을 제시하고 있다. "어떤 사태가 혼돈스럽게 이룩되었는데, 그것은 천지보다 앞서서 생긴 것이다. 소리 없이 고요하고 형체 없이 비어 있지만, 홀로 우뚝 서서 영원히 불변하고, 두루 운행하면서 위태롭지 않으니, 천하의 모태인 것이다. 그 이름을 알지 못하므로 호칭하여 도라고 하는데, 억지로 명명하자면 위대하다고 할 수 있다. 위대하니 널리 퍼지고, 퍼지니 멀어지며, 멀어져서 극한에 이르니 되돌아오게 된다. … 인간은 땅을 법도로 삼고, 땅은 하늘을 법도로 삼고, 하늘은 도를 법도로 삼으며, 도는 자연을 법도로 삼는다."28) 여기서 인간은 누구나 천지와 자연에 깃든 도를 본받아야 하는데, 도는 위대하여 멀리 퍼지다가 한계 상황에 이르면 다시 되돌아오므로, 자연에서 일어나는 이런 흐름을 파악해야 한다고 말하고 있다. 익히 알려져 있듯이 "되돌

---

27) 『老子』, 제37장: 道常無爲而無不爲.
28) 『老子』, 제25장: 有物混成, 先天地生. 寂兮廖兮, 獨立而不改, 周行而不殆, 可以爲天下母. 吾不知其名, 字之曰道, 强爲之名曰大. … 人法地, 地法天, 天法道, 道法自然.

아오는 것이 도의 움직임(反者道之動)"이므로, 인간은 사회에서 벌어지는 작은 일들 하나하나에 일희일비할 필요가 없다. 누군가 화를 입게 되면 그것에 뒤이어 복이 올 것이고, 누군가 많은 것을 얻게 되면 그것으로 인해 어지러운 소요에 휘말리게 마련이다. 덜어서 이익이 되는 경우가 있고 또 더해서 손해로 다가오는 경우도 있다. 자연의 법칙을 몰라서 함부로 날뛰면 흉한 모습을 보이게 되지만, 그것을 알게 되면 종신토록 위태롭지 않게 된다. 성인은 "만족할 줄 알아서 욕을 보지 않고, 멈출 줄 알아서 위태롭지 않게 되므로, 오래도록 스스로를 유지할 수 있다."[29] 도를 깨닫는 자는 바로 이런 길을 간다.

장자는 노자와 마찬가지로 인간이 타고나는 것이 덕(德)이고, 그것은 도에서 비롯된다고 여겼다. 이때 타고난다는 것은 자연적으로 구현된다는 것이므로 인위적인 것을 피해야 함을 뜻한다. 소와 말이 네 다리를 가지고 있음은 자연적이지만, 말의 발굽에 편자를 박고 소의 코에 고삐를 매는 것은 인위적이다. 인간을 비롯하여 천지만물이 타고난 자연스러움을 그대로 구현하는 것이 도에 부합한다. 장자가 아내의 죽음을 맞이하여 보여준 행태가 그것을 잘 말해 준다. "장자의 처가 죽자 혜자가 조문을 갔다. 그때 장자가 앉아서 다리를 뻗은 채 그릇을 두드리며 노래를 부르고 있었다. 이에 혜자가 말하였다. '처와 함께 살면서 자식을 키우고 그녀가 나이 들어 죽음을 맞았는데, 소리 내어 곡을 하지는 못할망정 그릇을 두드리며 노래를 부르는 것은 너무 지나친 행동이 아닌가!' 장자가 이렇게 답변했다. '그렇지 않다. 처가 죽은 초기에 나라고 어찌 슬퍼하는 마음이 없었겠는가. 시초로 거슬러

---

29) 『老子』, 제44장: 知足不辱, 知止不殆, 可以長久.

올라가 성찰하면 본래 생명이 없었다. 단지 생명이 없었을 뿐만 아니라 애초에 형체도 없었다. 형체가 없었을 뿐만 아니라 본래 기도 없었다. 흐리고 어두운 가운데 뒤섞이고, 변하여 기가 생기고, 기가 변하여 형체가 나타나고, 형체가 변하여 생명이 있게 되고, 생명에 또 변화가 조성되어 죽음에 이르렀으니, 이것은 계절이 춘하추동의 사계로 되풀이하여 운행하는 것과 같다. 내 처는 지금 천지라는 큰 침실에 편안하게 누워 있는데, 내가 소리 내어 슬프게 울며 곡을 한다면, 이것은 천지간의 운명을 깨닫지 못하여 그렇게 하는 것으로 여겨져서, 그런 연유로 곡을 그친 것이다.' "[30] 장자의 이 이야기 속에서 중요한 것 두 가지를 찾아낼 수 있다. 하나는 우주론으로서 시초에 황홀한 가운데 기가 모이고, 거기서 형체가 조성되어 생명이 탄생하였다는 것이다. 이것은 노자의 자연관과 일치한다. 또 다른 하나는 인간의 생사 여부도 자연에 운행하는 이치에 따르게 되므로, 자연의 순리에 순응하면 될 뿐 일희일비할 필요가 없다는 것이다.

인간에게 자연스럽게 나타나는 행위가 자발적인 것으로서 덕에 부응하는 것인데, 이것에 역행하여 인위적인 것으로 흐르면 생명을 죽이고 자연을 파멸시키는 것으로 나타난다. 이것은 자연을 대하는 인간 개인의 행위 양태에 적용될 뿐 아니라 인간 사회에도 그대로 통용된다. 따라서 사회에 군림하는 통치자는 없어야 하지만, 누군가가 그 역할을 하게 된다면 자연의 도를 깨친 성인

---

30) 『莊子』, 「至樂」: 莊子妻死, 惠子弔之. 莊子則方箕踞, 鼓盆而歌. 惠子曰, 與人居, 莊子老身, 死不哭亦足矣, 又鼓盆而歌, 不亦甚乎. 莊子曰, 不然. 是其始死也, 我獨何能無槪然, 察其始而本無生, 非徒無生也而本無形, 非徒無形也而本無氣. 雜乎芒芴之間, 變而有氣, 氣變而有形, 形變而有生, 今又變而之死, 是相與爲春秋冬夏四時行也. 人且偃然寢於巨室, 而我嗷嗷然隨而哭之, 自以爲不通乎命, 故止也.

이어야 할 것이다. 그래서 장자에게 최선의 통치는 무통치(無統治)일 수밖에 없다. 장자에 따르면, "천하를 그냥 있도록 내버려 둔다는 말은 들었어도, 천하를 통치한다는 말은 못 들었다. 그냥 있도록 한다는 것은 천하의 본성이 교란될 것임을 우려해서이고, 내버려 둔다는 것은 천하의 덕이 바뀔 것임을 염려해서이다. 천하의 본성이 교란되지 않고, 천하의 덕이 바뀌지 않는데, 구태여 천하를 통치할 자가 있어야 하겠는가! 예전 요(堯)임금이 천하를 다스리면서, 천하를 좋게 하고 사람의 본성을 즐겁게 해주었지만, 이것이 고요히 평안한 것은 아니었다. 걸(桀)임금이 천하를 통치하면서, 천하를 힘들게 하고 사람의 본성을 고통스럽게 만들었는데, 이것은 기쁜 것이 아니었다. 무릇 고요히 평안치 않고 기쁜 것이 아닌 한, 덕이 아니다. 덕이 아니면서 오래도록 지속되는 것을 천하에서 찾을 수 없다."31) 뒤이어 장자는 이렇게 말하고 있다. "이런 연유로 군자가 어쩔 수 없이 천하를 통치하게 되면, 무위로 하게 된다. 무위로 해야 이후에도 자연의 본성에 따른 평안함이 유지된다."32) 무위자연설은 인간이 자연에 의지하여 살 때나 인간 사회 내에서 동료와 더불어 공동체 삶을 유지할 때나 한결같이 요구된다.

장자에게서 확인할 수 있는 사회 운영은 평안함 그대로 내버려 두는 상태, 즉 방임의 상태로 조성하는 것이다. 설혹 군자가 통치

---

31) 『莊子』, 「在宥」: 聞在宥天下, 不聞治天下也. 在之也者, 恐天下之淫其性也, 宥之也者, 恐天下之遷其德也. 天下不淫其性, 不遷其德, 有治天下者哉. 昔堯之治天下也, 使天下欣欣焉人樂其性, 是不恬也. 桀之治天下也, 使天下瘁瘁焉人苦其性, 是不愉也. 夫不恬不愉, 非德也. 非德也而可長久者, 天下無之.

32) 『莊子』, 「在宥」: 故君子不得已而臨莅天下, 莫若無爲. 無爲也而後安其性命之情.

자로 나설 수밖에 없는 상황에서는 강제적 통치가 이루어지지 않도록 하는 무위의 통치, 즉 통치 없는 통치를 행하는 것이다. 이것이 노장사상에서 확인할 수 있는 본질적 특성이다. 그런데 여기서 도가가 유가보다 더욱 엄격하다는 것을 식별하게 된다. 논란의 여지없이 하나라의 폭군인 걸임금이야 덕스럽지 못한 정치를 행한 것으로 평가하는 것이 온당하지만, 공자를 비롯하여 유가들 모두가 추존하는 성군 요임금에 대해서조차 덕스러운 정치를 행하지 못한 것으로 평가하고 있다는 점이다. 이것은 도가사상이 철저하게 이상적임을 나타낸다.

이제 노장사상이 갖는 생태적 함의를 살펴보자. 노장사상의 자연관과 무위자연설에 비추어 보면, 천인합일을 강력하게 주장하고 있다는 점에서 소극적 생태주의의 첫 논제인 유기적 연계성 논제가 적극 수용됨을 확인할 수 있다. 그리고 유학사상과 마찬가지로 자연의 가치에 관한 언급을 직접 하고 있지 않더라도, 윤리적 덕목인 덕에 대해 그것이 자연스러운 이치, 즉 무위의 이치에 부합되어야 함을 역설하고 있다는 점에서 도가사상이 파악하는 자연의 가치는 내재적(intrinsic)이다. 도 또는 무명에서 유명이 나왔는데, 그 유명에서 서로 다르지만 이름 붙일 수 있는 물과 바람, 바위, 식물 종과 인간 등 자연적 존재가 출현했다. 동식물 등은 타고난 자연스러움이 있고, 인간도 그것을 구현하는 것이 덕이다. 모두가 자연스러운 고유함을 내재하고 있는데, 도에서 비롯된 것이다. 따라서 원천으로서 자연 그 자체가 내재적 가치를 갖고 있고, 그 안에서 인간과 자연적 존재도 그것을 지니게 된 셈이다. 이렇게 보면, 인간이 행위를 할 때 늘 도에 따른 무위자연설을 염두에 두면서 자연과 자연적 존재를 목적으로 대해야 할 것으로 여겨진다. 따라서 도가사상은 소극적 생태주의를 식별할 때 기준으로 삼을 수 있는 탈도구적 가치 논제를 수용한다고 볼 수 있다.

노장사상이 인간 사회에 대해 자연으로 돌아갈 것을 요구할 뿐 아니라 자연의 내재적 가치를 승인할 수 있다는 점에서, 서양에서 뒤늦게 태동한 심층 생태주의(deep ecology)의 원형이라고 말해도 과언이 아닐 것이다. 심층 생태주의는 인간 중심의 자연 지배적 세계관이 현대 환경위기의 뿌리임을 주장하고 있다. 그러면서 인간도 자연 공동체의 한 구성원에 불과하기 때문에 자연이 목적으로 대우를 받아야 할 내재적 가치를 지닌 것으로 여기고 있다. 심층 생태주의는 인간인 나와 자연의 하나됨을 수용하고, 인간이 자연의 다른 생명체와 평등하다는 생물권 평등주의를 주장하기 때문에 흔히 생태 중심주의(eco-centrism)를 지향하는 것으로 평가를 받고 있다. 그렇다면 노자와 장자를 주류로 하는 도가사상 역시 생태 중심주의로 분류할 수 있다.

노장사상은 또 다른 측면을 적극 드러내고 있다는 점에서 특징적이다. 그 사회관에서 확인할 수 있듯이 강제적 권력이 일체 사라진 사회를 희구하기 때문에 제도적 측면에서 아나키즘에 해당한다. 다만 서구적 아나키즘이나 사회 생태주의는 인간이 지닌 이성에 대해 전폭적으로 신뢰를 보임으로써 강제적 권력이 사라진 합리적 사회를 구성하는 것이 가능하다고 보는 반면, 도가사상은 인간의 이성에 대해 그리 신뢰하지 않는다는 것이 중요한 차이다. 이 점에서 도가는 유가와도 적지 않은 차이를 드러낸다. 노장사상은 무위를 주장하는 반면, 유학사상은 무이위(無以爲)를 내놓는다.[33] 즉 인간에게는 자연에서 이루어지는 일과 다르게 누

---

33) 풍우란, 『중국철학사』, 67쪽.

구나 해야 할 마땅한 것이 있는데, 유학은 그것이 행위의 보상이나 대가와 무관하게 이루어져 함을 요구한다. 그래서 공자는 도가 저절로 인간을 기르는 것이 아니라 인간이 도를 완성한다고 여겼고, 이를 수행하는 데 표본이 된 요임금과 순임금, 문왕과 무왕, 주공 등을 성인으로 추앙했던 것이다. 유학사상은 인간이 인간으로서 고유하게 갖고 있는 이성적 측면과 그로부터 비롯되는 도덕적 특성을 부각시켜서 그것에 부응하는 행위를 바람직하게 여기는 반면, 도가는 그와 상반된 견해를 보이고 있는 셈이다. 양자의 차이는 교육관에서도 확연히 드러난다. 공자와 맹자는 교육을 통해 성인의 지혜가 모든 사람들에게 수용되기를 희구한 반면, 노자와 장자는 세상의 지혜를 끊고 또 교육을 받지 않아야 오히려 세상이 바르게 된다고 여겼다.

노장사상이 이성에 대한 평가와 관련해서 유학사상과 다르고 또 서구 아나키즘과 구분된다고 해도, 통치 없는 사회를 이루고자 했다는 점에서 지극히 소극적인 사회제도 프로그램을 갖고 있다고 볼 수 있다. 무통치 사회제도도 사회제도의 한 유형이기 때문이다. 따라서 노장사상은 적극적 생태주의의 한 논제인 이념 구체화 프로그램 논제를 갖고 있다고 말하지 못할 이유는 없다. 또한 노장사상은 인간에게 자연스러운 상태 그 자체에 만족할 줄 알아야 한다는 것을 강력하게 주문하고 있다는 점에서 지극히 당연하게 현재의 인간 경제가 한도를 엄청나게 초과했고, 그 결과 환경위기를 자초하여 도의 되돌아옴 상태로 접어들고 있다고 평가할 것이므로 성장의 한계 논제를 수용하리라는 것은 명약관화하다. 전반적으로 평가하면 노자와 장자를 위시로 하는 도가사상은 소극적 및 적극적 생태주의를 모두 아우르고 있다고 평가할 수 있다.

다만 이상적이면 이상적일수록 좋은 것이지만, 그만큼 현실에서는 이루기가 어렵다. 유학사상이 말하는 성인의 도덕을 사회에 구현하는 것도 불가능에 가까운데, 하물며 유가의 도덕조차 인위성이 있다고 하여 이를 부정하면서 자연적인 덕을 제시하는 도가사상은 실현하기가 더욱 지난하다. 도가사상에서 인간의 자연스러운 덕이 동식물의 자연적 본성과 얼마나 다른지를 식별하는 것은 어렵다. 특히 인간은 인간 이외의 동식물과 달리 필연적 생존방식의 일환으로 문화를 구축하여 살고 있다. 이때 농사를 짓기 위해 불가피하게 동물의 힘에 기대게 되고, 그에 따라 문화적 행위로 소에게 코뚜레를 꿰어 농사를 짓는 데 도움을 받아 왔다. 마차를 운행하기 위해 말에게 쇠로 만든 편자를 박아서 사용했다. 인간이 농업사회에서 행한 문화적 행위마저 무위에 반하는 것으로 제지를 당하게 될 경우, 인간이 문화적 인간으로서 존엄성을 유지하면서 산다는 것은 거의 불가능에 가깝다. 이런 문화적 관점에서 조망하면, 도가사상은 지극한 생태주의의 원형이기는 하지만, 실현 불가능한 주문을 한다는 점에서 결정적 한계를 보이고 있다고 하지 않을 수 없다. 하지만 지나치게 이상적이어서 현실에서 과연 실현될 수 있을지를 논외로 한다면, 도가사상이 내포하고 있는 생태적 함의는 매우 풍부하다. 특히 산업사회의 현대인이 잃어버린 중요한 가치를 일깨우고 있는 것만은 분명하다. 현대인에게 허위와 가식 없이 자연적이면서 순박한 인간상으로 돌아가도록 요구하는 것인 만큼 사회를 순화할 뿐만 아니라 천지만물에게도 이로울 것이다. 따라서 새로운 생태주의 사회를 추구할 때 도가사상이 제시하는 이상을 영혼의 울림으로 간직하여 성찰의 계기로 삼을 필요가 있다고 여겨진다.

4. 전통 불교사상의 자연관과 생태적 함의

불교는 인도에서 태동되어 중국을 거쳐 한국과 일본으로 전파됨으로써 동아시아 문명 조성에 중요한 계기를 마련했다. 인도의 불교는 네 단계로 전개되었다. 첫째 단계는 고타마 싯다르타가 해탈에 이른 뒤 포교에 나선 원시불교의 시기다. 2단계는 초기 불교의 교의를 해석하는 분파가 다양하게 조성됨으로써 불교의 분열이 일어나는 부파불교의 시기다. 3단계는 원시불교 및 부파불교가 개인의 해탈에 주안점을 두고 있음을 지적하여 이를 소승불교로 폄하하면서, 그 대신 사회적 해탈을 추구하는 대승불교가 등장하여 유행하던 시기다. 4단계는 불교가 브라만교와 혼합되면서 밀교로 성립되고 그리고 이어서 쇠락으로 이어지는 시기다.[34]

불교가 동아시아에 직접적 영향을 미치는 것은 대승불교의 교의이고, 이것은 중국에서 기존의 유학사상 및 도가사상과 접목되면서 자체적 발전 경로를 거치게 된다. 예컨대 대승불교가 중국에서 활성화되었지만, 인도의 것을 온전하게 보전하여 전개된 것으로 법상(유식)종을 들 수 있고, 중국적 변용을 거쳐 완성된 것으로는 천태종과 화엄종, 선종을 들 수 있다. 비록 중국에서 독창적으로 교리상의 변화와 심화가 이루어졌다고 해도, 기본적 성격은 인도와 중국의 그것이 대동소이하다고 할 수 있다.

기원전 6세기 무렵 싯다르타가 살던 시기의 인도에는 브라만교가 퍼져 있었는데, 그것은 사람의 영혼불멸과 윤회를 주장하면서 사회에 네 가지 부류의 계급이 있음을 정당화하고 있었다. 왕족으로 태어난 싯다르타는 사회적 신분을 버리고 수행을 거듭하여

---

34) 팡 리티엔, 유영희 옮김, 『불교철학개론』(민족사, 1989), 2장 1절 참조.

깨달음을 얻고 해탈에 도달하게 됨으로써 불교를 탄생시키게 된다. 싯다르타는 해탈 이후 부처가 되어 석가모니로 추존을 받게 되는데, 그 가르침은 주로 인간이 세상을 어떻게 조망하고 또 어떻게 살아야 하는지를, 제시하고 있다.

보리수 아래서 명상을 통해 절대적 깨달음에 이르게 된 부처는 인간이면 누구나 이 세상에서 괴로움(苦) 속에 놓여 있게 되는데 연유는 무지에서 비롯되어 번뇌에 이르게 되기 때문임을 역설하였다. 세상 만물은 부단히 변화하여 무상한데, 이것에 목을 매고 탐하는 일체의 욕망이 고통의 근원이다. 욕망은 생각과 말, 행위로 이어져서 악업을 낳고, 그것은 업보로 이어진다. 이에 부단히 선을 쌓아 전생의 업보를 줄이거나 상쇄하면서 더 나은 다음 생의 삶을 조성해야 한다. 그러나 그렇다고 하더라도 영원히 지속되는 윤회의 굴레에서 헤어날 수는 없다. 이것에서조차 벗어나려면 수행을 통해 깨달음을 얻고, 그럼으로써 마침내 열반(nirvana)의 경지에 이르러야 한다.

원시불교가 보는 세계 속의 존재는 인간을 포함하여 여러 가지 원인에 의해 다양한 결과로 드러나는 복잡한 인연에 얽혀 있다. 무엇보다도 세상 속에 놓여 있거나 전개되는 사물과 현상은 부단히 변화의 과정을 거치기 때문에 영원불변하게 항상성을 띠지 못하므로 제행무상(諸行無常)이다. 어떤 사물이나 사태 전개도 항상적일 수 없다는 뜻이다. 인생도 같은 형세로 세상 속에 던져져 있으므로 인생무상일 수밖에 없다. 현세 속의 인간은 마치 사물이 불변하듯이 판단하여 재물을 탐하는 욕망을 드러내고 명예와 권력을 추구하는 욕심을 부림으로써 늘 괴로움에 휩싸여서 번뇌에 빠져 있으나, 윤회가 반복되는 세상에 있는 한 불가피하므로 일체개고(一切皆苦)이다. 세상의 모든 중생이 괴로움 속에 놓여 있다는 의미이다. 일체의 사물이나 현상도 시시각각 변화하여 독립적이고 항상적인 주재자를 갖고 있지 못하므로 법무아(法無我)이고, 인생도 욕망에 점철되어 고뇌 속에 놓여 있어서 불변적 주재자를 갖고 있지 못하니 인무아(人無我)이다. 따라서 인생이든 사물이나 현상이든 불변적 실체를 갖고 있지 못한 연유로 제법무아(諸法無我)인 것이다. 따라서 인생이 선을 쌓고 덕을 베풀어서 악연의 업보에서 벗어나되, 윤회의 굴레에서 이탈하기 위해 이치를 깨닫고 참된 수행을 통해 열반에 이름으로써 고요한 지평에 도달해야 하니 이곳이 열반적정(涅槃寂靜)이다.

다만 원시불교의 교리에는 외견상 역설을 빚는 것도 드러났다. 예컨대 인생에 실체적 자아가 없어서 무아인데, 무엇이 어떻게 한 생에서 다음 생으로 옮겨 갈 수 있느냐는 의구심이 들고 또한 인생이 무상하다고 하면서 윤회의 인과적 굴레에서 벗어나는 열반의 영속성을 상정할 수 있느냐는 것 등이다. 이런 의구심은 후일 교리 해석에 차이를 빚는 분열상으로 나타나게 된다. 역사적으로는 비구가 금과 은 등 재물을 희사받지 못하도록 규정되어 있었는데, 정통을 계승하는 상좌부(上座部)는 이를 고수하고자 한 반면, 개혁적인 대중부(大衆部)는 이를 수정하고자 요구하여 초기 분열이 촉진되었다.

분열은 교리 해석에 따른 차이로 더욱 두드러졌다. 일반적으로 상좌부는 원인에 의해 결과가 빚어졌다면 원인으로 기능한 정신 및 물질 현상 모두 실재한다고 보았다. 시간의 축으로 볼 때, 과거와 현재, 미래로 이어지면서 존재한다고 여겼다. 이런 입장은 실재하는 것이 있음을 승인하고 있으므로 흔히 유부(有部)로 지칭되는데, 원시불교의 무상 개념에 위배되는 측면이 있었다. 유부에서 또 갈라져 나온 설경부(說經部)는 원시불교의 무상 개념을 수용하여 일체의 사물이 영원히 존재한다는 것을 부정하고 또 과거에서 현재, 미래로 이어지는 삼세가 실제로 존재한다는 것도 부인하면서, 사물이 단지 특정 시공간의 영역에서 작용을 할 경우에만 순간적으로 존재한다고 여겼다. 그런데 이것은 대중부가 불변적 실체가 없는 상태로서 공(空)을 강조한 것과 다소 맞닿아 있었다. 공을 중시한 대중부의 입장은 기원전 1세기경 인도에서 대승불교가 탄생하는 데 많은 영향을 미쳤다.[35]

대승불교는 개인의 해탈에 주력하던 소승불교와 달리 중생 일반을 널리 계도하여 함께 피안의 세계로 도달하는 데 주력하였지만, 역시 공종(空宗)과 유종(有宗)으로 분화 과정을 거쳤다. 천지만물에 자기 고유의 본성을 지닌 실체가 없으니 일체가 공이다. 왜냐하면 어떤 것도 자기 바깥의 여러 원인에 의해 생긴 것이지, 자기 자신으로부터 연유한 것이 아니기 때문이다. 이런 공종에서 파생한 유종은 일반적으로 만물이 공임을 수용하면서도 그렇다고 해서 일체가 공이라는 설을 거부하였다. 오히려 만물이 식(識)의 변화, 즉 마음의 작용에서 유래한 것이므로 식은 존재한다는 유식(有識)을 주장하였다.[36]

중국으로 도입된 것은 주로 대승불교였다. 한나라 때 전해졌지만, 혼란기에 접어든 위진남북조 시대에 확산되기 시작했고, 수나라와 당나라 때 본격적으로 성장하여 정착을 하게 된다. 인도의 유종은 상종이나 유식종의 형태로 인도 형태의 것 그대로 존속한 반면, 공종은 중국의 사상과 결합되면서 발전을 거듭하게 된다. 인도인 구마라습(鳩摩羅什)은 많은 불경을 중국어로 번역하고 제자를 길러 냄으로써 중국 불교의 창달에 혁혁하게 기여하였다.

---

35) 같은 책, 2장 2절 참조.
36) 같은 책, 39-40쪽.

그의 제자 가운데 하나인 승조(僧肇)는 공종의 요지를 분명하게 드러내었다. 특히 물아일체(物我一體)의 입장을 다음과 같이 피력하고 있다.

진실한 도는 탁월한 깨달음에 있다. 탁월한 깨달음은 진리와 하나로 되는 데 있다. 진리와 하나로 되면 유(有)와 무(無)가 동일하게 보인다. 동일하게 보이면 '이것'과 '저것'은 둘이 아니다. 그러므로 천지와 나는 동근(同根)이며 만물과 나는 일체이다.[37]

구마라습의 문하에 있으면서 승조와 동학이었던 도생(道生)은 열반불성설과 돈오성불설을 주장한다. 그에 앞선 시대에는 공(空)의 개념으로 유(有)를 부정하고, 그에 따라 인무아에 의해 불성아(佛性我)도 부정하는 견해가 주류였다. 도생은 이런 견해를 비판하면서, 오히려 모든 중생에 불성아가 있다고 보았다. 즉 실재하는 세계에 생과 사를 겪는 불변적 실체로서 자아는 없으므로 무아(無我)이지만, 이것이 수행을 하는 각자의 나에게 불성도 없는 것을 뜻하는 것은 아니라는 견해를 펼쳤다. 도생은 불성아를 수용한 것이다. 그러면서 그는 성불하는 방식과 관련해서도 특출한 견해를 주장했다. 일부 소승불교는 점진적 수행을 통해 깨달음에 이르는 점오(漸悟)를 받아들이고 있었던 반면, 도생은 점오 과정 중에는 확연한 깨달음을 얻을 수 없고 오직 진정으로 불교의 이치를 깨닫고 본체를 충분히 납득했을 때 단박에 큰 깨달음에 이르러 성불할 수 있다고 여겼다. 즉 불성은 나누어질 수 없으므로 그 이치를 파악하는 지극한 경지에 단박에 오르는 대돈오(大頓

---

37) 키무라 키요타카, 장휘옥 옮김, 『중국불교사상사』(민족사, 1989), 35쪽에서 재인용.

悟)가 가능하다는 것이다.38)

불교는 중국에 들어와 수세기를 거치고 수나라와 당나라의 시대로 접어들면서 성장과 정착을 하게 되는데, 중국의 전통사상과 교섭하면서 새로운 차원으로 발전을 하게 된다. 그래서 천태종과 화엄종, 선종(禪宗)이 생기는데, 특히 선종은 노장사상의 영향 속에서 태동한다. 선종에는 창시자에 해당하는 보리달마(菩提達磨)가 있는데, 그는 매우 간결하게 벽처럼 자기의 마음을 볼 것을 주문하는 벽관(壁觀)을 내놓았다.39) 본래 선은 고대 인도인의 요가라고 부르는 우주합일의 지혜에서 비롯된 것으로서 소승불교에도 그 방법이 나름대로 있다. 다만 선의 사상은 중국의 대승불교에서 한 종파로 발전하였고, 그것은 한국과 일본에도 전수되면서 각각 특징적으로 고유하게 분화했다.40)

선종의 특징은 6대에 이르러 그 의발을 전수받는 신수와 혜능의 게(偈)의 경합에서 차별적으로 확인할 수 있다. 5대조의 홍인에게서 선종의 요지를 받는 게를 짓는 경합이 이루어졌는데, 북종의 창시자 신수(神秀)와 남종의 창시자 혜능(慧能)은 각각 다음과 같이 자신의 견해를 피력하였다.41)

몸이 보리수라면
마음은 맑은 거울

---

38) 팡 리티엔, 『불교철학개론』, 52-53쪽.
39) 야나기다 세이잔, 추만호 외 옮김, 『선의 사상과 역사』(민족사, 1989), 166쪽.
40) 같은 책, 159-160쪽.
41) 『六祖壇經』: 身是菩提樹, 心如明鏡台. 時時勤拂拭, 勿使惹塵埃; 菩提本非樹, 明鏡亦非台, 本來無一物, 何處惹塵埃. 풍우란, 『중국철학사』, 320쪽에서 재인용.

때때로 부지런히 거울을 닦아
먼지가 끼지 않게 하라. (신수)

보리는 본래 나무가 아니며
맑은 거울 역시 대(台)가 아닌 것
본래 아무것도 없는데
어디서 먼지가 일어나냐? (혜능)

　게를 통해 불교의 교리를 가장 잘 드러낸 사람은 당연히 남종의 혜능으로 평가를 받았고 그래서 스승 홍인의 의발을 전수받을 수 있었다.
　불교가 중국을 비롯한 동아시아 나라에서 토착화를 거쳤다고 하더라도 그 핵심 논지는 출생지인 인도의 그것과 크게 다를 바 없다. 부처의 가르침은 기본적으로 인생관이지만, 거기에는 우주관도 담겨 있어서 오늘날 생태주의 진영에 많은 시사를 주고 있다. 무엇보다도 연기설이 핵심이고, 사성제와 열반설도 중요하게 관련된다.
　사성제는 흔히 고집멸도의 사제로 구성된다. 고제(苦諦)는 인간을 포함한 모든 중생이 괴로움에 놓여 있다는 것이다. 집제(集諦)는 괴로움의 원인을 근원적으로 살피는 것으로서 연기설(緣起說)과 관련된다. 연기설은 인간을 포함하여 천지만물 어느 하나라도 인연의 화합으로 이루어지지 않은 것이 없는데, 원인이 있으면 반드시 결과가 있고 결과가 있으면 원인도 있으므로 인과관계가 분명하다고 본다. 다만 불교의 인과론은 하나의 원인이 하나의 결과를 낳는 것이 아니고, 여러 원인이 하나의 결과를 초래하는 것도 아니며 또한 한 원인이 여러 결과를 초래하지도 않는다고 한다. 그러면서 반드시 여러 원인이 여러 결과로 드러난다

는 다인다과(多因多果)를 주장한다. 따라서 연기설의 기본 공식
이 다음과 같이 정식화된다.

　이것이 있으므로 저것이 있게 되고, 이것이 생기므로 저것이 생
　겨난다. 이것이 있지 않으므로 저것이 있지 않게 되고, 이것이 사라
　지므로 저것이 사라진다.[42]

　천지만물의 탄생과 유지, 소멸이 서로 복잡하게 연루된 형태로
전개된다는 것을 말해 주고 있다. 연기설은 흔히 12인연으로 표
현된다. 그것은 무명(無明), 행(行), 식(識), 명색(名色), 육처(六
處), 촉(觸), 수(受), 애(愛), 취(取), 유(有), 생(生), 노사(老死)의
열두 가지로 구성된다. 예를 들자면 그릇된 앎인 무명이 잘못된
행동을 낳고, 그 행동은 다시 왜곡된 생각인 식을 조성한다. 그렇
게 이어지다가 삶을 살고, 마침내 늙어서 죽음에 이르게 된다. 이
열두 가지 요소는 계속 결과를 조성하므로 인(因)이 되지만, 또한
서로 조건이 되어 연루되는 까닭에 연(緣)이라고 일컫는다. 따라
서 식과 정(情)을 지닌 중생(衆生)은 인과의 순환이 지속되는 윤
회의 굴레에 놓여 있다. 이런 연기설은 불교 자연관이 된다. 인간
과 동물, 식물, 그리고 자연적 존재는 모두 복잡한 인연 속에 놓
여 있다. 그것도 무상하지만 얽히고설킨 형태로 연결되어 있다.
인간과 자연은 분리될 수 없는 유기적 관계성을 띠고 있는 것이
다.

　인간이 과거에서 현재에 이르기까지 고통 속에 놓여 있고, 그
대로 간다면 미래에도 그럴 것으로 진단되는데, 이를 해소하기
위해서 어떻게 해야 하는가? 집제는 다양한 요인이 서로 중첩되

---

42) 『雜阿含經』, 卷 15: 此有故彼有, 此生故彼生. 此無故彼無, 此滅故彼滅.

어 괴로움을 초래하고 있음을 밝히고 있다. 여기서 벗어나려면 일체의 고통을 소멸시키는 멸제(滅諦)의 단계로 접어들어야 한다. 이것은 탐욕에서 벗어나서 번뇌에 놓이지 않는 상태인 열반에 이르는 것이다. 그렇다면 이것은 어떻게 가능한가? 이에 대해서는 도제(道諦)가 제시하고 있는 방도, 예컨대 팔정도를 따르는 것 등을 들 수 있다. 수행과 깨달음을 통해 윤회에서 벗어나 해탈에 도달하는 것이다.

생태주의 차원에서 조망할 때 연기설은 인간과 자연이 인연관계로 깊이 연루되어 있음을 설파하고 있으므로 불교는 소극적 생태주의를 구성하는 유기적 연계성 논제를 수용하고 있다. 그러면 인간은 자연에 대해 어떤 가치관을 갖고 있다고 볼 수 있는가? 비록 불변하는 실체적 자아를 갖고 있지 않아서 무아라고 하더라도 불성아를 지닌 인간은 누구나 서로를 존중하는 내재적 가치의 담지자라고 할 수 있다. 인간과 자연적 존재가 다인다과의 인연으로 연결되어 있고 또 윤회설이 언급하고 있는 것처럼 전생의 인간이 행업을 잘못 쌓음으로써 동물로 탄생하여 살아갈 수 있으므로 인간의 내재적 가치는 이미 자연의 인연 그물에 드리워진 것이라고 할 수 있다. 이것은 중국의 고승 승조가 천지와 나는 뿌리가 같다고 한 설법에서 확인할 수 있다. 결국 자연은 인간과 마찬가지로 내재적 가치를 갖고 있는 셈이다. 따라서 불교는 소극적 생태주의의 또 다른 요인인 자연의 탈도구적 가치 논제를 수용하고 있다고 평가할 수 있다.

인간이 내재적 가치를 지닌 자연을 어떻게 대우할 것인지에 대해서도 분명하다. 비록 열반에 이르지 못했다고 하더라도, 윤회가 일어나는 세상에서 살아가는 인간은 부단히 적선을 해야 한다. 이것은 살아 있는 중생을 해쳐서는 안 됨을 뜻한다. 그래서 불교는 채식주의를 채택하고 있다. 진정으로 욕심을 버리고 살생을 행하지 않는 생활양식을 채택하는 것만으로 인간과 자연이 상생할 수 있는 것은 당연하다. 물론 불교는 교리에 있어 더욱 심오하다. 도생에 의하면, 중생은 모두 불성아를 갖고 있으므로 "일체의 중생은 모두 부처가 될 수 있다."[43] 그러면 중생이 지시하는 범주에는 무엇이 포함되는가? 거기에는 유정(有情)을 가진 인간과 동물이 포함되고, 그 이외에도 종교적 의미의 귀신 등이 포섭된다. 이때 드는 의구심은 동물 이외의 자연적 존재는 어떻게 되느냐는 것이다. 해와 달, 산천초목은 일단 유정을 가진 존재로 보지 않는다. 특히 불살생의 원칙을 지키기 위해 식물은 유정을 갖는 존재로 보지 않는다. 다만 식물을 함부로 베는 것을 금하고 있으므로, 식물을 저급한 생명체로 승인한다고 볼 수 있다.[44] 기본적으로 불교는 인간의 종교인 탓에 인간의 존엄성에 비중을 두고 있다. 싯다르타가 탄생할 때 "천상천하 유아독존"이라고 말했다는 데서 알 수 있다. 그런데 그 존엄성은 인간 아닌 자연적 존재에게도 해당한다는 것이 일부 종파의 견해이다. 대승불교의 한 종파는 인간과 더불어 "산천초목도 성불할 수 있다(山川草木 悉皆成佛)."고 설파하는 데서 확인할 수 있다.[45] 불교의 포용력은 끝이 없다고 여겨진다.

불교의 생태적 함의는 매우 풍부한 편이다. 그것은 도가사상과 마찬가지로 서구의 심층 생태주의와 연결된다. 심층 생태주의는 두 가지 핵심 규범을 채택하고 있다. 첫째, 인간인 나는 편협한

<hr />

43) 『妙法蓮華經疎』: 一切衆生, 皆當作佛. 팡 리티엔, 『불교철학개론』, 52쪽에서 재인용.
44) 같은 책, 183-184쪽.
45) 나라 야스아키, 정호영 옮김, 『인도불교』(민족사, 1990), 105쪽.

자아를 넘어 동료 인간 및 자연과 하나로 동일화하는, 그럼으로 써 인간과 자연(적 존재)이 하나로 간주되는 자기실현을 수용한 다. 둘째, 인간과 인간 이외의 자연적 존재는 생물권적 차원에서 평등하다고 주장한다. 여기서 자기실현의 규범은 인간과 천지는 뿌리가 같다는 승조의 인식과 평행적이고, 생물권 평등주의는 일 체 중생이 불성아를 갖고 있으며 산천초목도 성불할 수 있는 평 등한 자격을 갖는다는 불교의 설법과 맞닿아 있다. 패러다임이 거의 유사한 셈이다. 그뿐만 아니라 불교는 서구에서 발생한 동 물해방론과 유사한 측면도 있다. 즉, 동물은 고통을 갖고 있는 존 재이기 때문에 고통을 주지 않기 위해서 채식주의를 채택해야 한 다고 보는 점에서 양자는 흡사하다.

불교는 적극적 생태주의의 일부 논제도 함축하고 있다. 즉, 성 장의 한계 논제를 승인할 것이다. 불교는 인간의 대표적 괴로움 이 세속적인 물질적 욕망에서 비롯된다고 보기 때문에 당연하게 도 인간만의 물질적 풍요를 위해 성장을 끊임없이 구가하려는 산 업문명의 시도를 부질없는 짓으로 볼 것이다. 그러나 불교는 적 극적 생태주의의 또 다른 논제인 이념 구체화 프로그램에 대해서 는 냉소적이라는 점에서 현실과 동떨어져 있다고 판단할 수 있다. 불교는 종교로서 속세를 떠나 해탈에 이르는 길을 찾기 때문에 현실 사회의 제도 구축에 별다른 반응을 보이지 않기 때문이다. 또한 불교는 욕망의 근절을 요구하지만, 사르트르(J.-P. Sartre)와 같은 실존주의 철학자는 오히려 인간이 욕망을 갖고 있기 때문에 인간적이라는 견해를 갖고 있다는 점에서 서로 상반되는 입장을 보이고 있다. 그런데 현실 사회는 인간의 욕망을 필연적으로 간 주하고, 그것을 바르게 인도함으로써 사회를 온전하게 유지하려 고 시도한다는 측면에서 보면, 불교가 보여주는 현실 세계의 구제에는 한계가 있다고 여겨진다. 다만 슈마허(E. F. Schumacher)가 밝힌 것처럼, 욕망을 이기적으로 이끄는 자본주의 경제가 자연을 수탈함으로써 환경위기를 불러일으키는 데 반해, 불교의 기본 정신을 경제제도로 구체화하여 불교 경제학이 체제 속에 자리를 잡게 된다면, 그런 사회는 자연과 상생이 가능할 수 있다는 점에서 불교는 실천적인 생태적 함의를 중요하게 간직하고 있다고 평가할 수 있다.

5. 종합과 전망

동아시아 문명을 형성하는 데 중국문명이 끼친 영향은 절대적이었다. 중국문명은 실질적으로 기원전 3000년경에 태동하여 전개되면서 무수한 성현들의 출현과 가르침 덕분에 정신적으로는 물론 물질적으로도 풍요로운 사회를 조성했다. 특히 중국에서 발생하여 한국과 일본으로 전해지면서 자체의 전통사상과 결합되면서 더욱 풍성해졌고, 그것은 오늘날 세계인이 주목하는 동아시아 문명으로 발전하게 된다. 동아시아가 갖는 이런 문화적 저력은 서양의 문물을 받아들이는 데도 유감없이 발휘되었다. 그뿐만 아니라 세계를 향해 그 문화를 전수하는 데도 두드러졌다. 중국은 중국대로 풍성한 전통사상을 해외로 소개하고 있고, 일본은 일본식 선과 같은 독특한 문화를 오래 전부터 세계로 확장시켜 왔으며, 한국도 최근 한류 등을 통해 세계와 적극적으로 문화적 교류를 하고 있다. 모두가 동아시아 문명이 갖는 독특함과 깊이 때문이다.

동아시아 문명이 세계 속에서 점차 성숙되고 또 확장을 진행하고 있다고 하더라도 인류 문명이 일반적으로 직면하는 문제에 마찬가지로 노출되어 있음을 부인할 수 없다. 산업화 후기 단계인 21세기에 인류는 전 지구적 차원에서 과거 겪어 보지 못한 재앙에 직면할 것이라고 여겨진다. 다름 아니라 20세기부터 본격화되던 환경재난이 점차 위기로 증폭되어 지구촌 곳곳을 덮칠 것으로 예견되기 때문이다. 이로 인해 지구촌 사회 모두가 지구 온난화와 자원 고갈, 화학약품 남용에 따른 환경문제 등을 해결하는 데 주력하기 시작했다.

국제사회에서 환경문제를 해결하기 위한 방도로 크게 두 가지 흐름이 진행되고 있다. 하나는 산업 자본주의를 유지하면서 문제를 해결하는 보수적 접근이다. 서유럽 선진국이 정책 비전과 구체적 정책을 제안하고 UN이 그것을 받아 확산하는 형태로 현실화하고 있다. 그런데 생태주의자들은 이런 보수적 접근이 단기적으로는 유효하더라도 중장기적으로 한계에 직면할 것이라고 판단하고 있다. 이들은 다른 방도를 준비하고 있는데, 그것은 무한 성장을 도모하는 자본주의 경제와 소비적 생활양식을 계속 유지할 수 없다는 판단에서 비롯된다. 따라서 이들은 서양의 전통 세계관과 가치관, 사회제도, 생활양식을 초월하는 새 방도를 모색하고 있다. 일부 생태주의자들은 대안을 모색하는 과정에서 동아시아 문명을 주목하고, 이것에서 유력한 단서와 상을 세우고자 하고 있다.

필자는 1장에서 초기 형태의 생태주의를 소극적 및 적극적 유형으로 분별했다. 소극적 생태주의는 기본적으로 두 가지, 즉 자연의 유기적 연계성 논제와 자연의 탈도구적 가치 논제를 수용할 때 성립할 수 있다고 주장했다. 다시 말해서 인간 사회와 자연이 둘로 분리되어 있는 것이 아니라 유기적으로 내적 연관성을 갖고 있음을 승인하고 또 자연이 인간에게 도구를 넘어서는 가치를 갖는 것으로 바라볼 수 있을 때, 그런 견해를 소극적으로나마 생태주의로 식별할 수 있다는 뜻이다. 그리고 적극적 생태주의 역시 소극적 유형의 내용을 포함하면서 추가로 두 가지, 즉 성장의 한계 논제와 이념 구체화 프로그램 논제를 승인할 때 성립할 수 있다고 주장했다. 이것은 인간 사회의 물질적 성장이 생태적 한계를 갖게 됨을 수용하고 또 대안으로 제시된 이념이 현실 사회에서 구체화할 수 있도록 일련의 사회정치 및 경제적 프로그램을 구비해야 함을 뜻한다. 물론 이때 소극적 및 적극적 유형의 것은 실제로 여러 색을 띠게 될 다양한 생태주의가 갖추어야 할 필수적 성격의 것임도 분명히 했다. 즉 충분한 것은 아니라는 뜻이다.

동아시아 문명의 전통사상과 그 자연관을 탐구해 보면, 그것이 생태주의에 부합하거나 오히려 그 원형에 해당함을 알 수 있다. 가장 커다란 영향을 끼친 유학사상의 경우, 그것은 천인합일을 받아들이고 있고 또 건강한 사회를 이루기 위해 인의예지와 같은 도덕규범을 제시하고 있으므로 유기적 연계성 논제와 자연의 탈도구적 가치 논제를 수용하는 데 부족함이 없을 뿐 아니라 이념 구체화 프로그램 논제도 구비하고 있음을 드러냈다. 도가사상의 경우에도, 자연관과 무위자연설에 비추어 볼 때 소극적 생태주의의 두 논제와 더불어 성장의 한계 논제도 적극 담겨 있음을 밝혔다. 그리고 인도에서 태동되어 동아시아로 유입되고 발전된 불교의 경우에도, 도가사상과 자웅을 겨루기 어려울 정도로 풍부한 생태적 함의를 지니고 있음을 살펴보았다. 따라서 동아시아 문명의 전통사상은 자연 친화적이기 때문에 소극적 생태주의로 자리매김을 할 수 있다고 보며, 여기서 더 나아가 적극적 생태주의의 일부 논제를 서로 다르게 수용할 수 있다고 볼 수 있다.

동아시아 문명의 주류 사상이었던 유학과 도가사상, 불교가 생태주의를 후원할 뿐만 아니라 그 고전적 원형이라고 해서, 그것과 그것으로 인해 조성된 문화가 그 자체로 현실적 대안이 될 수 있는 것은 아니다. 왜냐하면 이미 지난 것으로 여겨질 뿐 아니라 현실 사회에서 구현하기에는 알맞지 않은 요인도 갖고 있기 때문이다. 실천적 생태주의로서 다소간의 한계를 갖고 있다는 뜻이다. 새 술은 새 부대에 담아야 하듯이 향후 생태주의 사회를 새로운 이념과 모습으로 단장하여 지향할 수밖에 없다. 다만 옛것에서 알맞은 단서를 찾을 수 있다면 개척이 훨씬 용이할 것이다. 바로 이때 동아시아 문명의 전통사상과 문화가 일정한 상과 실마리를 제시해 주는 것으로 요긴하게 쓰일 수 있을 것이다.

3 장 한국의 전통사상과 자연관, 생태적 함의

1. 한민족 시원의 생명 평화 사상

한국인의 먼 조상은 오래 전 구석기시대부터 주요 정착지였던 요동반도와 한반도 등지에서 살고 있었고, 이곳에서 신석기시대를 맞이한 것은 기원전 8000년경으로 추정된다. 신석기시대에는 씨족을 기본 구성단위로 하는 부족사회를 이루어 본격적으로 농사를 짓는 등 정착 생활에 뿌리를 내렸고, 농경에 커다란 영향을 미치는 자연 숭배의 애니미즘 사상을 갖고 있었다. 물론 부족의 기원을 특정 동식물과 결부 짓는 토테미즘도 있었다. 만주 지역에서는 기원전 1500년에, 한반도에서는 기원전 1000년에 청동기시대를 열었고, 이 무렵을 전후로 부족사회를 국가로 발전시켰으며, 기원전 4세기 무렵에는 철기를 수용하면서 사회조직을 더욱 강고하게 구축하였다.

우리 민족은 인종상으로 황인종이고 언어학상으로 알타이 어족에 속하지만, 동아시아에서 특징적으로 동방문화권을 형성하였다.

요하강 유역의 요동반도와 송화강 유역의 북만주 일대, 한반도에 널리 퍼져 있었던 우리 민족은 황하 유역의 한족문화권이나 중국 남부 및 일부 동남아시아 지역에서 태동한 화남문화권, 그리고 바이칼호 주변의 북방문화권과 다른 형태의 문화를 조성하고 있었다. 특히 고조선이 출현하던 청동기시대에 이곳에서 비파형 동검을 가장 광범위하게 사용하였다. 그리고 흥미롭게도 그보다 앞선 신석기시대에 한반도 서해안에서 요동반도에 걸치는 지역에서 산동반도의 용산문화를 대표하는 흑도(黑陶)가 발견되었다.[1]

청동기시대까지 나름대로 독자적인 색채를 형성하던 우리의 상고문화는 철기시대가 도래한 이후부터 본격적으로 중국문명의 영향을 받게 된다. 그러면 우리는 중국으로부터 일방적 영향을 받으면서 우리 고유의 빛깔을 형성하지는 못했는가? 그렇지는 않았다. 우리는 우리 나름의 고유한 사상을 갖고 있었고, 그 범주 안에서 외래문화를 주체적으로 수용하여 우리의 것으로 변모시켰다. 신라 말기의 대사상가 최치원(崔致遠)은 한 화랑의 비문에 쓴 글 「난랑비서」에서 우리 전통사상이 '풍류(風流)'라는 이름으로 이미 존재하고 있었고, 그 안에 중국에서 전래된 유불도 삼교의 기본 내용을 함축하고 있어서 그런 사상과 종교를 쉽게 포용할 수 있었다고 말하고 있다.

우리나라에 현묘한 도(道)가 있는데, 이것을 일러 풍류라고 한다. 가르침의 근원은 선사(仙史)에 상세하게 담겨 있는데, 실은 유불도 삼교의 핵심 사상을 이미 포함하고 있어서, 많은 중생과 접촉하여 교화하였다. 예컨대 집에 들어가서는 부모에게 효도하고, 밖으로 나아가서는 나라에 충성하니, 이것은 공자가 전하고자 한 뜻이다. 자

---

1) 한영우, 『다시 찾는 우리 역사』(경세원, 1997), 62쪽.

연의 이치에 맞춰 일을 처리하고, 이름 지을 수 없는 도의 가르침을 행하니, 이것은 노자가 핵심으로 전하고자 한 바이다. 일체 악을 짓지 않고, 제반 선을 받들어 행동에 옮기니, 이것은 석가모니가 교화하고자 한 것이다.[2)]

최치원은 어려서 당나라로 유학을 가서 과거시험에 급제를 하고 또 관리를 지내면서 황소의 난이 발생하자 「토황소격문」을 지어 문재를 떨쳤던 유학자로서 그 이력에 비추어 중국의 선진 문물과 사상을 칭찬하기 십상일 터인데, 오히려 우리 민족에게는 고유의 전통사상이 구비되어 있고 그 안에 이미 유학과 도가사상, 불교의 핵심 정신이 구비되어 있어서 손쉽게 유불도 삼교를 수용하여 우리 것으로 변화시킬 수 있었다고 전하고 있다.

상고시대의 우리 민족은 유별나게 평화를 존중하고 생명을 사랑하는 문화를 갖고 있었다. 중국의 여러 문헌 자료는 이런 사실을 입증하고 있다. 중국에서 하나라와 상나라는 전설 속에만 존재하는 것으로 알려지다가 1898년에 하남성 안양현 소둔리에서 이른바 은허(殷墟)라고 일컬어지는 유적지가 발굴되었고, 그곳에서 갑골문이 다량으로 출토되어 백여 년에 가까운 세월 동안 해독 과정을 거치면서 새로운 사실이 알려지기 시작했다. 일단 상나라(은허 발굴 이후부터 은나라로 호칭)의 실제가 역사적으로 추인을 받게 되었고, 또한 허황된 위서(僞書)로 폄하되었던 『산해경(山海經)』이 다소 신뢰를 얻게 되었는데, 거기서 우리 민족을 언급하는 대목이 나온다.

---

2) 『三國史記』, 「新羅本紀」: 國有玄妙之道, 曰風流. 設敎之源, 備詳仙史, 實乃包含三敎, 接化群生. 且如入則孝於家, 出則忠於國, 魯司寇之旨也. 處無爲之事, 行不言之敎, 周柱史之宗也. 諸惡莫作, 諸善奉行, 竺乾太子之化也.

『산해경』은 중국의 동쪽에 군자의 나라(君子之國)가 있는데, 그곳 사람들은 천성이 유순하고 겸양의 덕을 갖추고 있어서 "양보하기를 좋아하지 다투지 않는다(好讓不爭)."고 전하고 있다.[3] 이어서 중국의 반고는 한나라의 역사를 기술한 『한서(漢書)』에서 또다시 이렇게 적고 있다.

동이족은 천성이 유순하므로 남방과 북방, 서방의 바깥 민족과 다르다. 그러므로 공자가 자신이 사는 곳에서 도가 행해지지 않음을 애석해 하면서, 바다 너머 구이(九夷)에게 가서 살고 싶어 했는데, 그 연유가 여기에 있다.[4]

동이(東夷)라는 표현은 중국의 한족(漢族)이 중앙에 위치한 자신들의 입장에서 이민족을 가리킬 때 남만과 북적, 서융에 대칭된 의미로 동쪽의 이민족을 부를 때 쓴 호칭인데, 당시 우리 민족의 조상을 일컫는 것이었다. 그것은 또한 구이(九夷)로도 표현되었다. 『논어』에서 공자는 이것에 대해 자신의 입장을 이렇게 정리한 바 있다.

공자께서 구이로 가서 살고 싶어 하시니, 누군가가 말하기를 "누추한 곳에서 어찌 하시렵니까." 하고 물었다. 이에 대해 공자가 말하였다. "군자가 그곳에 거처하고 있는데, 어찌 누추하다고 할 수 있겠는가."[5]

---

3) 류승국, 『동양철학연구』(근역서재, 1983), 61-62쪽 참조.
4) 『漢書』, 「地理志」: 東夷天性柔順, 異於三方之外. 故孔子悼道不行, 設桴於海, 欲居九夷, 有以也夫.
5) 『論語』, 「子罕」: 子欲居九夷, 或曰, 陋如之何. 子曰, 君子居之, 何陋之有.

이렇게 우리의 상고시대 선조는 군자라고 지칭될 정도로 천성이 유순하고 사회적으로 서로 양보하는 미덕을 갖추고 있었다. 그뿐만 아니라 유학과 도가사상, 그리고 불교의 기본 정신을 이미 구비하고 있어서 자연과 일체되는 우주관을 갖고 있었으며 또 아름다운 사회 규범을 본으로 보이고 있었다. 우리 민족의 단군신화는 이런 것을 잘 말해 주고 있다.

단군신화는 고조선 건국에 대해 기술하고 있는데, 이것에 대한 최초의 역사적 기록은 일연이 쓴 『삼국유사』에서 확인할 수 있다.

『위서(魏書)』에 이르기를 지금부터 2천 년 전에 단군왕검이라는 이가 있어 도읍을 아사달에 정하고 나라를 창건하여 이름을 조선이라 하니 요(堯)임금과 같은 시대라고 하였다.

『고기(古記)』에 이르기를 옛날 환인의 서자 환웅이 있어 자주 하늘 아래에 뜻을 두고 인간 세상을 바랐는데, 그 아버지가 아들의 뜻을 알고 삼위, 태백을 내려다보니 "널리 인간들을 이롭게 할 만한지라(弘益人間)." 이에 천부인 세 개를 주어 보내어 이를 다스리게 하였다. 환웅은 무리 3천 명을 거느리고 태백산 꼭대기 신단수 아래 내려오니 이를 신시(神市)라 이르고 그를 환웅천왕이라 하였다. 그는 풍백, 우사, 운사를 거느렸고 농사, 생명, 질병, 형벌, 선악을 주관하는 등 무릇 인간의 360여 가지 일을 주관하여 "세상에 살면서 정치와 교화를 베풀었다(在世理化)."

그때 곰 한 마리와 범 한 마리가 있어 같은 굴에 살면서 항상 신웅(神雄)에게 사람이 되게 해달라고 빌었다. 이때에 신은 영험 있는 쑥 한 타래와 마늘 스무 개를 주면서 말하기를 너희들이 이것을 먹고 백 일 동안 햇빛을 보지 않으면 곧 사람의 형체를 얻으리라고 하였다. 곰과 범은 이것을 얻어먹고 3·7일 동안 금기를 하여 곰은 여자의 몸이 되고 범은 금기를 못해서 사람의 몸이 되지 못했다.

웅녀는 혼인할 상대가 없었으므로 매양 신단수 아래에서 어린애를 갖게 해달라고 빌었다. 환웅은 잠시 사람으로 화하여 그와 혼인하여 아들을 낳으니 이름을 단군왕검이라 하였다.

단군왕검은 당요(唐堯) 즉위 50년 경인(庚寅)에 평양성에 도읍하고 처음으로 조선이라 칭했다. 또 도읍을 백악산 아사달로 옮겼는데, 이곳을 일명 궁홀산이라고도 하며 또 금미달이라고도 하니, 1,500년 동안 나라를 다스렸다. 주(周)나라 무왕(武王)이 즉위한 기묘년에 기자를 조선에 봉하니 단군은 이에 장당경으로 옮겼다가 뒤에 돌아와 아사달에 숨어 산신이 되었으니 수(壽)가 1,908세였다.6)

단군신화는 우주와 천계의 주관자인 부신(父神) 환인이 하늘 아래 인간 세상에 지극한 관심을 갖고 있는 자신(子神) 환웅의 의중을 파악하여, "널리 인간들을 이롭게 할 만한지라" 하늘의 표식인 천부인을 주어 세상에 내려가도록 허락을 하였고, 이에 환웅은 신시에 내려와서 바람과 비, 구름을 제어하면서 인간 사회의 온갖 일을 처리함으로써 "하늘의 이치에 따라 세상에 교화를 베풀었는데", 때가 되어 웅족의 왕녀와 결혼하여 단군왕검을 낳았으며, 단군은 조선이라 부르는 나라를 창건하여 아버지의 뜻에 따라 오랫동안 다스리다가 마침내 신선이 되었다는 것이 그 기본 요지이다.

단군신화는 국가 창건을 전하는 이야기로 구성되어 있지만, 신화인 탓에 우리의 옛 선조가 갖고 있던 세계관과 문화적 의식을 전하고 있다고 보인다. 그것은 세 가지 유형의 특징을 갖는 것으로 파악할 수 있다. 첫째, 인간 세상에 지극한 애정을 갖고 있는 자신 환웅이 천상에 있는 부신 환인의 허락을 받아 하늘의 권세

---

6) 『三國遺事』, 紀異 제1 고조선. 원문 해석은 다음에서 재인용을 하였음. 권성아, 『홍익인간사상과 통일교육』(집문당, 1999), 34-35쪽.

를 갖고 지상으로 내려와서 웅족의 여인과 결혼한다고 설정하고 있는 데 비추어서, 우리 민족은 나무와 곰 등 자연물을 숭배하는 토테미즘을 넘어 조화주(造化主) 신을 숭상하는 종교관을 갖고 있었다. 이때 숭상을 받는 신은 선악을 주관하고 징벌을 내리는 존재가 아니라 자애로움으로 그득한 존재이므로, 신과 인간의 관계는 부자의 관계처럼 사랑으로 이어지는 유기적 연관성을 갖는다. 둘째, 인간이 농사를 지으면서 사회적 생활을 할 때 필요한 것은 가뭄이나 태풍과 같은 자연의 가공할 만한 위력이 아니며, 구름이 바람을 타고 와서 때에 맞춰 비를 내려주는 등의 자연의 도움이 요구되므로, 환웅이 풍백과 우사, 운사를 대동하고 또 곰을 숭배하는 웅족의 여인과 결혼한다는 설정은 자애로운 하늘의 뜻만큼이나 자연도 인간에게 이롭고 또 인간도 자연을 소중히 여긴다는 의미가 포함되어 있다. 셋째, 웅녀의 자발성에 따른 책임을 중시하고, 더 결정적으로 단군이 아버지의 뜻을 이어받아 널리 인간을 이롭게 하는 정치를 펼치되, 하늘의 이치에 따라 교화한다고 설정하고 있으므로, 이것은 우리 선조가 자유롭고 평화로운 사회를 도모했다는 것을 말해 준다.

그렇다면 단군신화의 천신(天神)은 중국의 천 개념과 어떻게 다른가? 중국에서 공자와 맹자 이후 주류를 이룬 천 개념은 주로 '내재적(immanent)'이었다. 주역에 기반을 둔 유학과 도가사상은 모두 천을 자연을 뜻하는 것으로 여겼다. 천은 자연에 내재한 것이다. 물론 이때의 자연은 서양과학이 다루는 인간 외적인 자연이 아니라, 인간과 유기적으로 연루되어 있는 '관계적(relational)' 속성을 띤 것이었다. 유학의 경우, 인간에게 요구되는 윤리적 특성이 천에서 우러나오는 것으로 간주했지만, 실제로는 인간이 바람직한 것으로 여기는 이상적 도덕상을 투영한 것이다. 이렇게 보면 유학의 천에는 '인격적(personal)' 특성이 담겨 있다. 노장사상의 경우, 그것은 인위적 요소가 배제된 자연의 이치와 운행 그 자체였다. 이에 반해 홍익인간의 천신 개념에는 네 가지 특성이 담겨 있음을 확인할 수 있다. 첫째, 환인으로 묘사되는 천신은 자연과 인간 사회에서 벌어지는 일의 성질을 넘어선 우월한 힘과 권위를 지닌 존재이므로 '초월적(transcendental)'이다.[7] 둘째, 환인은 지상의 일을 염려하면서 바르게 일이 돌아가도록 천부인을 주었고, 하늘의 신 환웅 역시 지상으로 내려와 널리 세상을 이롭게 하는 홍익인간의 이념으로 정치와 교화를 베풀었기 때문에 '인격적'이다. 셋째, 환웅이 지상에 내려와 세상을 교화하면서 자연물을 상징하는 웅족의 여인과 결혼하여 인간인 단군을 낳았다는 데서 확인할 수 있듯이 하늘의 것 가운데 지상과 사회에 이로운 것을 보내어 뿌리 내리게 하는 내재화 과정을 거쳤다는 점에서 자연과 사회에 '내재적'이다. 넷째, 하늘의 신이 자연물을 매개로 인간과 부자관계를 맺으면서 바람과 비, 구름을 몰고 다닌다는 데서 알 수 있듯이, 천신은 인간과 자연에 이로움을 전하는 '관계적' 존재이다. 바로 이런 네 가지 특성은 우리나라의 고유 신앙을 통해 면면히 내려온다.

일괄해서 평가하자면, 황하에서 중국문명이 태동하여 발전하던 무렵 우리의 옛 선조들은 황하 중부권의 동쪽인 요동과 한반도 지역에서 동방문화권을 형성하고 있었는데, 다른 민족에 비해 유달리 생명을 존중하고 평화를 사랑하는 군자의 문화를 조성하고 있었다. 최초의 건국설화를 전하고 있는 단군신화에 따르면, 우리 민족은 단순히 자연물을 숭배하는 토테미즘을 넘어서서 조화주이

---

7) 권성아, 『홍익인간사상과 통일교육』, 38쪽.

자 자애로운 신을 숭상하고 있었고, 자연에 대해서도 문화적으로 살갑게 다가갈 줄 알았으며, 또한 사회적으로 널리 인간을 이룹게 하는 가운데 자유로움과 평화를 구가하고자 했다.

2. 한국 유불선(儒佛仙)의 사상과 자연관

한국의 유학사상과 불교, 도교는 중국의 그것에 많은 영향을 받았다고 하는 것이 온당하다. 그러나 명료하게 한국 고유의 것이 있었으며, 그것을 두 가지 측면에서 분별할 수 있다. 하나는 최치원의 언급에서 확인했듯이 이미 유불선의 기본 내용을 우리 민족이 구비하고 있었다는 것이고, 또 다른 하나는 중국의 것을 수용할 때도 우리 고유의 사상과 민간신앙에 비추어 주체적으로 수용하고 이를 발전시켰다는 것이다. 우리의 것을 적극적으로 해석하는 학계 일각에서는 공자와 맹자의 유가사상에 앞서 이미 우리에게 유학의 원형이 뿌리 내리고 있었다거나 또는 중국의 유학과 도교를 형성하는 데 우리 상고시대의 사상이 부분적으로 관여되었다는 점을 내세우고 있다. 나름대로 일리가 있으므로 살펴볼 필요가 있다.

근대 조선이 일제에 의해 을사늑약을 강요당하게 되자 「시일야방성대곡」을 써서 우리 민족의 혼을 새삼 일깨운 것으로 알려진 장지연(張志淵)은 『유교연원』이란 저서에서 단군 말기에 중국 은나라 왕족 기자(箕子)가 주나라의 봉기를 피해 조선에 들어와 홍범구주의 도로써 동방을 교화했는데, 홍범은 주역의 원리이자 유학의 근본인 까닭에 우리나라가 주나라 이후 공자와 맹자에 의해 집대성된 유교 종주국의 하나로 자리매김을 할 수 있다고 보았다. 또한 최근에 류승국은 갑골문에 대한 연구 성과를 토대로 중국

상고대의 유교 형성과 연원을 고찰하면서 그것이 역사적으로 동이와의 관계 속에서 조성된 것임을 적극 밝히고 있다.8) 류승국은 중국의 갑골문 연구자 동작빈(董作賓)의 말을 인용하면서, 장지연과 마찬가지로 기자를 실존 인물로 여긴다. 즉, 은나라 폭군으로 널리 알려진 주(紂)의 숙부였던 기자는 주왕의 실정을 엄하게 비판한 바 있었는데, 왕조가 다른 주나라 무왕이 봉기를 하여 등극하게 되자 이를 피해 조선으로 건너오게 되었다는 것이다. 다만 그에 앞서 무왕이 기자를 찾아와 도에 대해 묻자 홍범을 언급하였는데, 이것은 선대로부터 전수받은 것으로서 유학의 기본 정신이 담긴 것이었다.9)

『사기』에 따르면, 중국에서는 황제와 전욱, 제곡, 요, 순의 오제를 거쳐 우왕에 의해 하나라 왕조가 건국되고, 뒤이어 탕에 의해 상(은)나라, 그리고 무왕에 의해 주나라가 차례로 들어선다. 그런데 흥미롭게도 『맹자』에는 순임금이 동이족임을 밝히고 있다. 출토된 갑골문에도 순임금이 언급된다. 역사적인 인물로 볼 수 있는 여지가 커지는 셈이다. 그뿐만 아니라 상나라의 지배 부족은 동이족이라는 것이다. 그렇다면 신석기시대에서 청동기시대에 이르기까지 동이족은 산동반도와 요동반도 일대, 북만주, 한반도에 걸쳐 넓게 퍼져 살고 있었고, 그 가운데 산동반도와 요하강 서부의 일파는 상나라 건설에 주도적 역할을 담당했으며, 또 다른 일파는 고조선을 건국하고 지탱했던 것으로 파악할 수 있다. 기자도 같은 맥락에서 동이족의 후예로 파악할 수 있다. 따라서 류승국은 춘추시대의 공자가 앞선 성현의 가르침을 전수받아 유

---

8) 최영성, 『한국유학사상사: 고대·고려편』(아세아문화사, 1994), 51-53쪽 참조.

9) 류승국, 『동양철학연구』, 63-67쪽 참조.

학사상을 형성하는 데 주축이 되었고, 그 성현 가운데 일부는 우리와 같은 뿌리를 가진 동이족이었던 만큼 우리 민족의 직계 조상이나 그 분파가 그것을 조성하는 데 부분적으로 일조했다고 볼 수 있다는 것이다.

물론 학계 일각에서 고고학적 자료가 부족하다는 반론이 있지만, 실증적 자료에만 의존할 경우 눈에 보이지 않지만 실재했던 우리 역사의 일부를 외면하는 우를 범할 수 있다. 또 일각에서는 진시황의 통일국가 성립 이전의 동이족과 이후의 동이족은 중국에서 일어난 개념상의 확장에 불과하기 때문에 양자의 외연은 서로 다르다는 견해도 제기하고 있다.10) 그러나 이미 산동반도에 있던 노나라의 공자가 바다 건너 군자가 사는 나라로 가고 싶다고 했을 때, 그곳은 황해 저편의 요동이거나 한반도일 수밖에 없다. 또한 이미 산동과 요동, 한반도에서는 신석기시대에 쓰이던 같은 유형의 흑도가 곳곳에서 발견되었다. 팔괘와 문자를 만든 것으로 알려진 전설상의 복희씨, 순임금, 하나라 우임금의 치수를 도운 고요와 백익 등이 모두 동이족이라고 한다. 고인돌과 민무늬 토기, 비파형 동검 등 한반도의 청동기 유물은 남만주와 요동, 산동반도 등지에도 분포하고 있으므로 당시 이 지역의 문화권을 동이(또는 동방)문화권으로 볼 수 있는데, 그것은 황하 중류의 화하(華夏)문화권과는 달랐다.11) 따라서 장지연과 류승국이 주장하듯이 우리 조상은 유학사상의 태동기에 참여하여 그 발아에 기여했으며, 그런 원천은 계속 이어져서 추후 공자와 맹자, 주자의 세련된 학문이 우리나라에 들어올 때 쉽게 수용될 수 있는 터전으로 작용했다고 볼 수 있다.

---

10) 김한규, 『요동사』(문학과지성사, 2004), 89쪽.
11) 한영우, 『다시 찾는 우리 역사』, 64-65쪽 참조.

한국의 유학사상이 기본적으로 중국의 그것과 흡사한 까닭에 유학이 갖고 있는 합리성과 윤리적 인도주의가 그득하지만, 우리 민족의 기질적 특성인 감성적 및 영성적 신비성이 의식적이든 무의식적이든 반영되어 있다는 점에서 다소 다르다고 할 수 있다.12) 적어도 두 가지 점을 들 수 있다. 첫째, 중국의 천(天) 개념이 춘추시대 이후에 주로 인간과 연루된 내재화된 자연을 뜻하는 반면, 우리 민족의 그것에는 홍익인간의 신화에 나타나 있는 것처럼 초월적 특성도 가미되어 있다는 것이다. 둘째, 고구려의 동맹과 부여의 영고, 동예의 무천과 같은 제천행사를 치르고, 예외 없이 공동체 축제의 일환으로 음주가무를 즐긴 데서 알 수 있는 것처럼 정이 많은 감성적 문화를 갖고 있었다는 점이다. 이런 것은 최치원의 현묘지도나 원효의 불교 철학, 한자와 전혀 다른 훈민정음의 창제 원리, 퇴계와 기대승, 그리고 율곡 등으로 이어지면서 쟁점화되는 사단칠정론 등에서 나타난다.

한국 유학의 특성을 살피되, 내외의 영향력이 컸으면서도 다소 특징적이었던 몇 가지에 초점을 맞춰서 그 사상적 특성과 그에 따른 자연관을 살펴보자. 가장 위대한 성리학자로 칭송을 받으면서 영남학파의 중요 축을 담당한 퇴계 이황(李滉)은 기본적으로 중국의 주자를 탐구하는 데 진력함으로써 송나라 성리학이 조선에 뿌리를 내리는 데 혁혁한 기여를 했다. 다만 송대의 성리학이 인성론에 치중된 데 비해, 이황은 인간학적 차원에서 도덕적 형이상학을 구축하는 데 주력했다. 송나라의 신유학이 하늘과 인간, 인간과 사물의 관계를 도의 관점에서 추구한 반면, 이황은 인간의 성실성에 기반을 두는 형태로 진리를 포착하려고 했다. 그래

---

12) 류승국, 『동양철학연구』, 207쪽.

서 그는 공자의 인을 추구하되, 그것이 지극한 경지에 이르러 충만된 상태인 성(聖)을 추구했다. 그리고 그것에 이를 수 있는 수양의 방법으로 성실성인 경(敬)을 내세웠다. 즉 마음을 다스려 가지런히 하고 엄숙함을 유지하여 다른 것을 허용하지 않는 방식으로 인을 지극한 경지에 이르기까지 찾고자 했다.

이황은 인에 대한 사랑을 측은지심에서 찾았는데, 이 과정에서 이기논쟁을 초래함으로써 조선 성리학의 일대 발전을 촉진하게 된다. 맹자가 말한 인의예지의 네 덕목은 사단(四端)이라고 하고, 『예기(禮記)』에 나오는 희노애구애오욕(喜怒哀懼愛惡欲)의 일곱 가지는 칠정(七情)이라고 한다. 이황은 "사단은 이에서 발생하고 칠정은 기에서 발생한다(四端發於理, 七情發於氣)."는 유학자 정지운의 입장에 대해 "사단은 이가 발생한 것이고 칠정은 기가 발생한 것(四端理之發, 七情氣之發)"이라고 이견을 제시함으로써 마침내 조선시대 최대의 논쟁을 촉발한다. 이황이 사단과 칠정을 이와 기의 영역으로 분할하여 할당하는 이기호발설(理氣互發說)로 드러내게 되자 기대승이 또 이의를 제기하고, 그럼으로써 무려 8년에 이르는 기간 동안 양자 간에 논쟁이 진행된다.

최영성은 이 논쟁의 핵심을 잘 정리하고 있으므로, 이를 살펴보자.[13] 먼저 기대승은 다음과 같은 형세로 자신의 논지를 펼쳤다.

(1) 사단과 칠정은 다 같이 정(情)이다.
(2) 정은 성(性)이 발생한 것이니, 사단이나 칠정은 다 같이 성에서 발생한 것이다.

---

13) 최영성, 『한국유학사상사 II: 조선전기편』(아세아문화사, 1995), 270-271쪽 참조.

(3) 단, 사단은 이것을 발생한 정 가운데서 선한 부분만 끄집어 내서 말한 것이요, 칠정은 나눌 수도 있고 나뉘지 않을 수도 있는 것을 혼합해서 말한 것이다. 그러므로 사단은 순수하게 선(善)하 지만, 칠정은 선과 악이 혼재되어 있다.

(4) 그러나 그렇다고 해서 사단은 이(理)만이 발생한 것이요, 칠정은 기(氣)만이 발생한 것이라고 할 수는 없다. 왜냐하면 이와 기는 비록 다르지만 서로 분리될 수 없는 관계에 있는 것이므로, 발생한다고 할 때 이만 발생한다거나 기만 발생한다고 하는 것은 모순이 되기 때문이다.

(5) 칠정만 바깥으로 감응하고 안으로 조응하는 것(外感內應) 은 아니다. 바깥으로 감응하고 안으로 조응하는 점에 있어서는 사단도 칠정과 크게 다를 것이 없다. 사단이나 칠정이 모두 이와 기가 함께 발생함으로써 이루어지는 것이다.

이상과 같은 기대승의 입장에 대한 이황의 응답은 수정을 거치 면서 다음과 같은 논지로 전개되었다.

(1) 사단이나 칠정이 다 같이 정임은 사실이다. 그리고 사단이 이만의 발생이 아님도, 칠정이 기만의 발생이 아님도 사실이다.

(2) 그러나 그렇다고 해서 사단과 칠정을 같은 것으로 혼일해 서는 안 된다.

(3) 왜냐하면 사단과 칠정은 각각 그 주된 위치와 연유한 바가 다르기 때문이다.

(4) 즉 사단은 비록 이가 발생함에 따라 거기에 기가 수반되지 만, 주로 하여 말하는 것은 이에 있고 기에 있지 않으며, 칠정은 비록 이를 겸했지만 주로 하여 말하는 것은 기에 있고 이에 있지

않다.

(5) 사단은 그 연유한 바가 본연의 성(本然之性)에서 온 것이요, 칠정은 그 연유한 바가 기질의 성(氣質之性)에서 온 것이다.

처음에 이황은 "사단은 이가 발생한 것이고 칠정은 기가 발생한 것"이라는 강력한 이기호발설을 내세웠는데, 점차 초기 입장에서 물러나서 나중에는 "사단은 이가 발생함에 따라 기가 거기에 수반되고, 칠정은 기가 발생함에 따라 이가 거기에 올라탄다(四端理發而氣隨之, 七情氣發而理乘之)."는 것으로 수정한다.

이황과 기대승의 주장에서 나타나는 가장 근본적인 차이는 기대승과 달리 이황은 인간 본연의 성과 기질의 성이 다름을 더욱 분명하게 드러내고자 하는 데 있다. 사단이든 칠정이든 오직 이나 기에 의해 발생하는 것이 아니라, 각각 이가 주이고 기는 수반되거나 또는 기가 주이고 이가 올라타는 형세이므로 이를 일러 주리론(主理論)이라고 말하는 것이 적절하다. 물론 그것과 대비되는 견해는 주기론(主氣論)이다. 이황은 이를 존귀한 것으로 보고 기를 비천한 것으로 여김으로써 '이기가 서로 뒤섞이지 않음(理氣不相雜)'을 강조함으로써 양자 간의 구별을 구태여 하고자 했는데, 거기에는 까닭이 있다. 그것은 이의 질서와 자연에 드리워진 기의 흐름을 구분하고, 인간의 존엄성을 이와 연동하여 그 우위를 분명히 함으로써 인간에게 정욕으로 인한 타락의 가능성을 제거하여 도덕적 가치를 실현하는 지평으로 이끌기 위함이었다.[14] 이런 측면에서 본다면, 이황은 스스로 추종했던 주자의 학설을 이으면서도 그것을 심화시킴으로써 한국의 성리학을 더욱

---

14) 같은 책, 274쪽 참조.

발전시켰다고 할 수 있다.

이황과 대비되는 지점에 동시대인인 화담 서경덕(徐敬德)이 있다. 이황이 주리론자라면, 서경덕은 주기론의 선구자이다. 성리학이 주로 인간 본연에 깃든 성(性)을 탐구하는 데 주력했다면, 서경덕은 인간 바깥의 사물의 이치를 추구하는 데 힘을 썼다. 그는 학문에 힘쓰기를 좋아하여 벼슬길에 오르는 것도 달가워하지 않았고 또 지조가 남다른 탓에 그 유명한 기생 황진이의 유혹도 뿌리쳤다는 일화가 있다. 당연히 집안 경제가 어려웠을 터라 봄철에는 들로 나물을 캐러 나가곤 하였는데, 땅의 기운이 오름에 따라 종달새가 차차 높이 나는 현상을 흥미롭게 관찰하는 데 정신이 팔려 나물 광주리도 잃어버렸다는 이야기도 전해진다. 그만큼 경험적 관찰을 중시한 것으로 볼 수 있다. 그래서 중국의 신유학자 장재를 따르고 있지만, 그를 넘어서는 지평에 이르렀다. 그의 기불멸론(氣不滅論)이 가장 대표적이라고 할 수 있다.

서경덕은 세계를 선천(先天)과 후천으로 나누는데, 선천에 대해 이렇게 말하였다.

태허(太虛)는 담연하고 형체도 없으니, 이를 일러 선천이라 한다. 그것의 크기로 말하자면 한이 없고, 그것에 앞서서 시작이 있지도 않으며, 그것이 어디서 유래했는지 탐구할 수도 없다. 그것은 담연하고 비어 있는 가운데 고요하니, 기의 근원이다. 그것은 경계 없이 무한히 먼 곳에 이르도록 가득 차 있어서 빈 곳이 없으므로 터럭 하나라도 허용할 여지가 없다.15)

---

15) 『花潭集』, 券2 「原理氣」: 太虛湛然無形, 號之曰先天. 其大無外, 其先無始, 其來不可究, 其湛然虛靜, 氣之原也. 彌漫無外之遠, 逼塞充實, 無有空闕, 無一毫可容間也.

서경덕에게 태허는 빈 것으로 비춰지지만, 실제로 공허한 것은 아니다. 기로 차 있기 때문이다. 이런 입장은 중국의 도가와도 대비된다. 노자는 천하의 만물이 유에서 생겼는데, "유는 무에서 나왔다(有生於無)."고 하였다. 후세의 도가들은 도에서 기가 출현했다고 보았다. 그런데 서경덕은 태허가 형체 없는 기의 본체인데, 최초의 태허에 기가 가득 찼으니 본래 무는 없었고 또 기는 향후에도 소멸되지 않는다고 여겼다. 기는 흩어지고 모이는 변화를 맞을지언정 생기고 소멸되는 성질의 것이 아니므로 무에서 나오지도 않았고 또 무로 돌아가지도 않는다. 이것이 기불멸론이다.

서경덕은 기로 그득한 태허에서 홀연히 뛰고 약동하며 스스로 모이고 흩어지는 세상을 후천(後天)이라고 하였다. 후천에서는 자연의 이치가 작동하는데, 그것이 도이다.『주역』에 "한 번은 음하고, 한 번은 양하는 것이 도(一陰一陽之謂道)"라고 하였는데, 송대의 성리학은 한 번 음하고 한 번 양하는 움직임의 연유를 도라고 한 반면, 서경덕은 근원적 배후로서 도를 상정하지 않고 한 번 음하고 한 번 양하는 것 그 자체를 도라고 일컬었다.16) 음양이 태허에 이미 구비되어 있고, 그것을 초월하여 도라는 무엇이 따로 존재하는 것이 아니라고 보았기 때문이다. 이렇게 서경덕은 노장사상이나 중국 성리학과 다른 궤적을 개척한 것이다. 이런 그의 태도는 이(理)를 보는 시각에도 그대로 적용된다. 가령 이가 기보다 앞서 존재한다고 여기면, 이것은 기의 시작을 예고하게 된다. 그런데 기에는 시작도 끝도 없다. 이가 기보다 앞설 수 없는 것이다. 그러면 서경덕에게 이란 무엇인가? "기 바깥에 이가 따로 존재하지 않으며, 이란 기의 재이다(氣外無理, 理者氣之宰

---

16) 최영성,『한국유학사상사 II: 조선전기편』, 231쪽 참조.

也)." 여기서 이가 기의 재라고 하는 말의 뜻은 그것이 기의 기능이나 작용이라는 것이다.

성리학이나 이황에게 몹시 중시되면서, 흔히 기의 근원으로 여겨지던 이가 서경덕에게는 한낱 기의 기능에 불과한 것으로 축소된다. 서경덕을 한국 주기론의 창시자로 볼 수 있는 연유가 여기에 있다. 서경덕의 기에 대한 견해는 곧바로 그의 자연관으로 이행한다. 시간적으로 시작도 없고 공간적으로 경계도 없는 태허에 아무 형체도 갖추지 못해서 빈 것으로 보이지만 기는 가득했다. 어느덧 기의 이합집산이 일어나고, 한 번은 음하고 또 한 번은 양하면서 개별 사물로 등장하여 만물이 모습을 나타내고 또 소멸 과정을 겪는데, 모두 기의 흐름과 연루되어 있다. 이때 이라는 것은 개별 사물을 사물이게 만드는 기의 특수한 기능일 뿐이다. 서경덕은 사람이 행해야 할 도리도 기가 운행하는 자연의 이치를 본받아 따르는 데 있다고 여겼다.17)

이황이 주리론자라면 서경덕은 주기론자다. 율곡 이이(李珥)는 이황과 마찬가지로 성리학의 계보를 이으면서도 서경덕의 학문적 가치를 독창적으로 평가하기 때문에 양자의 사이에서 중심을 잡고자 한 것으로 보인다. 다시 말해서 '이기의 오묘한 이치(理氣之妙)'를 드러내고자 하였다. 먼저 이이는 기가 생기기 이전에 이만 있어서 이는 마치 기를 초월해서 존재하는 것처럼 보는 극단적 주리론을 비판했다. 그리고 이와 기가 제각각 발생할 수 있다는 이황의 초기 견해인 이기호발설에 대해서도 여전히 이원론적이라고 여겼다. 먼저 이기(理氣)는 서로 상관적이어서 분리될 수 없음을 이렇게 얘기하고 있다.

---

17) 박종홍, 『한국사상사논고: 유학편』(서문당, 1977), 61-62쪽 참조.

대저 발생하는 것은 기(氣)이고, 발생하게 되는 연유는 이(理)이므로, 기가 아니면 발생할 수 없고, 이가 아니면 발생하는 바가 없다.18)

이이는 우주에서 존재론적으로 발생하는 것은 기임을 분명히 한다. 따라서 발생하는 것은 어디까지나 기다. 그런데 이는 기가 발생하는 주재(主宰)인 탓에 그 까닭인 것이다. 이는 무형이고 무위(無爲)로서 아무것에도 구애를 받지 않는 본연의 성(性)을 이루고 있지만, 기는 유형이고 유위(有爲)한 것으로서 시공의 제약을 받는다. 그런데 이는 오로지 기로 인해 드러날 뿐이다. 따라서 이이는 대안으로 기발이승일도설(氣發理乘一途說)을 내놓게 된다. 즉 기가 발생하고, 이는 거기서 주재의 이치로서 타게 되는 한 방향만이 있을 뿐이다. 이황이 얘기하듯이 이기가 서로 발생할 수도 없고 또 이가 발생하고 기가 수반되는 경로는 없다는 것이다.

범주가 다르지만, 동양철학에서의 이기의 관계를 서양철학의 이데아(또는 형상)와 개체 질료의 관계로 비유하여 설명할 수 있다. 여기에 붉은 장미와 붉은 사과, 그리고 붉은 옷이 있다. 그런데 왜 꽃과 과일, 의류가 한결같이 붉은가? 그저 우연히 같다고 말하지 않으려면 합당한 답변을 준비해야 한다. 이때 플라톤(Platon)은 이런 의문에 대해 붉음과 같은 이데아가 존재론적으로 따로 있고, 그것이 이 개체인 장미와 저 개체인 사과, 그 개체인 옷에 구현됨으로써 그런 것이 한결같이 붉은 것이라고 말한다. 물론 붉음이나 시큼함, 선이나 미와 같은 이데아는 감각으로 지각할 수 있는 꽃이나 사과와 같은 개체들의 존재 지평과 다른 범

---

18) 『栗谷全書』, 卷10 「答成浩原」: 大抵發之者氣也, 所以發者理也. 非氣則不能發, 非理則無所發.

주에서 존재한다. 존재론적 이원론(dualism)에 이르게 되는 것이다. 플라톤은 붉음이나 선과 같은 보편자가 실재한다고 여기는 보편자 실재론자이다. 이런 입장과 상반되게, 실재하는 것은 오직 물질로서의 개체이고 붉음이나 선과 같은 보편자는 소리로 나타나는 바람에 불과할 뿐이라고 여기는 보편자 유명론자가 있다. 이들은 선한 사람(예, 테레사 수녀)이 있지 선 그 자체가 실제로 존재하는 것은 아니라고 말할 수 있는 것처럼, 붉은 꽃만 있지 붉음이라는 이데아는 실재하지 않는다고 주장한다. 이런 유명론자는 거의 경험론을 채택한다. 그런데 아리스토텔레스(Aristoteles)는 붉음이라는 이데아가 질료와 결합해서 꽃이나 사과, 옷이라는 개체의 모습으로만 드러날 뿐이라고 여긴다. 그는 감각적으로 경험하는 물질과 다른 이데아를 승인한다는 점에서 경험론자가 아니지만, 이데아가 개체에 구현되는 형태로만 존재한다고 함으로써 존재론적 일원론(monism)을 견지한다.

이와 기의 개념은 서양의 이데아 및 질료(물질)와 정확히 같은 것은 아니다. 특히 의학의 영역에서는 그것이 두드러지게 나타난다. 양의학은 눈에 보이는 혈(血)과 장기에 의거하여 병을 진단하고 처방을 하는 반면, 동의학의 침구학은 눈에 보이는 것에 의존하기보다는 오히려 눈에 보이지 않는 기의 흐름 체계인 경락에 의거하여 병을 진단하고 처방한다. 양의학은 오감을 동원하여 판단하는 반면, 동의학은 오감과 더불어 그것에 속하지 않는 기감(氣感)도 연마하여 판단한다. 따라서 기와 물질이 동일하지는 않다. 그러나 개체로서의 물질이 보편자인 이데아와 어떤 관계를 형성하는 것으로 볼 수 있느냐에 따라 견해가 엇갈리는 것처럼, 기도 이와 갖는 관계성에 따라 입장이 달라질 수 있다. 이런 차원에서 유비추리로 살펴보면, 서로 직결되지는 않지만 유사한 것으로 극단적 주리론자(이기호발설을 주장하는 초기 이황의 극단론) 와 서경덕, 이이는 각각 플라톤과 경험론자, 아리스토텔레스에 비유할 수 있을 것이다.

환경위기를 초래한 배후에 서양의 주류 세계관이 있다. 그것은 플라톤의 이원론과 환원적 경험론의 입장이 결합되어 자연은 인간과 분리되어 있는데, 자연은 인간에게 유용한 기계론적 도구일 뿐이라는 견해로 조성되어 있다. 이것과 비교할 때, 이기논쟁과 연결해서 바라본 한국의 유학이 갖는 세계관은 어떤 것인가? 일단 서양의 그것과 다르다고 할 수 있다. 적어도 두 가지 점에서 그렇다. 첫째, 인간과 자연을 분리해서 조망하지 않고, 오히려 유기적 연결관계로 본다. 이이만이 아니라 서경덕과 이황도 마찬가지다. 둘째, 자연을 기계론적 법칙이 적용되는 도구로서의 물질의 집합으로 보지 않고, 기가 운행하는 터전으로 본다. 자연은 기의 이합집산에 따라 만물이 생성과 소멸을 하는, 그러나 늘 기의 흐름에 연루되어 생명을 유지하는 내적 관계성을 지닌 개체들의 생명의 장이라고 보는 것이다. 이때 서경덕처럼 이를 기의 기능으로 보느냐, 아니면 이이처럼 주재하는 까닭으로 보느냐, 또는 이황처럼 기가 운행하는 이치의 근원으로 보느냐의 차이가 있을 뿐이다. 다만 극단적 주리론은 이의 우위나 인간의 우월성을 지나치게 강조하게 되어 인간-자연의 관계적 우월론에 빠짐으로써 서양에서 보이는 인간-자연의 단절적 우월론에 다가갈 수 있다는 점에서 다소 우려스럽다고 전망할 수 있다.

그런데 다행스럽게도 한국의 전통사상은 이성 우위로 치닫는데 따른 고유의 제어장치를 구비하고 있다. 그것은 다름 아니라 감성(sensibility)과 영성(spirituality)을 중시하는 신비적 오묘함에서 찾을 수 있다. 사단칠정론에 대한 논쟁 자체가 이성 외적인 감성과 연루된 측면이 강하다. 감성과 더불어 신비적 영성이 깃든 우리 고유의 풍토는 선도의 형성과 불교의 토착화에도 적지 않은 기여를 했다.

공식 문헌에 비추어 볼 때 중국 선진시대의 유학사상은 우리나라의 삼국시대에 전래되었다. 가장 먼저 도입한 것은 고구려로서, 유학을 가르치는 교육기관인 태학이 소수림왕 2년(372년)에 설립되었다. 당시 중국과의 교류가 빈번했음을 감안할 때 국가의 교육기관 설립 훨씬 이전에 유학사상이 민간에 들어온 것으로 추정할 수 있다. 도교의 경우에는 유학이나 불교보다 다소 늦었다. 『삼국사기』에 따르면, 고구려 영류왕 7년(624년)에 당(唐)의 고조가 도사를 파견하여 도법(道法)을 전했다는 기록이 있다. 물론 그보다 훨씬 이전에 민간에 들어온 것으로 추정된다. 4세기 중후반 무렵 백제 근초고왕 재위 시절에 전장에 출정한 태자가 싸움에서 패하여 도주하는 고구려군을 무리하게 뒤쫓자, 그의 장수 막고해는 도가의 말을 전하면서 추격을 멈추게 한 바 있다.

> 듣기로는 도가(道家)의 말에, 만족함을 알면 치욕을 당하지 않고 멈출 줄 알면 위태해지지 않는다고 합니다. 이제 얻은 것이 많은데 더 욕심을 내서 무엇을 하겠습니까?[19]

무사인 장군이 『노자』 44장의 표현을 인용할 정도라면 이미 도가사상은 민간에 광범위하게 유포되어 있었다고 할 수 있다. 그리고 『일본서기(日本書記)』는 세이코천황 10년(602년)에 백제

---

19) 『三國史記』, 「百濟本紀」: 嘗聞道家之言, 知足不辱, 知止不殆. 今所得多矣, 何必求多. 차주환, 『한국도교사상연구』(서울대 출판부, 1978), 13-14쪽에서 재인용.

의 중 관륵이 일본으로 와서 천문과 역법, 둔갑, 방술 등에 관한 서적을 전했다고 기록하고 있으므로, 백제에 도가사상은 물론 도교도 유포되어 있었음을 방증한다.20)

　중국의 유협(劉勰)은 넓은 의미의 도교를 삼품(三品)으로 구분한 바 있다. 상은 노자를 기준으로 한 것이고, 중은 신선의 방술을 가리키며, 하는 한나라 때 유포되었던 유사종교인 장릉의 교를 말한다. 부연하자면, 상품은 철학적 도교로서 도가사상이고, 중품은 신선사상이며, 하품은 무속적 샤머니즘이 강한 도교를 뜻한다. 상품인 도가사상은 춘추시대부터 조성되기 시작했고, 중하품은 세월이 한참 흐르고 나서야 종교로서 성격을 갖추게 된다. 철학으로서 도가사상은 노자와 장자가 주문하고 있듯이 인간에게 자연의 이치에 맞춰서 살아갈 것을 요구하고 있다. 많은 경우에 사회적 번잡함에서 벗어나서 초야에 묻혀 자연을 벗 삼아 소박한 삶을 사는 것을 목표로 한다. 그런데 한나라 때 중국에 인도의 불교가 들어와서 종교적 신앙으로 자리를 잡게 되자, 노장사상에 매력을 느끼던 도가들이 종교적 색채를 가미하면서 도교로 발전시키지만, 날이 갈수록 개개인이 신선이 되고자 하는 열망을 갖고 또 장생불사를 꿈꾸게 됨에 따라 점차 노장사상에서 이탈하게 된다. 일본인 구보 노리타다에 의하면, 마침내 도교는 "고대 민간 신앙을 기반으로 하고 신선설을 중심으로 하며 그것에 도가, 주역, 음양오행, 참위, 의학, 점성 등의 설과 무속신앙을 더하고 불교의 조직과 체제를 모방해 종합한 불로장생을 주된 목적으로 하는 주술종교적인 경향이 강한 현세 이익적인 자연종교"로 탄생한다.21)

---

20) 정재서, 『한국 도교의 기원과 역사』(이화여대 출판부, 2006), 30쪽.

21) 최준식, 『한국의 종교, 문화로 읽는다 2: 도교, 동학, 신종교』(사계절, 1998),

도교는 우주의 생성과 도의 기원, 천계의 종류, 신선과 지옥의 설정 등 노장사상과 불교의 색채를 가미한 우주관과 나름대로의 교리를 갖춘다. 여러 가지 설이 난무하지만, 예컨대 무(無)에서 묘일(妙一)이 나오고, 삼원과 삼기, 삼재를 거쳐 만물이 차례로 탄생했다고 한다. 도를 닦아 천계에 오르게 되는데, 죄를 짓지 않은 정도에 따라 욕계와 색계, 무색계로 진입한다. 욕계에 오른 사람의 수명은 1만 년이고, 색계에 오른 사람의 수명은 1억만 년이며, 무색계에 오른 사람의 수명은 1억겁 년이라고 한다. 종교로서 각양각색의 신도 모시는데, 최고신으로 원시천존이 있고, 노자와 북극성을 각각 태상노군과 현천상제로 추앙한다. 물론 미신적인 요소가 적지 않지만, 윤리적 요소도 있고 매우 구체적이다. 살인이나 절도, 도박, 낙태를 금하고 함부로 나무를 베는 것도 금지하는 등 평민이 수행해야 할 실천적 요소를 담고 있다. 심신의 평안과 불로장생을 추구하기 때문에 그런 목표에 도달하기 위해 독특한 양생법(養生法)과 의술도 갖고 있다.22)

시기적으로는 우리나라에 철학으로서의 도교, 즉 노장사상이 먼저 들어오고 뒤이어서 종교로서의 도교가 유입된다. 삼국시대에 이어 고려 때에는 도교가 성행했음을 보여주는 많은 사례가 있다. 태조의 등극과 더불어 갖가지 도참(圖讖)과 비기(秘記)가 유행했고, 불교 행사인 팔관회에 도교적 색채가 가미되었으며, 도교 의례를 수행하는 국가기관으로 복원궁이 설치되었다. 이것은 조선시대에도 소격서로 유지되었다.

그런데 유학사상의 경우와 비슷하게 우리나라에 이미 전통적인 풍류와 신선사상 등이 있어서 그 범주 안에서 중국의 도가사상과

61쪽 참조.

22) 차주환, 『한국도교사상연구』, 27-30쪽 참조.

도교를 주체적으로 수용했다. 산악이 많은 우리나라의 지형적 특성상 산악신앙이 있었고 또 신선술도 있었으며, 그것과 연루된 각종 방술도 구비하고 있었다. 특히 단군신화의 신관이 인간과 연결되어 있으면서 자연 초월적 성격을 띠고 있다는 점에서 알 수 있듯이 종교로서의 도교와 결합되기 쉬웠다. 그래서 환인과 환웅, 단군이 삼신으로 추존되었고, 산악신앙과 결부되어 신시가 건설되었다고 여겨지는 신령한 태백산에서 삼신에게 제를 지내는 민간적 풍습이 발생하여 오늘날에까지 유지되고 있다. 도교는 신선이 사는 삼신산으로 과거에는 발해 지역을 꼽기고 하였고, 뒤이어 금강산과 지리산, 한라산을 제시하기도 하였다.23)

도교는 중국에서나 한국에서나 유학이나 불교에 비해 미신의 요소가 많기 때문에 후일 사회적 폐단을 낳는 경우로 흐르기도 했지만, 우리나라의 선도(仙道)는 개인의 심신수양을 통해 사회에 기여하는 형태로 나타나기도 했다. 그런 대표적 사례로 신라에서 유행한 선풍(仙風)이 고려까지 이어진 것에서 찾을 수 있다. 『고려사』의 기록에 따르면, 고려 의종(毅宗)이 선풍을 진작하라는 영을 내린다. 즉, 신라에서 선풍이 크게 유행하여 하늘이 기뻐하고 사회가 평온하게 안정되었는데, 고려시대에 들어서서 그 기풍이 점차 쇠약해졌으므로 향후 팔관회 행사부터는 양반의 자제를 미리 선발하여 선풍을 단련하게 함으로써 사람과 하늘이 모두 기뻐할 수 있도록 하라는 것이다.24) 여기에는 당시 청년들에게 신선의 자세를 갖춤으로써 세속의 때에 물들지 않고 호방한 풍모를 유지하여 생활 속에서는 고요한 삶을 영위하면서도 사회적 의로움에 동참할 수 있기를 기대하는 사회상이 반영되어 있다고 보

---

23) 같은 책, 34-35쪽.
24) 같은 책, 112쪽.

인다. 우리 고유의 풍류가 유행하던 신라에서 화랑도가 보인 모습과 크게 다르지 않다고 할 수 있다.

신라 화랑의 수련법을 보면, 첫째 서로 도의(道義)로써 연마하고, 둘째 서로 가락(歌樂)으로써 향유하며, 셋째 산수에서 즐기면서 노는데 멀어도 가지 않는 곳이 없게 하라는 것으로 집약된다. 수련법의 첫째는 유학사상과 연결되고 둘째와 셋째는 도교 및 불교의 색채를 띠고 있다.[25] 화랑도에서 중요한 것은 그 실천윤리인 삼리(三異)와 세속오계이다. 삼리는 겸손하고, 검소하며, 방자하게 굴지 말라는 것으로 바람직한 인간상을 제시하고 있으며, 유학의 가르침과 같다. 세속오계는 승려 원광법사가 강조한 것으로써 화랑이 지켜야 할 다섯 가지 계율이다. 첫째 임금을 충성으로 섬기고, 둘째 어버이를 효도로 섬기며, 셋째 벗을 신의로 사귀고, 넷째 전쟁에 나아가 후퇴함이 없어야 하며, 다섯째 산 것을 죽일 때 분별이 있어야 한다는 것이다. 앞서 넷은 유가사상과 직결되고, 마지막 다섯 번째인 살생유택은 불교의 가르침에 해당한다.

일설에 불교가 인도로부터 가야로 가장 처음 유입되었다고 한다. 하지만 그 영향은 매우 미미했고, 본격적으로 불교는 중국에서 전래했다. 고구려는 소수림왕 2년인 서기 372년에 불교를 받아들였고, 백제는 침류왕 원년인 384년에 수용했으며, 그리고 신라는 5세기 초에 고구려와 중국 남조시대 양나라를 통해 유입되고 있었으나 법흥왕 재위 시절인 527년에 이차돈이 순교한 것을 계기로 공인하기에 이르렀다. 삼국 가운데 신라가 가장 늦게 불교를 받아들였지만, 왕실이 적극 포용한 탓에 가장 활발하게 융

---

25) 최영성, 『한국유학사상사: 고대·고려편』, 114쪽.

성하는 계기를 맞이했고, 이것은 통일신라를 거쳐 고려시대까지 이어졌다. 그러나 유학을 건국이념으로 삼은 조선의 등장으로 인해 불교는 점차 쇠퇴하는 국면을 맞이하게 된다.

한국의 불교는 왕조의 포용 여부에 따라 융성과 쇠퇴의 흐름을 겪지만, 민간의 영역에서는 큰 변화 없이 신앙으로 수용되는 과정을 거쳐 왔다. 한국의 불교는 기본적으로 중국 불교의 성격을 띠고 있다. 그러나 한국 전통의 민간신앙과 융합되면서 토착적 특징도 띠게 되었다. 한국 불교가 보이는 고유한 특성과 보편적 자연관을 간략히 이해하기 위해서 대표적인 승려, 예컨대 원효(元曉)와 의상(義湘)을 통해 살펴보는 것도 한 가지 좋은 방도일 것이다.

7세기에 신라에서 활약했던 원효는 일찍 출가한 후 의상과 더불어 당나라 유학길을 나섰다. 그런데 요동 근처에 이르러 고구려 병사에게 붙잡혀서 신라의 첩자로 오인을 받았고 옥살이를 겪은 뒤에 간신히 풀려나서 되돌아오게 된다. 유학에 대한 일념을 굽히지 않았던 원효는 서해 바다를 건널 요량으로 바다 가까이에 이르렀으나 밤을 맞아 포구 인근의 산자락에서 잠을 청하게 되었다. 심신이 피곤했던 터라 곤하게 잠들었고 어느 순간 목이 말라 깨어나서 어둠 가운데 바가지 물을 찾아 목을 달게 축였다. 그런데 다음 날 일어나서 보니 자신이 한밤중에 갈증을 해소하고자 달게 먹은 물이 다름 아니라 해골바가지에 고인 썩은 물이었다. 이것은 커다란 지혜를 얻으려고 당나라로 떠나고자 했던 원효에게는 사유의 반전을 일으키는 일대 사건이었다. 원효는 마침내 "마음이 솟구치면 각양각색의 일이 발생하고, 마음이 소멸되면 해골도 괘념할 바가 아니다(心生則種種法生, 心滅則髑髏不二)." 라는 말을 남기면서 유학길을 접고 되돌아와서 자신이 머무는 이

땅에서 깨달음을 구하였다.26)

불교의 발전사를 보면, 다양한 유형의 교리 논쟁이 벌어졌다. 인도에서 발생한 초기 불교는 개인의 해탈에 초점을 맞추었던 탓에 후일 대승불교의 등장과 더불어 소승불교로 폄하된 바 있다. 사물과 현상이 과거에서 현재, 미래로 이어지면서 모두 궁극적 실체로서 식(識)을 갖고 있다고 보는 견해가 유종(有宗)이라면, 이것에 대립하여 모든 사물과 현상은 순간적으로 존속할 뿐 본질적 실체와 자체 고유성을 갖지 못하여 객관 세계는 진짜로 비어 있다(즉, 공)고 여기는 공종(空宗)도 출현했다. 또 일체의 중생이 불성을 갖고 있는 것은 아니라는 상종이 있는가 하면, 이와 달리 일체 중생이 불성을 갖는다고 설법하는 성종이 있다. 그리고 깨달음을 얻을 때도 오랜 수행을 통해 점진적으로 큰 지혜를 구하게 된다는 점오(漸悟)의 교설이 있지만, 또 달리 수행 과정에서 단박에 큰 깨달음에 이르게 된다는 돈오(頓悟)의 교설도 나왔다.

원효는 자신이 유학길에 겪은 해골바가지 사건을 계기로 지혜를 얻는 방식도 남다르게 꾀했다. 그는 불교의 역사적 전개 속에서 벌어진 대비적 교설을 비판적으로 분석하여 나름대로 일리가 있는 것들을 추리고, 그런 견해 가운데 어느 하나의 입론에 서기보다는 이를 조망하는 더 높은 차원에서 외견상의 모순과 대립을 해소하여 하나로 화해시키는 방법, 즉 화쟁(和諍)의 방법을 구사하였다. 소승과 대승, 공종과 유종, 성종과 상종, 그리고 점오와 돈오도 화쟁의 방법을 통해 화해시킴으로써 더 큰 깨달음으로 나아갔다. 그 이외의 경우에도 같은 방법을 사용했다. 예컨대 용수(龍樹)의 중관론(中觀論)에 대해 평가하면서, 모든 집착을 두루

26) 안계현, 「신라 불교의 교학사상」, 고익진 외, 『고대 한국불교 교학연구』 (민족사, 1989), 109쪽 참조.

깨뜨리고 깨진 것도 다시 깨뜨리되 깨는 것과 깨진 것 모두를 버리게 되어 결국 내보내기만 하고 두루 포용하지 못하는 견해로 간주했다. 반면 미륵(彌勒)의 유가론(瑜伽論)이나 무착(無着)의 섭대승론(攝大乘論)과 같은 교설에 대해 평가하면서, 숱하게 발생한 얕고 깊은 이론을 모두 포섭하여 두루 망라하고 있지만 받아 세우기만 할 뿐 분별을 하지 못하는 견해라고 여겼다. 그러면서 자신은 나름의 기신론(起信論)을 통해 세우지 않는 바가 없으면서 스스로 버리고 또한 깨뜨리지 않는 바가 없으면서 도리어 인정하는 형세를 취하였다. 이문(二門)의 안에 온갖 뜻을 받아들이면서도 무량무변한 뜻으로 종지를 삼아 어지럽지 아니하고 한량이 없는 뜻을 일심(一心)으로 혼용하여 귀일시켰다. 이문일심에 이른 것이다.[27]

원효로부터는 한국 불교의 독창성을 확인할 수 있다면, 의상으로부터는 한국 불교의 자연관을 강하게 엿볼 수 있는데, 그것은 중국의 그것과 대체로 유사한 것이다. 의상은 당나라로 유학을 가서 화엄종의 제2대조로서 학통을 이은 지엄(智儼)의 제자가 되는데, 장차 제3대조가 되는 법장(法藏)과 동문수학을 하였다. 화엄종은 기존의 연기설을 법계연기설(法界緣起說)로 구체화한 특징을 갖고 있다. 이것에 따르면, 천지만물이 진여(眞如)를 근거로 서로 인과가 되고 서로 의지처가 되어, 저것 중에 이것이 있고 이것 중에 저것이 있으며, 저것이 곧 이것이요 이것이 곧 저것이어서, 서로 통하고 서로 포섭하여 둥글게 융합하면서 아무 거리낌도 없는 원융무애(圓融無礙)에 이르게 됨을 말하고 있다. 즉 우주의 삼라만상이 원융무애하게 중첩되고 또 중첩되어도 끝 다함

---

27) 은정희, 「원효의 불교사상」, 김형효 외, 『원효의 사상과 그 현대적 의미』(한국정신문화연구원, 1994), 206-207쪽 참조.

이 없도록 인연을 맺어 탄생과 소멸, 재탄생으로 이어진다는 것이다.

　법계는 현상과 본체를 아우르는 표현인데, 중국의 화엄종은 네 가지 유형의 법계를 주장하고 있었다. 첫째의 사법계(事法界)는 우주 안의 삼라만상이 현상적으로 모두 차별적임을 나타낸다. 이런 관점에서 산은 산이고, 물은 물이며, 꽃은 꽃이고 풀은 풀이듯이 각각의 사물은 그 자체의 고유성을 갖고 있다. 두 번째의 이법계(理法界)는 일체의 사물이 공통의 본질을 갖고 있음을 말한다. 이런 관점에서 보면, 모든 사물이 천지라는 한 뿌리에서 나왔으니 만물이 일체인 것이다. 세 번째의 사리무애법계(事理無礙法界)는 현상과 본체는 둘도 아니고 구별도 없어서, 마치 물이 물결이고 물결이 물이어서 서로 침투하고 융합하여 원융무애한 것임을 나타낸다. 네 번째의 사사무애법계(事事無礙法界)는 우주의 만물이 모두 이라는 본체로부터 연기하는 것이고 현상과 본질이 원융무애하기 때문에 이 현상과 저 현상도 원융무애하다는 것이다. 마치 물과 물결이 무애하니 물결과 물결이 무애한 것과 마찬가지다.28) 그런데 의상은 법계연기설의 네 가지 법계에 하나를 더 추가하고 있다는 점에서 흥미롭다. 그는 이이무애법계(理理無礙法界)도 주장한 것이다. 사사무애가 성립하려면 이 현상과 저 현상이 다르면서 또한 공통적이어서 서로 원융무애할 수 있듯이, 이 현상의 본질인 이것의 이와 저 현상의 본질인 저것의 이가 서로 분별되지만 또한 한 뿌리의 근원에서 유래하여 공통적이기에 이와 이가 원융무애하다는 것이다.29)

　한국 불교의 자연관은 의상이 화엄종의 법계연기설을 설파하는

---

28) 팡 리티엔, 유영희 옮김, 『불교철학개론』(민족사, 1989), 256-268쪽 참조.
29) 안계현, 「신라 불교의 교학사상」, 117쪽 참조.

데서 가장 쉽게 찾을 수 있는 것처럼, 중국 및 인도 불교의 그것
과 대동소이하다. 불교의 연기설은 인간을 포함하여 천지만물 어
느 하나도 다른 것과의 인연의 화합으로 엮이지 않은 것이 없고
또한 무수히 많은 것과 다양하고 복합적으로 연루되어 있음을 말
하고 있다. 따라서 인간과 자연은 유기적으로 연결되어 있고, 보
는 관점에 따라 인간인 나는 자연과 뿌리가 같다.

3. 한국의 실학과 동학, 그리고 자연관

한국의 실학(實學)은 조선시대 후기인 17세기에 발생해서 18
세기에 피어난 개혁적 학문의 흐름을 일컫는다. 실학은 사회 안
팎의 시대적 변화 요청에 부응하려는 배경에서 탄생했다. 조선
개국 이후 국가의 설립 이념이었던 유학, 특히 주류 흐름을 형성
한 주자학은 지나치게 사변적으로 흘러서 점차 화석화되거나 지
배계급에게 유리한 사회제도를 고착시킴으로써 현실 구제와는 거
리가 먼 공리공론의 학문으로 추락하고 있었다. 그뿐만 아니라
명나라 이후 북방 이민족에 의해 세워진 청나라는 중국의 전통을
이으면서도 서양의 문물과 과학을 도입하여 사회적 변화를 도모
하고 있었지만, 조선은 그런 흐름에 둔감한 보수적 풍토를 유지
하고 있었다. 학문의 고착화와 변화하는 흐름에 적응하지 못하는
사회적 정체는 조선 민중의 삶을 고단하고 지치게 만들 뿐만 아
니라 사회의 미래를 어둡게 하는 원인이었다. 바로 이런 시기에
실학은 일부 선진적이면서 비판적인 유학자에 의해 탄생하였다.
실학은 전통적 주체성을 견지하는 가운데 안으로는 폐쇄적 권위
체제와 사회 모순을 비판하고, 바깥으로는 새로 유입되는 학문에
개방적이며, 현실의 문제를 해결하는 데 유용한 방안을 구하고자

했다. 여기서는 실학에서도 삶과 직결된 사회관과 자연관에 초점을 맞추어 살펴보겠다.

17세기 반계 유형원(柳馨遠)은 사회제도 가운데 혁파해야 할 으뜸의 것으로 토지제도를 꼽으면서, 맹자를 본받을 필요가 있다고 역설했다. 당시 조선 후기에는 일부 양반이 절대다수의 농지를 독점하고 있었고 경작자인 농민 대다수는 소작농에 불과했기 때문에 생활의 기반인 토지 불평등이 구조적으로 만연한 상태였다. 성호 이익(李瀷)은 왕도정치 실현이 토지를 균등하게 분배하는 것에서부터 출발해야 한다고 여기면서 중국 주나라의 정전법을 이상적으로 희구하였으며, 조선의 현실을 감안한 대안으로 영업전(永業田)을 내세웠다. 즉, 국가가 부양 식구에 따른 가구당 살림 규모를 파악하여 표준적인 영업전을 제공하고, 일정한 조세를 납부 받으면서 영업전에 관한 한 매매를 금지하며, 그리고 초과 소유 토지에 대해서는 자유로운 매매를 허용하는 해법을 제시했다. 이 제도는 기득권을 지닌 지배세력의 반발을 무마하면서 일반 농민에게 최소한의 삶을 보장하려는 취지에서 기획되었다.

이익이 중농학파의 창시자답게 농업을 중시한 반면, 북학파에 해당하는 연암 박지원(朴趾源)은 자연과 사회로부터 형성되는 자산을 이용하여 누구나 생활을 경제적으로 안정되고 윤택하게 하는 후생(厚生)이 가능하도록 조성해야 하며, 이것을 이룬 연후에나 덕을 바르게 쌓을 수 있다고 여겼다. 그는 하층민에 대한 애민(愛民)이 깊었던 터라 토지제도 개혁의 일환으로 한전론(限田論)을 제기하였다. 양반 등 부유층의 토지 소유에 제한을 둠으로써 자영농의 생활 근거를 마련해 주고, 산업이 균등하게 발전할 수 있는 토양을 조성함으로써 나라의 기틀을 튼튼하게 만들고자 했다. 그는 적자와 서자의 차별을 비판하면서 계급적 신분제도의 모순을 통렬하게 비판하였다.

실학의 집대성자로 평가를 받는 다산 정약용(丁若鏞)은 젊은 시절 토지 정의 실현을 위해 여전제(閭田制)를 주장하였다. 이것은 농촌을 30가구 내외의 여 단위로 재편하여 생산과 소비를 공동으로 하는 일종의 협동농장 개념인데, 다음과 같이 중요한 몇 가지 특징을 갖고 있다. 첫째, 경자유전의 원칙에 따라 농사짓는 사람만이 토지를 소유한다. 둘째, 토지공유의 원칙으로 토지를 공유하며 사유지를 허용하지 않는다. 셋째, 공동으로 토지를 경작한다. 넷째, 곡물의 수확도 공동으로 한다. 다섯째, 노동을 제공한 정도에 따라 수확량을 분배한다. 이 제도의 특징은 기존의 제도나 다른 실학자의 균전제가 농사를 짓지 않는 사람에게도 토지 소유를 허용하여 결과적으로 일하지 않고 먹고 사는 것을 가능하게 만든다는 점에서 대비된다고 하겠다.[30] 정약용은 후일 실현이 가능한 다소 완화된 토지제도인 정전제를 다시 제기하지만, 궁극적으로 생산양식을 축으로 기존의 정치권력을 재편하고자 했다. 그는 중국에서 패도를 일삼던 폭군 걸왕과 주왕을 물리치고 등극한 상나라 탕왕과 주나라 무왕을 요임금과 순임금 못지않다고 함으로써 통치자가 백성의 필요에 의해 등극한 만큼 위민(爲民) 정치를 펼쳐야 하며, 이를 지키지 못할 때 가무단의 지휘자를 교체하듯이 바꾸는 것이 자연스럽다고 여겼다.

실학은 청나라를 통해 서양의 문물을 접하는 가운데 과학에도 눈을 뜨게 됨으로써 경제는 물론 천문과 지리, 기술, 의학 등의 주제도 폭넓게 다루게 되는데, 전통과 결부되어 있으면서도 다소 다른 자연관을 조성하게 된다. 북학파의 선구자 홍대용(洪大容)

---

30) 최영성, 『한국유학사상사 IV: 조선후기편 하』(아세아문화사, 1995), 180쪽.

은 자연과학에 대한 새로운 지식을 토대로 기존의 윤리적 자연관
에서 벗어나서 사물을 사물 그 자체로 파악하려는 경향을 드러내
었다.

　　인간의 관점에서 사물을 바라보면, 인간은 귀하고 사물은 천하다.
　　사물의 관점에서 인간을 살피면, 사물은 귀하고 인간은 하찮다. 하
　　늘의 눈으로 조망한다면, 인간이나 천지만물이나 평등하다.31)

　　홍대용의 견해는 한편으로 서양과학의 영향에 힘입어 자연을
그 자체로 보는 경향을 갖게 했지만, 그 이면에 노장사상의 견해
가 깔려 있는 연유로 서양의 그것과 동일하다고 볼 수 없다. 실학
의 끝을 잇는 혜강 최한기(崔漢綺)의 경우도 마찬가지다. 그에 의
하면, 천지만물이 탄생하고 유지되며 소멸 과정을 겪는 것은 모
두 기(氣)의 활동으로 인해서이다. 기의 운행은 운화로 표현되는
데, 크게 넷으로 분별된다. 자연에는 대기운화(大氣運化)가 있고,
사회에는 통민운화(統民運化)가 있으며, 인간 개인에게는 일신운
화(一身運化)가 있다. 이때 자연과 사회, 개인의 각 범주는 내적
으로 연결이 되어 있어서 기가 소통하는데, 이 활동을 교접운화
(交接運化)라고 하였다. 최한기는 기란 천지에 가득 차서 끊임없
이 순환하되, 모이고 흩어지는 경우가 발생하는데, 그렇게 되는
조리가 이(理)라고 여겼다. 기가 있는 곳에 이가 있다. 이는 기에
내재한 법칙적 성질, 즉 조리이기 때문이다.32) 이런 견해는 주자
학의 이기론과 다르다. 또한 최한기의 견해는 자연과 인간, 사회

---

31) 『湛軒書』, 內集 卷4 「毉山問答」: 以人視物, 人貴而物賤, 以物視人, 物貴
　　而人賤, 自天而視之, 人與物均也.
32) 최영성, 『한국유학사상사 IV: 조선후기편 하』, 199쪽 참조.

가 기에 의해 유기적으로 내적 연결성을 가지며 기는 낱개의 물질과 다르다고 보기 때문에, 인간 사회와 자연이 분리되어 있고 자연은 물질로 채워져 있다는 서양과학의 자연관과도 다르다.

실학은 전반적으로 자연과 사회에서 인간에게 실천적으로 효용이 되는 지혜와 지식을 구하자는 데 있다. 이런 흐름은 비교적 일관되게 관통하고 있다. 정약용은 성(性)을 파악하면서 인간과 자연적 존재의 차이를 설정한다. 그는 성을 이로 보는 성리학과 달리, 그것을 마음(心)의 성질로 여겨서 좋아하고 꺼리는 기호(嗜好)로 보았다. 동물의 경우 감각적으로 수용하고 좋아하는 형구(形軀)의 기호가 있다. 인간의 경우 형구의 기호와 더불어 지적이고 영적으로 좋아하여 선호하는 영지(靈知)의 기호가 있다. 인간은 몸이 필요로 하는 것을 음식으로 취하는 기질의 성과 더불어 선악을 분별하여 행동하는 도의의 성을 함께 가진 존재인 것이다. 비슷한 맥락에서 박지원은 오행론에 대해서도 이용후생의 시각으로 평가했는데, 오행(五行)이란 하늘이 낳고 땅이 간직하며 인간은 그것을 활용하는 것으로 여겼다. 예컨대 물이 낮은 데로 흐르거나 나무가 곧기도 하고 휘기도 하는데, 그런 것은 사물이 갖는 자연적 성질이거나 지형적 여건에서 비롯되는 것인 만큼 그것을 잘 알아서 인간에게 유용하도록 쓰면 된다고 보았다. 북학파인 초정 박제가(朴齊家)는 조선의 국력이 약하고 백성이 가난한 이유를 주로 자원을 이용하여 생산을 이루는 방도를 모르는 데서 찾았다. 그래서 그는 재화란 우물의 물과 같아서 퍼내어 이용하지 않으면 말라붙기 마련이므로 재화를 생산하여 이용하는 방도를 잘 구사함으로써 소비도 촉진하는 길을 제시하는 데 열중하였다.

실학은 개혁적 학문을 마련하여 제시하였지만 현실적 힘의 역학관계 속에서 주자학과 보수적 사회제도의 벽을 허무는 데 한계를 드러내었고, 그 결과 조선은 내부의 당쟁과 부패에 이어 외세의 침략으로 안팎의 시련을 겪게 된다. 바로 이 시기, 즉 19세기 중후반에 우리의 전통사상을 잇는 새로운 기풍이 조성되어 사회혁명으로까지 치솟게 되는데, 다름 아닌 동학(東學)이었다.

동학은 수운 최제우(崔濟愚)에 의해 1860년에 창도되는데, 경신년인 그해 4월 홀연히 천명을 받은 데서 기인한다. 『용담유사』에서는 이 사건을 다음과 같이 쓰고 있다. "천은이 망극하여 경신사월 초오일에, 글로 어찌 기록하며 말로 어찌 형언할까. 만고 없는 무극대도(無極大道) 여몽여각 득도(得道)로다." 다시 말해서 하늘의 은혜를 받아 꿈인지 생시인지도 분간할 수 없는 지경에 신령한 체험을 통해 큰 깨달음을 얻었다는 것이다. 이런 깨달음을 핵심으로 압축한 것은 『동경대전』의 「논학문」에서 본주문 13자와 그 해설을 덧붙여서 밝히 드러내고 있는데, 세상 사람들에게 이 주문을 열심히 봉독하고 깨쳐서 실행에 옮기라는 것이 제정 취지이다.

[본주문]
시천주조화정 영세불망만사지(侍天主造化定 永世不忘萬事知)

[본주문 해설]
시(侍)라는 것은 안에 신령이 있고 밖에 기화(氣化)가 있어 온 세상 사람이 각각 알아서 옮기지 않는 것이요, 주(主)라는 것은 존칭해서 부모와 같이 섬긴다는 것이요, 조화(造化)라는 것은 무위이화(無爲而化)요, 정(定)이라는 것은 그 덕에 합하고 그 마음을 정한다는 것이요, 영세(永世)라는 것은 사람의 평생이요, 불망(不忘)이라는 것은 생각을 보존한다는 뜻이요, 만사(萬事)라는 것은 수가 많은

것이요, 지(知)라는 것은 그 도를 알아서 그 지혜를 받는 것이니라.[33]

주문은 신도가 신령으로 받아들여 마음속에 새기는 것이기 때문에 그 자체를 번역하는 것은 적절하지 않다. 다만 해설에 대해 부연 설명을 덧붙일 수 있다. 그런데 여기서 특징적인 것은 천(天)에 대한 해설을 붙이고 있지 않다는 점이다. 거기에는 필경 곡절이 있을 것이다. 중국으로부터 영향을 받은 하늘의 개념은 자연의 이법이나 자연 그 자체로 여겨지고 있었고, 동학과 대비되는 서학, 즉 천주교의 천주는 이원론적인 초월적 신의 개념으로 다가왔을 것이니, 글 몇 자로 해설할 수 있는 성질의 것은 아니었을 것이다. 오히려 이름을 붙이거나 규정할 수 없는 무명(無名)으로 남기되, 그 의미는 바깥으로 드러난 곳곳의 표현과 행간의 여백을 통해 미루어 추정할 수 있도록 한 세심한 배려의 일환이었다고 보인다.

무명으로서 천, 즉 한울님(또는 하느님)의 의미와 역할은 곧 인간 사회에 주는 함축적이면서도 구체적인 메시지에 담겨 있을 것이다. 『동경대전』은 한울님의 드러난 한 모습을 지기(至氣)로 표현하고 있는데, 모양이 있는 것처럼 보이나 형체로 구현되지 않고 들리는 것 같으나 보이지 않는 혼원의 기(渾元之一氣)이다. 이런 지극한 기운은 세상만사에 관여하거나 명령하지 않는 경우가 없는데, 또한 어느 하나 이루어지지 않는 것이 없이 자연스럽게 이루어진다. 최제우는 일대 사건으로 한울님의 은혜를 입어 그 안에 한울님을 모시게 되었는데, 안으로 신령한 상태였으므로

---

33) 해설에 대한 번역은 다음에서 가져온 것임. 최동희·이경원, 『새로 쓰는 동학: 사상과 경전』(집문당, 2003), 94쪽.

바깥에서 지기가 내려와서 이를 받아 스스로 기화를 이루었다. 이것은 누구에게나 일어날 수 있다. 이렇게 해서 누구나 자기 안에 기화지신(氣化之神)을 조성하는데, 이 신령함과 이것을 주신 한울님을 부모처럼 섬겨야 한다.

최제우는 자연에서 일어나는 조화가 한울님으로 인한 것임을 일깨우고 있다. "아주 먼 옛날부터 봄과 가을이 어김없이 찾아들고, 사계절이 다가오고 물러나면서 변함없이 바뀌지 않는데, 이것 역시 한울님이 조화를 부린 자취로서 천하에 뚜렷한 바다. 다만 어리석은 백성이 비와 이슬을 내려주는 은혜를 알지 못한 채, 이것이 저절로 그렇게 되는 줄로 여긴다."34) 이것은 유가나 도가의 사상이 얘기하는 것처럼 자연에서 일어나는 천지 사계절의 변화가 자연 그 자체의 이치로 인해 저절로 그렇게 되는 것이라기보다 한울님으로 인해 조화가 야기되는 것임을 일깨우고 있다.

한울님은 조화주이지만 동시에 권능을 갖고 있어서 인간에게 자애롭고 또한 칭송받기를 원하는 존재이다. 영적 체험 속의 한울님은 최제우에게 말하기를, "나에게서 이 영부를 받아서 만인의 질병을 구제하고, 나에게서 이 주문을 받아서 사람들에게 가르쳐 나를 위하게 하라. 너 역시 장생하면서 천하에 덕을 두루 펼치게 될 것이다."35)라고 하였다. 한울님은 세상 속 인간의 고통에 반응할 뿐만 아니라 인간에게 자연과 다른 역할이 주어져 있음을 상기시키고 있다. 즉, "음과 양이 서로 균형을 이루어 온갖 만물이 그 가운데서 출현했다고 하나, 오직 인간이 가장 신령한 존

---

34) 『東經大全』, 「布德文」: 盖自上古以來 春秋迭代 四時盛衰 不遷不易 是亦天主造化之迹 昭然于天下 愚夫愚民 未知雨露之澤 知其無爲而化矣.

35) 『東經大全』, 「布德文」: 受我此符 濟人疾病 受我呪文 敎人爲我則 汝亦長生 布德天下矣.

재"36)라고 밝히고 있다. 최제우 자신도 때가 되어 저절로 천명을 받게 된 것이 아니라 인간으로서 한울님을 받들기에 부족함이 없도록 준비를 했기 때문에 그렇게 된 것이다.

최제우는 천인합일의 경지에 이르기 위해 인간이 갖추어야 할 수양의 덕목을 성(誠)과 경(敬), 신(信)의 세 가지로 언급했다. 한국 유학사에서 이황이 수양의 방도로『대학』에서 취한 경을 내세웠다면, 이이는『중용』에서 취한 성을 핵심으로 꼽았으며, 서구서 도입된 천주교 역시 종교인 탓에 믿음(즉, 신)을 중요시했다. 최제우는 이런 세 요소를 수양의 방도로 내세웠는데, 그것이 유학이나 천주교에서 뜻하는 바와 정확히 같지는 않다. 그러나 기본적으로 믿음을 갖고 정성을 다하여 경건한 태도를 유지할 때 한울님을 모시는 경지에 도달할 수 있음을 뜻한다고 하겠다.

동학의 가르침이 전해지기 이전은 선천의 세상으로 불평등과 억압, 질병이 만연하는 상태였다면, 가르침 이후는 후천개벽이 이루어짐으로써 만인이 억압과 고통에서 벗어나 평등한 사회로 이행하게 된다. 이와 같은 최제우의 동학 이념은 그의 제자 해월 최시형(崔時亨)에게 전수된다. 실제로 동학을 부흥시키는 데 커다란 역할을 한 사람은 최시형이다. 최제우가 도를 받아 동학을 창시한 후 불과 4년도 못 되어 사교를 유행시켜 국기를 문란케 한다는 죄목으로 1864년 이른 봄에 처형을 당하자 동학을 전파할 사명이 주로 최시형에게 집중되었다. 특히 조정의 무능과 관리의 학정을 견딜 수 없었던 농민들이 동학의 접주 전봉준을 주축으로 갑오농민전쟁을 촉발하고 또 여기에 동학의 이념이 적지 않게 차용된 탓에 최시형 역시 이 사건에 연루되지 않을 수 없었다. 격동

---

36)『東經大全』,「論學文」: 陰陽 相均 雖百千萬物 化出於其中 獨惟人 最靈者也.

기에 피신을 하는 와중에 동학을 전파하는 일에 나섰고, 결과적으로 저술을 직접 남길 수 없는 형편이었으며, 전해 오는 것은 신도들에 의해 기록된 설교가 위주였다.

최시형은 동학의 이념을 생활철학으로 뿌리를 내리는 데 전력을 다하였다.[37] 생활 속의 동학 이야기는 세 방향에 대한 공경으로 구체화된다. 첫째는 경천(敬天)사상으로서 한울님을 공경하는 것이다. 이것은 이미 최제우에 의해 잘 드러난 것이다. 둘째, 사람이 곧 한울님, 즉 인즉천(人卽天)이므로 사람 섬기기를 한울님처럼 대하는 경인(敬人)사상을 가지라는 것이다. 예컨대 최시형이 청주의 한 교인 댁을 지나다가 우연히 그 집 며느리가 베 짜는 소리를 듣고 그 교인에게 한울님이 베를 짠다는 방식으로 설교를 하였다고 전한다. 이것은 사람이면 누구나 한울님을 모시고 있다는 것으로 알려졌다. 마치 불교에서 누구나 부처가 될 수 있다는 것과 흡사한 내용이다. 가부장적 풍토가 혹심하게 드리워진 조선시대 말기에 시집살이하는 며느리를 한울님으로 모시라는 것은 상민과 천민, 여성을 가리지 않고 두루 평등하게 대할 뿐만 아니라 공경하는 자세를 취함으로써 사람은 누구나 존엄한 존재로 대우를 받는 후천개벽의 세상을 열라는 것이다. 셋째, 천지만물이 시천주 아닌 것이 없으므로 만물을 한울님으로 대하라는 경물(敬物)사상이다. 사람이 밥을 먹는 것을 보고 한울님이 한울님을 먹는다(以天食天)고 말함으로써 천지만물에 한울님이 깃들어 있음을 전하면서 사물에 대해서도 의당 공경하는 태도를 가지라는 것이다. 이것은 자연의 미물에게도 한울님이 깃들어 있으니 사람이 자연에 다가갈 때 삼가 신중하고 경건한 자세를 취하라는 것이다.

---

37) 오문환, 『사람이 하늘이다』(솔, 1996), 88쪽.

동학은 창시자 최제우에서 최시형을 거쳐 후대로 내려가면서 다소 색깔의 변화를 일으킨다. 특히 조선 말기의 기층민중이 절망적 현실에 처해 있었고 또 유불선과 천주교의 영향을 부지불식간에 받을 수밖에 없는 여건에서 생활에 기초한 비유적 설교가 교리나 강령 수준으로 격상되면서 그런 현상이 나타난 것으로 보인다. 창시자 최제우에게서 나타난 천 개념이 다분히 초월적 인격신의 모습이었는데, 이것이 최시형에 이르면 범신론(pantheism)에 가까운 형세로 변화된다.38) 흔히 초월신은 만물의 시원이나 주재자 또는 창조주로서 권능을 지닌 존재이므로 피조물인 자연의 외연(extension)을 넘어서 있다. 범신론은 자연 그 자체를 신으로 간주하므로 신이 자연의 외연 바깥에 따로 설정될 수 없다. 초월신은 자연 초월적이고, 범신론의 신은 자연 내재적이다. 그런데 자연의 주재자로서 자연을 초월한 특성을 띠면서도 자연과 자연물 모두에 그 신성이 깃들어 있다고 여기는 견해를 만유재신론(panentheism)이라고 한다.39) 따라서 만유재신론의 신은 자연 초월적이면서 내재적인 양면성을 띤다. 홍익인간 사상에 깃든 신 개념이 바로 이런 유형이었는데, 동학에서 다시 그것이 재현되는 형태로 부상한 것이다. 최제우와 최시형의 견해를 아우를 때 나타나는 모습이 바로 만유재신론일 것이다. 이런 입장에서 인간이 자연을 보는 시각은 신과 인간, 자연이 유기적으로 연결되어 있고, 따라서 인간은 한울님 대하듯이 동료 인간과 자연을 대해야 하는 것으로 드러난다.

---

38) 최동희·이경원, 『새로 쓰는 동학: 사상과 경전』, 81쪽, 90쪽, 132쪽 참조.
39) C. A. Russel, *The Earth, Humanity and God*(Guildford: UCL Press, 1994), p.133 참조.

4. 한국 전통사상의 생태적 함의

한국의 전통사상은 크게 두 가지 유형으로 분류할 수 있다. 하나의 유형은 먼 옛날 외부에서 유입되어 토착화를 거친 사상이고, 다른 하나는 내부에서 자생한 뿌리를 갖고 있어서 거기서 발전된 고유한 사상이다. 중국에서 도입되고 이를 적극 수용하여 발전시킨 유불선의 사상은 오랜 기간에 걸쳐 뿌리를 내리면서 우리의 삶과 제도, 세계관에 가장 많은 영향을 미친 전통사상으로서 전자의 유형에 해당한다. 홍익인간의 이념과 동학의 사상은 자생적인 것으로서 우리 민족의 생활과 종교적 태도에 보이게 또는 보이지 않게 젖어든 것인데, 후자에 해당한다.

오늘날 현대인은 서구적 산업화를 수용하면서 생태위기에 직면해 있고, 이를 극복하기 위한 대안 사회의 이념으로 생태주의를 추구하고 있다. 필자는 1장에서 다양한 색깔의 생태주의가 갖는 기본 토대를 설정하였고, 그것을 두 단계로 분류했다. 1단계에 해당하는 소극적 생태주의는 인간과 자연의 유기적 연계성 논제와 자연의 탈도구적 가치(non-instrumental value) 논제를 포함하는 것으로 보았다. 즉 인간 사회와 자연이 존재론적으로 분리되어 있는 것이 아니라 유기적으로 연결되어 있고, 그리고 인간이 자연을 조망할 때 인간의 목적 달성을 위한 도구로 보는 좁은 시야를 넘어서는 방식으로 자연의 가치를 평가할 경우, 이런 두 논제를 포함하는 어떤 입장도 일단 소극적 생태주의의 범주 안에 드는 것으로 간주할 수 있다는 것이다.

2단계에 해당하는 적극적 생태주의는 생태적 한계성 논제와 이념 구체화 프로그램 논제를 수용하는 것으로 분류했다. 이것은 1단계의 두 논제를 포용하고, 여기서 더 나아가 자연이 인간 사회의 경제적 성장을 무한정 허용할 수만은 없는 생태적 한계를 갖고 있다는 것과 최소한 앞의 세 논제를 포함하는 어떤 생태주의 사상도 사회에 구체적으로 뿌리를 내림으로써 현실화할 수 있도록 이념 구체화를 위한 내용과 절차, 방법을 구비할 경우에 적극적 생태주의의 범주 안에 드는 것으로 평가할 수 있다는 것이다.

이제 한국의 전통사상이 어떤 논제를 수용하거나 어떤 것에 친화적인지 밝힘으로써 그것이 갖는 생태적 함의를 살펴보도록 하자. 먼저 바깥에서 도래하여 토착화를 거친 유불선에 대해 평가하도록 하자. 한국 유학은 연원이 오래된 것이다. 중국에서 유입되어 가장 적극적으로 수용되고 또 한국적 형태로 발전하여 최대의 영향을 끼쳤다. 학계 일각에서는 춘추전국시대 이전의 유학의 원류 형성에 우리와 뿌리가 같은 동이족 일파가 일정하게 영향을 주었고, 같은 연원에서 고유의 풍류와 같은 사상이 발아되었다는 점에서, 우리나라가 유학의 일방적 수혜자라기보다는 본류 가운데 하나로 자처해도 큰 무리가 없다고 한다. 어느 경우든 천의 개념이나 자연관의 관점에서 조망할 때 우리의 유학은 중국의 그것과 별로 다르지 않다. 한국 유학사상사를 빛낸 대표적 인물로서 이황과 이이, 서경덕의 학문이 독창적 요소를 갖고 있지만, 그것이 포함하는 생태적 함축은 유학 일반이 갖는 생태적 함축과 동일하다. 천인합일 또는 천지인합일의 개념체계가 드리워져 있기 때문에 인간과 자연이 유기적으로 연결되어 있다고 본다. 한국 유학사상은 자연의 유기적 연계성 논제를 수용한다. 그리고 한국의 유학은 인간이 구비하고 있는 이성의 기능을 중시하여 동식물에 비해 특별한 지위를 갖고 있음을 수용하지만, 그렇다고 해서 자연을 인간의 도구로 여기지 않는다. 오히려 자연의 이법인 도나 태극으로부터 인간과 자연에 생성되었다고 여기고 또한 자연으로부터 생기를 받고 또 호연지기를 기를 수 있다고 생각하며, 자연을 생명 탄생의 출처로 간주하기 때문에 자연에 대해 탈도구적 가치를 갖는 것으로 분별하는 것이 가능하다. 이렇게 탈도구적 가치 논제를 수용할 수 있다. 따라서 한국 유학은 최소한 소극적 생태주의의 범주에 놓인다.

한국 유학을 적극적 생태주의와 관련해서 평가할 때, 그 양면성이 있음을 부정할 수 없다. 일단 한국 유학은 도덕적 이상이 펼쳐지는 정치, 예컨대 맹자의 왕도정치 등을 수용한다는 점에서 일정하게 이념 구체화 프로그램을 갖추고 있다. 그러나 그 내용이나 실천적 차원에서 바람직한 생태주의에서 벗어날 수 있음도 분명하다. 기본적으로 이(理)를 지나치게 중시함으로써 이성 우위의 사유체계를 갖고 있고 또 매우 권위적이어서 사회의 계급적 및 계층적 서열화를 용인해 왔다. 특히 한국 주자학의 권위적 요소와 적절한 시대적 타협은 조선시대 후기의 병폐로 고스란히 드러났다. 계급차별과 더불어 여성차별도 용인하거나 아니면 더욱 촉진했다. 이런 경우 미끄럼을 타면, 자연차별로 이행하지 않으리라고 볼 수 없다. 그런 점에서 성장의 한계를 수용하는 생태적 한계성 논제를 매우 분명하게 수용하리라고 보기 어렵다. 따라서 한국 유학은 중국의 그것과 마찬가지로 소극적 생태주의의 반열에 있지만 적극적 생태주의의 위치에 오르기 어렵다고 평가된다. 다만 향후 유학의 변혁적 발전을 통해 생태주의를 포용한다면 유학적 생태주의의 출현으로 나아가는 것이 불가능하지 않다고 보인다.

한국의 불교 역시 자연관에 있어서 중국이나 인도의 그것과 동일하다. 유학의 그것보다 훨씬 자연 친화적이다. 원효나 의상이 당연한 것으로 전제하는 연기설에 따르면, 인간을 포함하는 삼라만상이 한없이 복잡한 형태로 얽히고설킨 인연 속에 놓여 있으니 인간과 자연은 유기적으로 강하게 연계되어 있다. 인간이 생각과 말, 행위를 어떻게 하느냐에 따라 다음 생에서의 지위도 결정되기 때문에, 인간이 자연과 자연적 존재(중생에 해당하는 동물)를 도구로 볼 수 없다. 따라서 한국 불교는 유기적 연계성 논제와 탈도구적 가치 논제를 수용하므로 소극적 생태주의에 포함된다. 그리고 슈마허(E. F. Schumacher)가 밝힌 바와 같이 불교의 정신을 반영한 경제이론과 제도를 구축할 수 있다면, 그것은 생태적 한계성 논제를 수용하는 데 아무 거리낌이 없을 것이다. 다만 세상의 일상에 관여하기보다 해탈에 초점을 맞추고 있기 때문에 사회제도를 바르게 구축하는 이념 구체화 프로그램에 별다른 눈길을 돌리지 않을 것이라는 점이 도리어 한계인 셈이다. 향후 교리의 본령에서 다소 이탈하여 욕망이 숨 쉬는 현실을 현실대로 수긍하면서 그것을 악이 아닌 선으로 이행하도록 하는 실천적 불교 생태주의가 태동된다면, 그것은 적극적 생태주의로도 제 역할을 해낼 수 있을 것으로 전망된다.

한국의 도교 또는 선도는 유학이나 불교가 놓인 지평과 다소 다르게 복합적이라고 할 수 있다. 그것은 민중의 생활에 적지 않은 영향을 끼친 것이 사실이지만, 두 가지 점에서 구별되어야 한다. 첫째 철학으로서 도가사상과 종교로서의 도교가 같으면서 또한 적지 않게 상이하다는 점이고, 둘째 한국 고유의 선도는 그 실체가 불분명하지만 중국의 도가와 유사하면서 또 다르다는 점이다. 철학적 도가는 한국의 것이나 중국의 것이나 동일하다. 노장사상의 우주관에서 보듯이 인간과 자연은 유기적으로 긴밀하게 연결되어 있으므로 유기적 연계성 논제를 수용한다. 그것은 무위자연설에 잘 나타나 있듯이 인간의 인위적 행위를 배제하고 자연의 이치에 맞는 무위를 요구한다. 스스로를 귀하게 여기는 인간도 알고 보면 다른 동식물과 같이 자연에서 탄생했을 뿐이다. 존재론적으로 동일한 지위에 놓여 있고, 서로 차이도 허용되지 않는다. 결국 자연이 탈도구적 가치, 구체적으로 내재적 가치를 지니는 것으로 파악할 수 있다. 그리고 너무나도 당연하게 인간 사회가 자연의 생태적 한계를 넘는 것 자체를 유위의 행위로 간주하여 준엄하게 비판하므로 생태적 한계성 논제도 수용한다. 따라서 소극적 생태주의와 적극적 생태주의의 일부를 수용하는 것으로 평가할 수 있다. 다만 인간의 문화가 동식물의 행동 방식에서 벗어나 조성되는 것이므로 어느 선까지 문화를 자연스러운 흐름 안에 있는 것으로 허용할 수 있느냐의 논란이 불가피하고, 그에 따라 현대인이 따르고 호응할 수 있는 생태주의 이념 구체화 프로그램을 제시할 수 있을 것으로 보이지 않는다는 것이 문제라고 할 수 있다.

종교로서의 도교는 인간 개개인의 장생불사를 추구하면서 자연의 이치에서 벗어나고자 하므로 노장사상과 달리 소극적 및 적극적 생태주의의 범주 안에 있으면서 또한 그것에서 일정하게 비켜서 있다고 보인다. 오래 살고 죽지 않을 수 있다면, 자연을 희생시키는 것도 마다하지 않을 수 있기 때문이다. 한국 고유의 선도는 도교의 색채도 취하고 있지만 노장사상에 다가가 있으며, 무엇보다도 홍익인간의 이념과 같은 전통 민간신앙으로 녹아 있다고 보인다. 즉 중국의 도교처럼 장생불사에 초점을 맞추기보다 기복적 성격이 강하고, 자연에 깃든 만유재신론의 신을 경외하며, 신라 선풍에서 보이듯이 세속에 물들지 않은 채 사회에 초연하게 기여하는 모습도 띠고 있다. 따라서 소극적 생태주의와 적극적 생태주의의 일부를 포용한다. 그런데 문제는 그 색채가 분명하지 않기 때문에 의미 있는 대안적 사회제도로 디자인을 하는 것 자체가 불가능하다는 점이다.

한국의 실학은 그 성격상 유학의 기반 위에서 서양의 현대 문물과 과학을 주체적으로 수용하는 모양새를 갖추고 있기 때문에 다소 독특하다. 일반적으로는 유학과 비슷한 반열에 놓여 있지만, 다소 특징적인 것은 홍대용에게서 확인할 수 있는 것처럼 하늘의 눈으로 조망할 경우 인간과 자연이 평등하다는 생물권 평등주의에 이를 수 있다. 그러나 또 다른 측면이 조성된다. 실학이라는 것 자체가 서양과학의 통찰에 힘입어 자연을 가능한 한 객관적으로 바라보면서 또한 인간 사회에 유용한 것을 추구한다는 데 있다. 박제가에게서 더욱 두드러지게 나타나는데, 인간의 넉넉한 살림살이를 도모하는 후생을 위해 이용을 매우 강조한다. 재화는 우물과도 같아서 이용하면 계속 물이 나오듯이 얼마든지 사용할 수 있고 그렇지 않으면 말라 버릴 수 있음을 경고하고 있으며, 생산을 활성화시키기 위해 소비를 적극 장려하고 있다. 물론 빈곤한 사회적 여건을 개선하기 위한 주장으로 이해할 수 있다. 어찌되었든 이용후생을 알맞게 제어하는 지침이 마련되지 않는다면, 실학은 자칫 자연에 대한 이용의 강도를 높이는 방향으로 이행할 수 있다. 실학의 사회관은 평등주의적이어서 적자와 서자의 차별 폐지와 사농공상의 차별 철폐, 경우에 따라서 계급사회의 청산도 함축하고 있다. 이를 위해 생활의 근간인 토지제도를 공정하게 바로잡는 정책적 방안도 제시했다. 따라서 실학은 유기적 연계성 논제와 자연의 탈도구적 가치 논제를 수용하는 소극적 생태주의의 지평에 놓여 있고, 더 나아가 이념 구체화 프로그램 논제도 부분적으로 수용할 수 있다. 다만 자연에 다가가는 이용후생의 지침이 명확하게 마련되지 않은 상태에서 생태적 한계성 논제를 무리 없이 수용할 수 있다고 보이지 않는다. 실학이 적극적 생태주의의 지평에 오르려면, 생태적 한계성 논제를 수용할 수 있도록 이용후생의 규범적 원칙을 마련하고, 더 나아가 사회의 제도적 대안을 좀 더 구체화하는 실학적 생태주의를 펼쳐야 할 것이다.

실학자 정약용이 천에 대한 개념적 접근을 다른 유학자나 실학자와 다르게 내리고 있음은 주목할 대목이다. 그는 이기설 논쟁이 자칫 공허할 수 있다고 여겨서 언급을 자제하였지만, 송나라의 성리학이 천(天)을 이법(理法)으로 재단하려는 데 대해 강한 거부감을 보였다. 부연하자면, 태극 그 자체를 높이 숭상하고 또 이(理)를 일러 하늘이라고 한다면 이것은 헛된 짓이어서 인(仁)이라고 할 수 없다고 비판하면서, 두려워하고 삼가는 자세로 상제를 밝게 섬겨야만 인이 될 수 있다고 여김으로써, 하늘을 섬기는 종교성을 드러낸 바 있다.[40] 그런데 그가 이와 같이 초월적 신관의 일단을 피력한 것은 한편으로 천주교의 영향도 있었지만, 또 다른 한편으로 홍익인간의 신화에서 나타난 것처럼 초월적이면서 내재적이고 관계적이면서 인격적인 우리 고유의 신에 대한 개념이 있었기 때문이라고 여겨진다.

홍익인간의 이념에 나타난 천 개념은 중국의 그것과 조금 다르다. 주류를 이룬 중국의 천 개념은 세 가지 특성을 구비하고 있다. 천 개념에 자연의 이법이 들어가 있으므로 내재적이고, 이상적 인간상을 자연에 투영하고 있으므로 인격적이며, 그리고 인간과 자연이 유기적으로 연결되어 있다고 여기므로 관계적이다. 우리나라의 홍익인간 사상에는 한 가지가 더 추가되어 있다. 신은 내재적으로 관계를 맺고 있는 인간 세상을 자애로움으로 채울 뿐

---

40) 최영성, 『한국유학사상사 IV: 조선후기편 하』, 173-174쪽 참조.

만 아니라, 그런 신이 자연과 인간의 능력을 넘어선 권능을 갖고 있다고 여기므로 초월적이다. 문화적 차원에서 보면, 사람과 자연은 서로 다른 특성을 띠고 있으므로 분명히 다르다. 그런데 생명적 차원에서 보면, 사람과 생산물을 가져다주는 땅은 다르지 않다. 존재론적으로 신토불이(身土不二)이다. 마찬가지로 이성적/감성적 차원에서 보면, 신은 인간이나 자연과 다르다. 그러나 영성적 차원에서 조망하면, 우리 민족에게 신과 인간은 분할되지 않는 신인불이(神人不二)이고 신과 자연(즉, 기의 총체)도 분리되지 않는 신기불이(神氣不二)이다. 이것이 한국의 만유재신론이다. 동학의 경우, 비록 후대로 내려갈수록 범신론의 색채가 강해진다고 하더라도, 창시자 최제우에게서는 만유재신론의 특성이 분명히 드러나고 있다. 따라서 홍익인간의 이념과 동학은 유기적 연계성 논제와 자연의 탈도구적 가치 논제를 수용하므로 소극적 생태주의 지평에 놓여 있다.

동학의 경우에는 적극적 생태주의로 나아갈 수 있을 정도로 사회적 내용도 일정하게 구비하고 있다. 사람이면 누구나 한울님을 자기 안에 모시고 있다. 이것을 깨달을 때 동료 인간 누구에게나 한울님 모시듯이 소중하고 경건하게 대하게 된다. 선명하게 신분과 계급의 차별을 철폐하는 평등주의 사회로 나아가게 된다. 구역별로 소접주와 대접주를 두는데, 접주는 지역민의 의견을 존중하고 취합하는 역할을 할 것이다. 접주에게는 가능한 한 타인의 옳은 의견을 묵살할 권위가 배제될 것이다. 이런 유형의 합리적이면서 영성적인 자치가 가능할 수 있다. 또한 사람이 자연을 대할 때도, 그 안에 깃든 한울님을 대하듯이 다가가야 하므로 조심스럽게 할 것이다. 따라서 동학은 생태적 한계성 논제를 수용할 것이고, 이념 구체화 프로그램도 마련하는 것이 불가능하지는 않다. 적극적 생태주의에 다가가 있는 셈이다. 다만 그것이 현대인으로 하여금 현 문명의 대안으로 선택하게 할 정도로 이념 구체화의 세부 내용과 절차, 방법을 구비하고 있지는 못하다. 정치와 경제, 문화에 대한 세부적 내용을 갖추지 못한다면, 생태사회로 나아가는 실마리를 제공하는 수준에서 머물 수 있다. 동학적 생태주의의 출현이 요구되는 것이다.

종합하자면 한국 전통의 사상은 우리 내부의 자생적 이념의 뿌리를 갖고 있었고, 그런 고유의 이상에 비추어 중국에서 유입되는 유불선을 창의적으로 발전시킴으로써 조성되었는데, 한결같이 인간과 자연이 유기적으로 연결되어 있고 자연이 도구를 넘어선 가치를 지니는 것으로 간주하므로 소극적 생태주의의 지평에 놓여 있음이 분명하다. 다만 한국 전통사상을 세부화하여 유불선과 실학, 토착적인 홍익인간 이념과 동학으로 분류할 때, 그런 각각의 입장은 인간 사회의 경제발전이 생태적 한계를 용인하는 범위 안에서 이루어져야 함을 요구하는 생태적 한계성 논제를 수용할 것인지, 또는 향후 도래할 생태사회를 이루기 위해 요청되는 이념 구체화 프로그램 논제를 구비하고 있는지에 대해서는 정도의 차이에 따라 다가가 있기도 하고 또 비켜서 있기도 하다고 평가할 수 있다. 따라서 한국의 전통사상이 적극적 생태주의의 지평으로 발돋움을 해서 미래에 인류가 추구할 새로운 생태주의 사회로 나아가는 데 얼마나 실질적으로 기여할 수 있을지의 여부는 각각에 고유한 이념을 현실적으로 매력이 있는 구체적 내용과 절차로 다듬어 내는 실천적 색채의 생태주의로 성숙을 시킬 수 있느냐에 달려 있다고 할 것이다.

제 3 부

ㆍ현대 한국의 생태주의 사상

　동아시아와 한국의 전통사상은 인간과 자연이 유기적으로 연결되어 있다고 여김으로써 생명을 존중하는 풍성한 문화를 구비하고 있다. 오늘날 이런 전통사상을 배경으로 현대 산업사회가 직면한 문명적 환경위기를 극복하려는 시도가 조금씩 태동하고 있다. 여기서는 한국인이 적극 주창하고 있는 현대적 생명 및 생태 담론 가운데 동아시아나 한국의 전통사상을 담고 있으면서 창의성이 돋보이는 것으로 국한하여 그 생태(주의)적 함의를 살펴보고자 한다. 이에 김지하의 생명사상과 장회익의 온생명론이 주장하는 구체적 내용을 살펴보고, 그에 따른 생태적 함의도 적극 평가할 것이다. 그리고 모처럼 우리 고유의 생명사상이 펼쳐지는 지평에서 이 분위기를 더욱 고조시킴으로써 한국의 생태주의 사상이 나라 바깥으로까지 전해져서 한국 생태 문명학파(또는 생명학파)의 태동으로 확산될 수 있도록 필자가 동아시아의 세계관에 의거하여 주창한 기(氣)-생태주의도 함께 포괄하여 논의를 전개하고자 한다.

　시인 김지하는 자신의 생명사상의 원류를 주로 동학에서 찾고 있다. 동학은 동아시아와 우리 고유의 전통사상을 천지인(天地人)의 합일사상으로 용해하면서 한울님이 내재한 사람 하나하나에 대해서도 한울님 모시듯이 섬김으로 대하라는 메시지를 전하고 있는 것으로 특징지을 수 있다. 김지하는 생명 존중이 그득한 동학을 취하되, 그것을 창의적으로 해석하고 이것을 현대의 서구 생태주의 담론과 견줄 수 있도록 발전시킴으로써 자기 고유의 생명사상 체계로 구축했다고 해도 과언이 아닐 것이다.

　장회익은 물리학자로서 생명에 대한 전통적 해석이 결함을 보이고 있음에 착안하여, 물리학적 논의를 실마리로 삼아 생명을 전일적(全一的) 실체로 보는 독특한 지평을 개척하였다. 특히 태양에서 분출하는 자유에너지를 포함하고, 하위 생명 단위에서 이루어지는 의존적 일체성을 중시하며, 생명의 자족성을 함께 충족시켜야 한다고 봄으로써 지구 행성 더하기 태양 항성을 하나의 온전한 생명 실체, 즉 온생명으로 간주하기에 이르렀다. 그런데 필자는 이런 접근 태도에 동아시아의 형이상학적 세계관이 다소 배어 있고, 그럼으로써 한국적 색채를 띠고 있다고 본다.

필자는 실천 영역에서 구체성을 띠면서도 보편성을 갖춘 동아시아 의학 분야에 우선 주목하고, 여기에 담긴 인식론적 방법과 경험적 내용, 형이상학적 가치관을 자연의 지평으로 확장하여 창의적으로 활용함으로써 환경위기를 극복할 수 있는 특징적인 생태주의를 전개하였다. 인체는 오장육부의 연결통로에 기가 순환함으로써 건강을 유지하는데, 이것은 자연에서 온 것이다. 그런데 현대 산업문명은 생기(生氣)가 조성되는 자연에 사기(邪氣)가 돌도록 함으로써 생명을 질식하고 있다. 이에 인간이 기의 흐름과 연결해서 자연에서 호혜적인 관계적 성격의 '온 가치'를 분별하고, 이것을 중시함으로써 인간의 문화가 자연과 상생하는 생태사회를 새롭게 구축하고자 한다. 김지하의 생명사상과 장회익의 온생명론, 그리고 필자의 기-생태주의는 우주자연을 생명의 실체나 장(場)으로 보는 전체론(holism)의 시각을 채택하고 있고, 그것에 따라 자연을 조망하므로, 자연의 유기적 연계성 논제와 탈도구적 가치 논제를 모두 포괄하고 있다. 이에 소극적 생태주의의 반열에 놓여 있으며, 적극적 생태주의의 한 요인인 생태적 한계성 논제도 윤곽을 그리며 포용하고 있다. 다만 정도의 차이는 있지만, 여전히 제기된 각 이론이 정치사회적 제도로 실현될 수 있을 정도로 구체화된 프로그램을 구비하고 있지는 못하다. 따라서 사회제도와 생활양식까지 아우를 수 있도록 구체화하는 절차를 밟게 될 때 생태사회의 대안으로 부상하게 될 것으로 전망된다.

4 장 김지하의 생명사상

1. 시인 김지하와 민주화 운동

한국 현대사는 질곡의 역사다. 조선 말기의 정권은 무능과 부패로 인해 외세의 침입을 막을 힘조차 없었고, 결국 1910년 일제의 강제 합병으로 우리 민족은 36년에 걸친 오욕의 세월을 보냈다. 제2차 세계대전이 대단원의 막을 내리면서 1945년에 해방을 맞이하였으나, 그 기쁨도 잠시였다. 1950년에 북한의 남침에 의해 동족상잔의 6·25 전쟁을 겪고, 곧이어 이승만 정권의 독재가 이어졌다. 늘 그래 왔던 것처럼 풀뿌리 민중의 저항은 1960년에 4·19 혁명으로 분출되었다. 이제 막 민주화가 시작되려던 순간 총칼을 든 박정희 군사 쿠데타가 일어났다. 산업화에 일정한 정도 가시적 성취를 이루었지만 독재정권이 행한 민주주의의 압살은 곧 반만년에 걸친 민족문화의 정신에 대한 일대 도전이었다. 민중의 민주화 투쟁은 계속 이어졌고, 1979년에 유신정권은 몰락을 고하게 된다. 그러나 권력의 맛을 본 정치적 군부는 또다시 쿠데타로 정권을 계속 이어 갔지만, 1987년 6월 민주화 항쟁이 정점에 달하면서 마침내 우리 민족은 민주주의를 스스로 일구어 내었다.

한국의 민주화는 산업화의 성장과 함께 단기적으로 이룩되었다는 점에서 세계사적으로 특징적인 것으로 평가를 받고 있다. 과거 군사정권이 독재를 행했지만, 전쟁으로 참화를 겪은 우리 민족이 가난에서 벗어나 물질적 풍요를 누릴 수 있도록 경제적 지평을 열었다는 점을 구태여 부인할 필요는 없다. 세계 환경의 역사가 증언하고 있는 것처럼 풍요로 이행하는 산업화는 늘 환경문제를 동반하였다. 우리나라에서도 환경문제가 발생하고 이것이 다소 걱정스러운 양태로 치닫던 시기가 1970년대 말 이후였다. 군사정권은 독재에 저항하고 민주화를 염원하던 인간의 생명을 유린하기 일쑤였는데, 분별없이 진행되던 산업화 성장 역시 자연 생태계를 희생시키는 형세로 진행되었다. 바로 이런 역사적 격동기에 민주주의를 주장하며 독재에 항거하고, 곧이어 자연을 살리는 생명운동에 불을 지핀 시인이자 사상가가 있었으니 다름 아니라 김지하였다.

김지하가 대학 2학년 때 4 · 19 혁명이 일어났고, 그 이듬해인 1961년에 박정희에 의해 군사 쿠데타가 발생했다. 그는 학교 재학 중인 1963년에 『목포문학』에 「저녁 이야기」라는 시를 발표함으로써 시인으로서 첫발을 내딛었지만, '6 · 3 사태'로 불리는 한일회담 반대 시위에 참여하면서 1964년에 첫 옥고를 치르고, 2년 후 7년 이상 유지하던 학생 신분에서 벗어나 졸업을 하게 된다. 그리고 1970년에 한국의 양심적 지성계를 대변하던 잡지 『사상계』에 「오적(五賊)」이란 담시를 발표하면서 그는 세상에 알려지게 된다. 아래 글은 그 시의 첫머리에 해당한다.

154

시를 쓰되 좀스럽게 쓰지 말고 똑 이렇게 쓰랐다.
내 어쩌다 붓끝이 험한 죄로 칠전에 끌려가
볼기를 맞은 지도 하도 오래라 삭신이 근질근질
방정맞은 조동아리 손목댕이 오물오물 수물수물
뭐든 자꾸 쓰고 싶어 견딜 수가 없으니, 에라 모르겠다
볼기가 확확 불이나게 맞을 때는 맞더라도
내 별별 이상한 도둑이야길 하나 쓰겄다.

「오적」이란 이 시는 군사정부의 비호 속에 이루어지던 특권층의 권력형 비리와 부패를 통렬하게 비판하는 내용을 담고 있다. 특히 이 시가 갖는 문학적 중요성은 김지하에 의해 개척된 독특한 담시(譚詩) 형태로 이루어져 있다는 것이다. 우리 민족이 중국이나 일본과 다르게 고유하게 형성하고 있는 문화예술의 대표적 분야가 판소리인데, 이 형식에 시적 내용을 가미한 담시의 형태로 군사정권의 부패상을 통렬하게 비판하고 풍자하고 있다.1) 『사상계』에 실린 「오적」은 그 폭발적 내용으로 인해 당시 제1야당인 신민당 기관지 『민주전선』에 전문이 게재되면서 사회적 사안으로 비화되었다. 반공법 위반으로 김지하는 체포되어 투옥되었고, 『민주전선』은 압수되었으며, 『사상계』는 판매금지에 뒤이어 등록을 취소당하는 지경에 이르렀다.

　1972년에 박정희의 영구독재를 정당화하는 유신체제가 들어서고, 김지하의 정권 비판은 지속되었다. 1974년 민청학련 사건이 발생하자 또다시 체포된 김지하는 내란선동죄 등으로 사형을 선고받는데, 이것을 계기로 김지하의 이름은 전 세계로 알려지게 된다. 일본에서 '김지하를 돕기 위한 모임'이 발족되었고, 그의

---

1) 김지하, 『오적』(솔, 1993), 편집자 일러두기 참조.

구명을 위해 당대 세계지성을 대표하던 프랑스의 사르트르(J.-P. Sartre)와 미국의 촘스키(N. Chomsky) 등이 석방 호소문에 서명을 하게 된다. 이로 인해 김지하는 1975년에 모스크바에서 열린 '아시아·아프리카 작가회의'가 수여하는 제3세계 노벨상인 로터스상 특별상을 수상하게 된다.

김지하는 출옥 이후 1981년에 로터스상을 받는 한국의 식장에서 「창조적인 통일을 위하여」란 수상 소감을 밝히는데, 여기에 이미 생명의 존엄성을 자각하는 생명사상이 내밀하게 배어 있었다. 그는 이원론과 환원주의로 점철된 서양의 사상이 욕망을 부추겨 물신(物神)을 숭배하는 방향으로 흐르고 있고, 그 결과 서양 이외의 지역인 아시아와 아프리카, 라틴아메리카에서 "생명을 반대하고 생명을 파괴하는 악마적 경향에 봉사"하고 있음을 질타하면서, "인간과 자아, 인간과 인간, 인간과 자연 사이에 결정적인 친교와 평화를 성취시킬 생명의 세계관, 생명의 존재양식을 출현시켜야 한다."고 밝히고 있다.2) 김지하의 생명사상은 본격적으로 1982년에 출간된 대설 『남』에서 시작해서, 1984년의 『밥』, 1992년의 『생명』, 1996년의 『생명과 자치』, 그리고 2005년의 『생명과 평화의 길』 등으로 이어지면서 확대 심화된다.

한국 사회가 근대 산업화를 뒤늦게 시작하면서 온갖 홍역을 치르고 있던 무렵 유럽 이외의 지역은 모두 마찬가지 형세에 놓여 있었다. 제2차 세계대전이 끝나고 UN이 출범한 연후에 식민지 상태의 민족은 단계적으로 독립국가의 지위를 얻게 된다. 후진국은 빈곤에서 벗어날 방도를 모색하기 시작했고 선진국은 세계로 시장을 확대할 필요가 있었다. 양자의 이해가 맞아떨어지는 가운

---

2) 김지하, 『밥』(분도출판사, 1984), 12-13쪽.

데 1960년대부터 10개년 단위로 UN에 의한 후진국 산업화 프로 젝트가 거대한 규모로 가동되기 시작했다.3) 그런데 여기에는 두 가지 교란 요인이 작동하고 있었다. 하나는 동서 냉전에 따른 이 데올로기가 개입되어 있었고, 또 다른 하나로 선진국 기업의 세 계 시장화 전략이 가동되고 있었다. 외형적으로 선진국이 출자한 자본이 UN 산하단체인 세계은행과 IMF, IBRD 등을 통해 후진 국으로 흘러들어 가서 경제규모는 커지고 있었지만, 과실은 주로 다국적기업과 후진국 신흥 지배계급의 배만 불려 주면서 외채는 쌓이고 일반 민중의 삶은 이전보다 더욱 고달파지는 방향으로 흘 러가고 있었다. 특히 남미의 경우에는 절대 다수의 민중이 민주 주의 정권으로 사회를 바꾸고자 해도 요지부동의 독재정권이 이 를 가로막고 있었는데, 그 배후에는 공산주의 확산을 막기 위한 미국의 책략이 개입되어 있었다.

도탄에 빠진 제3세계의 일반 민중은 현실적으로, 제도적으로 장벽에 가로막혀 있으면서 이를 돌파하는 방향을 모색하고 있었 다. 비슷한 고민은 김지하에게도 있었다. 그는 그 방향을 "민중 운동사를 이해하는 시각도 생명이라는 근원적인 힘"에서 찾아야 한다고 여김으로써 '생명'이라는 키워드를 잡고 있었다. 제3세계 가 갖고 있는 다양한 문화유산을 존중하면서, "이 다양성 안에 들 어 있는 보편적인 가치에는 일반적 흐름"이 있음을 지적하였다. 그것은 다름 아니라 "모든 대지의 생태계와 인간의 생명은 하나 로 연결되어 있다는 것이다." 다만 "여기에 찍혀 있는 과거의 주 술적 낙인은 떼어 내는" 선에서, 생명을 존중하는 공동체적 삶을 구축해야 한다고 여겼다.4) 그러면서 김지하는 그 길을 동학(東

---

3) 로지 브라이도티 외, 한국여성NGO위원회 여성과환경분과 옮김, 『여성과 환경 그리고 지속 가능한 개발』(나라사랑, 1995), 2장.

學)이라는 샘(泉)에서 찾고자 했다.

2. 생명사상의 시원인 동학

동학은 조선 말기에 안으로 국정이 문란하고 바깥으로 외세의 침략이 가시화되는 내우외환 속에서 탄생했다. 직접적 동기는 창시자인 수운 최제우가 홀연히 천명을 받아 득도를 한 데서 비롯되었다. 동학을 종교로 바라보는 시각에는 다소간의 차이가 있는데, 특히 최제우가 언급하는 한울님에 대한 해석 차이가 두드러지게 나타났다. 한쪽에서는 한울님을 그 인격적 초월성에 비추어 만유재신론(panentheism)의 시각으로 바라보는가 하면, 또 다른 쪽에서는 그 초월성을 약화시키거나 애써 외면하면서 우주자연에 내재하거나 진화 과정에 함께하는 존재로 본다. 김지하는 후자의 입장을 취하고 있다.

여기서는 먼저 한울님을 인격적 초월신 또는 만유재신론적으로 보는 시각을 살펴본다. 최동희가 이런 입장을 가장 선명하게 취하고 있으므로 그의 논지에 충실하게 따라가면서 살펴보자.5) 수운은 자신이 체험한 종교적 사건을 『용담유사(龍潭遺詞)』「용담가(龍潭歌)」에서 다음과 같이 기술하고 있다.

천은(天恩)이 망극하여 경신 사월 초오일에
글로 어찌 기록하며 말로 어찌 형언할까

---

4) 김지하, 『밥』, 29쪽, 35쪽.
5) 최동희·이경원, 『새로 쓰는 동학: 사상과 경전』(집문당, 2003), 특히 제2장. 이하 동학의 경전인 『동경대전』과 『용담유사』의 원문 번역은 모두 이 책에서 취한 것인데, 다만 민족 고유의 '하느님'이란 표현은 천도교 통일안에 맞추어 '한울님'으로 대체하였음을 밝힌다.

만고 없는 무극대도(無極大道) 여몽(如夢) 여각(如覺) 득도로다.
기장하다, 기장하다 이내 운수 기장하다.
한울님 하신 말씀 개벽 후 5만 년에
네가 또한 첨이로다. 나도 또한 개벽 후
노이무공(勞而無功) 하다가서 너를 만나 성공하니
나도 성공, 너도 득의(得意) 너희 집안 운수로다.

수운은 1860년 4월 5일에 한울님의 은혜를 입어 신령한 종교적 체험을 하는데, 그것은 만고에 없던 무극대도, 즉 크나큰 깨우침을 받은 것이다. 이 전언에 따르면, 한울님은 우주의 탄생과 발전에 노고를 들인 역사를 수행해 온 절대자이지만 그 뜻을 인간이 알지 못하여 공이 드러나지 않고 있다가 비로소 수운을 만나 바깥으로 드러나게 되었다는 것이다. 따라서 수운이 체험하여 기술하고 있는 한울님은 초월적 특성을 띠고 있는 것으로 보인다. 왜냐하면 이성적 지평을 넘어서서 영성적 체험을 한 것으로 여겨지기 때문이다.

수운이 드러내는 초월적 한울님은 우주자연의 변화와 발전을 주관하는 섭리자의 모습으로 나타나는데, 『동경대전(東經大全)』「포덕문(布德文)」과 「논학문(論學文)」에서 각각 이렇게 전하고 있다.

저 옛적부터 봄과 가을이 갈아들고 사시가 성하고 쇠함이 옮기지도 아니하고 바뀌지도 아니하니 이 또한 천주 조화(造化)의 자취가 천하에 뚜렷한 것이로되 ….

사시성쇠와 풍로상설이 그 때를 잃지 아니하고 그 차례를 바꾸지 아니하되 이슬 같은 창생은 그 까닭을 알지 못하여 어떤 이는 천주의 은혜라 이르고 어떤 이는 조화의 자취라 이르나 그러나 은혜라고 말할지라도 오직 보지 못한 일이요, 조화의 자취라 말할지라도 또한 형상하기 어려운 말이라. 어찌하여 그런가. 옛적부터 지금까지 그 이치를 바로 살피지 못한 것이니라.

한울님은 자연에 사시사철의 변화가 나타나도록 하고 또 그것이 반복되도록 섭리를 행하는 존재이다. 변화하는 자연에 이치가 담겨 있다는 시각은 중국의 천(天) 개념에 해당하는데, 여기서는 그 수준을 넘어서 있다. 조화를 부리는 것으로 묘사되기 때문이다. 그뿐만 아니라 천주는 잘못을 바로잡고 악을 응징하는 인격적 존재이기도 한데, 수운은 『용담유사』「안심가(安心歌)」에서 다음과 같이 표현하고 있다.

한울님이 내몸내서 아국(我國)운수(運數) 보전하네.

개 같은 왜적놈을 하느님께 조화받아
일야(一夜)에 멸하고서 전지무궁(傳之無窮) 하여 놓고

무극대도를 받은 수운은 왜적을 물리치고 조선을 구하고자 할 때 한울님이 도우실 것임을 확신하고 있다. 일단 이런 측면에서만 보면, 한울님은 동학이 그 이름을 대비시킨 서학, 즉 천주교의 초월신인 천주님과 비슷하게 여겨진다. 가톨릭은 종교와 신학의 토착화를 위해 동아시아인의 정서에 맞는 신 개념을 찾아 이를 사용하였는데, 그것이 천주란 표현이다. 그런데 수운은 때때로 천주란 표현을 그대로 받아서 사용하고 있다. 최동희는 조화주이면서 인간의 생사와 화복까지 주관하는 한울님이고 보면, "수운의 천주는 당시 천주교에서 주장하는 천주에 대해 그 자신의 관점에서 이해한 것"으로 파악한다.6) 물론 서양이 아닌 조선 땅에서 당연하게도 우리의 한울님을 우리 방식으로 맞이하고 있는 셈이다. 이를 의식하고 있던 수운은 「논학문」에서 양자를 대비하며 이렇게 밝히고 있다.

서양 사람은 말에 차례가 없고 글에 순서가 없으며 도무지 천주(天主)를 위하는 단서가 없고 다만 제 몸만을 위하여 빌 따름이라. 몸에는 기화지신(氣化之神)이 없고 학(學)에는 천주의 가르침이 없으니 형식은 있으나 자취가 없고 생각하는 것 같지만 주문이 없는지라. 도는 허무한 데 가깝고 학은 천주를 위하는 것이 아니니, 어찌 다름이 없다고 하겠는가.

수운이 체험하고 전하는 한울님의 상은 우리 고유의 신관인데, 유일하면서 초월적인 존재로 다소간 비춰지고 있음은 분명한 것 같다. 그러나 그 차이도 명료하게 나타난다. 수운 역시 우리 전통의 자연관에 힘입어 한울님을 묘사하는데, 초월적으로 비춰지던 모습이 성큼 자연과 인간 사회에 내재하는 모습으로 드러난다. 즉, 한울님이 지기(至氣)로서 현현한다고 보았는데, 「논학문」에서 이렇게 말하고 있다.

'지(至)'라는 것은 지극함을 일컫는 말이요, '기(氣)'라는 것은 허령(虛靈)창창(蒼蒼)하여 어떤 일에도 간섭하지 아니함이 없고 일마다 명령하지 아니함이 없다. 그러나 모양이 있는 것 같으나 형상화하기 어렵고 들리는 듯하나 보기는 어려우니, 이것은 또한 혼원(混元)한 한 기운이다. '금지(今至)'라는 것은 이에 압도하여 그 기가 접(接)하는 것을 안다는 것이다.

---

6) 같은 책, 78쪽.

한울님에 대해 "수운은 유일신론적인 사고와 아울러 만유재신론적인 시각을 겸하여 설명"하고 있는 셈인데,[7] 한편으로 인격적 초월성을 띠고 있고 또 다른 한편으로 우주자연에 내재하여 만사가 진행되는 일에 참여하고 있다.

반면 김지하는 최동희와 다르게 동학의 한울님을 우주에 내재하고 자연의 진화에 동참하는 과정 속의 존재처럼 묘사하여 부각시키고 있다. 이것은 마치 예수회 신학자인 테야르 드 샤르댕(Teilhard de Chardin)과 과정신학자인 존 캅(John Cobb, Jr.), 개혁 신학자인 몰트만(J. Moltmann) 등이 전통적 유신론(traditional theism)의 초월성을 대폭 완화하여 우주에 내재시키려고 한 시도에 비견해서 서로 견주어 볼 수 있다.

테야르는 생물학적 진화론을 기독교 신학에 접목시키기 위해서 새로운 우주론을 적극 전개하였다. 그에 따르면, 우주의 물질은 단순한 상태에서 출발하여 진화를 거치면서 점차 복잡화로 이행한다. 원자가 분자와 세포, 생명체, 의식을 가진 생물, 그리고 자의식을 가진 인간의 출현으로 이어진다. 원자와 분자를 함유한 지구권에서 생명권이 조성되고, 마침내 인간 자의식의 출현으로 인해 정신권(noosphere)까지 나타났다. 테야르는 우주에 목적이 있기 때문에 진화가 하나의 방향, 곧 최종 지점인 오메가 포인트(Omega Point)로 지향한다고 여겼다. 20세기 전반부에 활약한 테야르가 기독교 신학을 새롭게 짬으로써 진화론을 포섭할 수 있도록 구축한 것은 장점으로 드러날 수 있지만, 정신권을 도입하는 과정에서 기존의 생명권이 약화되는 것을 당연하게 여김으로써, 다시 말해 숱한 생물 종의 멸종을 진보의 대가로 수용함으로써

---

7) 같은 책, 81쪽 참조. 원문에는 범재신론으로 표현되어 있는 것을 만유재신론으로 바꾸었다. 후자가 좀 더 쉽게 이해되기 때문이다.

반생태적일 수 있는 여지를 남기고 있다.[8]

다른 한편 인류가 직면한 생태위기를 심각한 문제로 여김으로써 전통적인 초월적 신 개념을 변모시키거나 완화하려는 신학적 시도가 전개되었다. 테야르보다 한 세대 앞선 철학자 화이트헤드(A. N. Whitehead)는 전통적인 서양의 세계관과 판이하게 다른 견해를 내놓은 현대 유기체 철학 또는 과정철학의 주창자이다. 기존에는 존재론적 단위로 대상(objects)이 설정되었다. 그래서 더 이상 나눌 수 없는 대상을 끊임없이 찾아서 그 성질을 파헤치고자 했다. 개별 생명체에서 분자, 원자, 그리고 이에서 더 나아가 소립자, 쿼크로까지 내려갔다. 화이트헤드는 이와 같은 접근을 취하는 서양 전통의 요소론 또는 환원주의와 궤를 달리하는 존재론을 제시했다. 그에 의하면, 현실 세계에서 궁극적 구성단위는 대상으로서의 물질이 아닌 사건(events)이라는 것이다. 공간적으로 보면, 개체로서의 물질은 사건을 이루는 한 부분으로서 다른 부분, 즉 자연이라는 환경과의 관계(relations) 속에서 존재한다. 특정 시간에 일정한 공간에서 발생하는 사건은 그 안에 대상은 물론 그 대상을 존속하게 하는 환경을 함께 포괄한다. 물론 한 사건은 다른 사건과도 관계를 맺고 있다. 그리고 통시적으로 조망할 때 사건은 과거에서 현재, 그리고 미래로 이어지는 존재자이므로 실재하는 것은 창조적으로 전진하는 과정(process)이다.

현대 신학자 존 캅은 관계성과 과정을 중시하는 화이트헤드의 철학을 신학체계에 도입하여 생태문제를 해결하는 데 특징적인 과정신학(process theology)의 지평을 여는 데 적극 기여했다. 캅은 과정철학을 신학에 접목시키면서 생태적 모형을 제시하였고,

---

8) R. R. Ruether, *Gaia & God: An Ecofeminist Theology of Earth Healing* (New York: Haper San Francisco, 1992), p.245.

이것을 세 가지 특성으로 분별하고 있다. 첫째, 현실적 존재자는 대상이 아니라 사건이다. 사건은 전모로 드러나기 때문에 여기에는 개체로서의 인간과 동식물뿐만 아니라 배경으로 간주되어 온 하늘과 산, 바다도 포함된다. 따라서 세계는 지속적으로 사건이 펼쳐지는 거대한 장(field)이다. 둘째, 사건에는 의식이나 지각을 지닌 구성체들이 그렇지 않은 구성체들과 관계로 연결되어 있으므로 물리적이면서 정신적인 모습을 함께 갖추고 있다. 따라서 정신과 물질의 이원적 대립구도는 소멸된다. 셋째, 특정 시공간에 현실적 계기로 드러나는 사건을 측정할 때 그것은 바로 이전의 상태와 다른 새로운 계기로 나타난다. 즉 끊임없이 창조되고 있어서 매 순간 과거와 같을 수 없기 때문이다. 이제 과정철학자들에게 기독교의 신은 다른 모습으로 나타난다. 신을 불변의 실체로 묘사하는 전통적 유신론과 달리 과정신학은 신을 생태적 모형의 가장 완전한 구현으로 본다. 신성의 완전함은 창조적인 즐거움이나 고통에 의해 아무 영향도 받지 않는 것이 아니라, 전적으로 개방적이고 전적으로 수용적이며 완벽하게 반응적이다. 신 역시 모든 사물과의 관계 속에서 구성된다. 신의 계기 속에서 이런 관계는 완전하며 그리고 온전한 사랑을 표현한다.9)

기독교의 전통적 유신론은 신을 초월적 존재로 묘사하고 있다. 이것에 따르면, 피조세계인 우주자연은 인간이 지배하거나 관리할 물질적 대상에 불과하다. 이런 초월적 신관이 생태위기 발생에 근원적 요인으로 작용했다는 비판이 따르면서, 서구 일각에서 기독교에 의해 말살된 이교도 신앙이 다시 부활할 조짐을 보였다. 자연스럽게 자연에 깃든 정령이나 여신을 되찾아 이를 존중하는

---

9) John Cobb, Jr., "Ecology and Process Theology", C. Merchant(ed.), *Ecology*(Atlantic Highlands, N.J.: Humanities Press, 1994), pp.322-325.

흐름이 조성되었다. 대표적으로 신은 그 자체로 우주자연일 뿐이라는 범신론(pantheism)이 유력하게 대두되었다. 이런 와중에 몰트만은 이원적 초월론과 일원적 범신론의 양 극단에서 중도를 취하는 만유재신론(panentheism)을 발전시켰다. 「에베소서」 4장 6절에 한 분인 하나님 "그분은 만유의 아버지이시며, 만유 위에 계시고, 만유를 통하여 일하시고, 만유 안에 계십니다."라는 성경 구절이 있다. 몰트만은 이것을 비롯하여 다양한 성서적 근거를 토대로 신의 내재적 초월성과 초월적 내재성을 밝히 드러냄으로써 신이 우주자연과 함께하고 있음을 강조하고 있다.10)

기독교의 정통 교리에 따르면, 신은 자연 초월적 존재로서 우주자연을 창조했다. 이런 견해는 자칫 진화론을 배척하고 또한 생태위기를 초래한 것으로 간주되기 십상이다. 이에 테야르와 캅, 몰트만 등은 기독교 신학이 진화론을 포용하거나 또는 신이 진화 과정에 동참하거나 지구 자연에 내재하고 있음을 드러내는 신학의 초록화(greening)를 시도하고 있다. 이런 서구적 시도에 견주어 보면 김지하는 동학에 깃든 생명의 자기전개와 회귀, 창조적 진화를 자연 내재적 관점에서 발전시키고 있다. 이런 접근은 동학사상에 초월적 신관이 자리를 잡고 있다고 보는 최동희 등의 견해와 대비된다. 따라서 김지하가 해설하고 풀어내는 동학은 동학 그 자체라기보다 그가 생명이라는 개념체계 속에서 어떻게 해석하는가에 의존하기 때문에 그만큼 독창적으로 발전된 것이다. 물론 김지하의 생명사상의 시원은 동학 그 자체임을 부정할 필요는 없다. 그러나 그의 생명사상은 동학을 끌어안으면서 이를 생태적 모형에 맞도록 재구성하여 발전시키고 있으므로 김지하 고

---

10) S. Bouma-Prediger, *The Greening of Theology*(Atlanta: Scholars Press, 1995), p.117.

유의 생명사상이라고 불러도 무방하리라고 여겨진다. 그 스스로
도 "동학의 현대적 재창조가 곧 생명사상, 생명운동이라는 결론
에까지 도달"하게 될 것임을 밝히고 있다.11)

수운은 종교적인 영적 체험을 직접 겪은 만큼 한울님을 묘사할
때 간혹 그 내용에 초월적 성격이 가미되어 있음을 확인할 수 있
다. 그러나 그 가르침을 전수받은 해월 최시형이 이를 적극 전파
하는 과정에서 초월적 신관이 엷어지는 것은 불가피하다고 보인
다. 해월이 한울님을 영적으로 직접 체험한 당사자가 아니라는
점도 있겠지만, 그보다는 동학의 가르침 자체에 한울님의 우주
내재성이 짙게 배어 있기 때문일 것이다. 김지하가 주목하고 있
는 것도 바로 이 점이라고 보인다.

동학의 기본 정신은 수운이 제시한 본 주문, 즉 "시천주조화정
영세불망만사지(侍天主造化定 永世不忘萬事知)"라는 13자에 담
겨 있다. 이 가운데서도 핵심은 '시천주'라는 세 글자로 압축되는
데, 이것은 천주를 모신다는 뜻이다. 그런데 수운은 '시(侍)'에 대
해 해설하면서, "시(侍)는 마음으로는 신기한 영감을 느끼고 몸으
로는 지극한 기운과 서로 통함으로써 이 세상 사람이 저마다 깨
달아 굳게 믿는다는 뜻이다."12)라고 하였다. 이런 취향의 번역은
사뭇 종교적 색채가 느껴지는 반면, 김지하는 조금 다른 색채로
"모심이라 함은 안으로 신령(神靈)이 있고 밖으로 기화(氣化)가
있어서 온 세상 사람이 서로 옮기지 못할 것임을 아는 것"이라고
다소 다르게 전하고 있다. 여기서 "안으로 신령이 있고 밖으로 기
화가 있다."는 것에 대해 그는 이렇게 풀어내고 있다.

---

11) 김지하, 『생명과 자치』(솔, 1996), 33쪽.

12) 『東經大全』, 「論學文」: 侍者 內有神靈 外有氣化 一世之人 各知不移者
也. 번역은 최동희·이경원에 의한 것이다.

내유신령(內有神靈)의 '신' 자와 외유기화(外有氣化)의 '기' 자는 맞짝을 이루어 하나의 말, 즉 '신기'란 말을 만듭니다. 이 '신기'는 유기론(有氣論)에서 말하는 일기(一氣)로서 음양의 통일로서의 태극, 근원적인 통일적인 생명을 말합니다. 그리고 '기화'는 노장사상에서 말하는 도의 물화, 진리의 운동을 뜻하는 물화에 대비되며 역학에서 말하는 기의 운동, 즉 변화 발전을 말합니다. 그러므로 신령의 기화란 생명의 무궁한 활동, 즉 인간 역사의 경우 노동이며 순환이며 창조이며 확장이며 반복이며 통일이며 수렴인 것입니다. 그것은 끝도 가도 없이 물결치는 바다 같은 활동을 말하는 것으로, '모심'이란 생명이 바로 그 본성에 따라 활동하도록 만드는 것을 말하는 것입니다.[13]

수운이 영적 체험을 통해 만나고 깨우친 한울님은 일상적 생활의 지평을 넘어선 존재이기 때문에 신령한 존재임은 분명하다. 그래서 믿거나 깨우친 사람은 안으로 신령한 한울님을 받아들일 수 있다. 그리고 그 한울님은 바깥으로 기운을 내밀어 천지만물의 변화와 발전을 추동하는 존재이다.

전통적인 동양사상에 의하면, 태극이나 도로 인해 일기(一氣)가 출현하고, 이것에서 음양의 두 기운이 조성되며, 양자가 서로 조화롭게 어우러져서 만물의 생성과 변화가 일어난다. 이때 만물의 생성과 변화를 다섯 가지 유형의 양태로 포착하였으니 이것을 일러 오행(五行)이라고 했던 것이다. 그런데 여기서 서로 다른 학설이 생길 수 있음을 확인할 수 있다. 유학의 종주를 형성한 주류 성리학은 자연에 퍼진 기의 주재 원리로 태극이나 도를 상정하면서 사물의 본래적 성질은 곧 이(理)라고 하였다. 이때 이는 기(氣)와 다른 것으로서 기의 주재 원리인데, 이의 시원과 본질이 태극

---

13) 김지하, 『동학이야기』(솔, 1994), 21쪽.

이나 도인 것이다. 또 달리 신유학의 주기론(主氣論)은 존재하는 실체가 기일 뿐임을 주장하면서 이를 기의 주재 원리로 보는 것을 거부한다. 노장사상 역시 대체로 도에서 기가 조성되었다고 보지만, 이의 역할 설정에는 매우 부정적이다. 이런 세 입장은 중국과 한국에서 조성된 기존의 자연 이해에 해당한다.

이에 반해 만유재신론의 입장에 서게 되면, 자연을 바라보는 시각이 또 달라질 수밖에 없다. 만유재신론의 동학은 초월적 내재성으로 신을 조망하게 될 것이다. 이에 한편으로 한울님의 인격적 초월성을 부정할 수 없으므로 이를 일러 신령한 존재라고 하고, 또 다른 한편으로 한울님의 내재성을 드러내고자 하므로 이를 일컬어 자연에 드리워진 기화 작용의 주재자로 볼 것이다. 그런데 김지하는 또 다른 입장을 보이고 있다. 그는 가능한 한에 있어서 한울님의 초월성을 지우거나 엷게 하고 싶은 것이다. 왜냐하면 그럴수록 생태적 모형, 아니 생명적 모형에 잘 들어맞기 때문이다. 이에 그는 "신령과 기화를 따로 나누지 않고 통일적으로 파악한다면 신령기화, 즉 신령의 기화 활동이겠는데, 이것은 체(體) 즉 본질에서, 용(用) 즉 현상으로 활동하는 것일 뿐만 아니라 용에서 체로도 활동하는 것"이라고 보고 있다. 초월적 성격의 신령과 내재적 성격의 기화가 한데 어우러져서 본질과 현상인 체와 용으로 변모되고 있다. 결국 신령과 기화의 역동적 이원론을 수긍하면서도 그 바탕에 근원적 일원론이 숨을 쉬고 있는 것으로 파악하고 있다.[14]

일원론으로 조망하는 신령한 기운은 지기(至氣), 즉 지극한 기운으로서 "그것은 우주생명이면서 오히려 그 심층에서 이제껏 인

---

14) 같은 책, 23-24쪽.

류 역사, 인류 정신이 감지하지 못한 매우 깊은 무의식층의 신령한 근원에서 솟구쳐 오르는 새 생명의 흐름이며, 공간적으로는 태양계, 은하계 등등의 우리가 감지할 수 있고 관측할 수 있는 우주 바깥에 어마어마한 수천억 개의 은하계와 우주계 등등 포괄적인 차원 변화와 함께 오는" 것이다.15) 이제 신령기화는 생명의 본원적 실체로 부상하기 시작한다.

우주와 사람을 보는 수운의 생각은 천지인, 즉 하늘과 땅, 인간에 대한 삼재(三才) 사상과 결부되어 나타난다. 오행은 물질이라기보다 우주의 구조적 배열을 나타내므로, 그 안에 음양이 포함된다. 이때 하늘은 우주 물질과 생명의 구성의 이치에 해당하는 오행의 벼리(五行之綱)이다. 땅은 지구를 포함하여 모든 물질과 생명의 생활형식 전체를 일컫는 것으로서 오행의 바탕(五行之質)이다. 그리고 인간은 아득한 옛날부터 오늘에 이르기까지 머나먼 진화의 과정에서 마지막으로 핀 꽃으로서 그 이전 역사의 생명의 씨를 고스란히 간직한 영성적 기이므로 오행의 기(五行之氣)인 것이다. 이렇게 우주 바깥으로 드러난 질서로서의 바탕과 숨겨진 질서로서의 벼리가 함께 어울려서 천지가 감응하고, 그런 진화의 최종착역에서 인간이 탄생했다.16) 이제 이런 진실을 드러내는 동학의 출현으로 인해 선천시대는 가고 후천개벽의 시대가 열리고 있다. 진화 속에서 우주생명의 정수를 간직한 인간이 생명의 씨를 퍼뜨려 생명이 만개하는 세상을 열 때가 되었다는 것이 김지하의 인식이다.

---

15) 김지하, 『생명과 자치』, 102-103쪽.
16) 같은 책, 104-105쪽.

3. 생명 모심의 형이상학과 살림의 윤리학

김지하는 동학에서 생명사상의 정수를 발견한다. 그렇다면 그에게 생명이란 무엇인가? 그는 그것을 명료하게 정의 내릴 수 없다고 한다. 왜냐하면 우주에서 생명이 탄생하는 경로를 추적하면 그 세월이 장구할 뿐만 아니라 생명에는 오묘한 신비가 깃들어 있기 때문에 언어적 표현을 사용하여 규정하는 순간 이미 그것은 생명의 본령에서 벗어날 수 있다고 한다.

사실 생명에 대한 정의는 여러 곳에서 시도되었다. 생물학계에서는 동식물 생명체를 무생물과 분리하면서 영양을 섭취하여 일정한 기간 동안 성장하다가 소멸하는 것으로 보았다. 물리학계에서는 엔트로피(entropy)의 감소를 도모하는 것으로 보았다. 엔트로피는 무질서의 정도를 의미하는데, 생명을 지닌 존재는 질서를 유지해야 생명을 이어 갈 수 있다. 이에 태양과 같은 곳에서 자유롭게 흘러오는 에너지를 취해야 생명을 유지할 수 있기 때문에 엔트로피 감소를 형성하는 존재를 생명이라고 본 것이다. 진화론자들은 자연선택에서 살아남을 수 있도록 유전자 DNA를 남기는 존재로 설정했다. 대기과학자 제임스 러브록(James E. Lovelock)은 기존의 통념을 뒤집고 새로운 생명관을 주창한 것으로 유명하다. 그는 지구의 생물계가 무생물계와 상호작용을 하면서 생명체가 살기 알맞도록 항상적 여건을 조성하고 있다는 점에 비추어 지구를 생명 실체인 가이아 여신으로 불렀다. 그는 복잡한 체계를 이루면서 항상성(homeostasis)을 유지하는 것으로 생명을 이해하고 있다.

김지하는 앞서 언급된 생명에 대한 정의가 부분적으로 옳지만 또 부분적으로 빗나갔다고 본다. 그나마 러브록의 견해가 더 포괄적이고 총체적이어서 호감이 가지만 그것 역시 불완전하다고 여긴다. 김지하는 생명을 실체로 보지 않고 생성(生成)으로 간주한다는 점에서 매우 특징적이다. 생명을 생성 과정을 거치는 연속적 존재로 이해하는 이 시각은 화이트헤드와 과정신학자의 시각과 일치한다. 그는 이런 관점에서 생명을 조망할 때 고려해야 할 세 가지 기준을 제시한다. 첫째, 어떤 것도 끝없이 변화한다는 것, 즉 이 세상에서 변하지 않는 것은 없다는 점이다. 둘째, "무엇이든 변화한다."는 기준 원리 자체는 변하지 않는다는 점이다. 셋째, 숨겨진 질서로서 생명은 반드시 눈에 보이도록 드러나기 때문에 눈에 보이는 것에 비추어서 그 보이지 않는 생성 변화를 짐작해야 한다는 점이다. 이렇게 볼 경우, "모든 물질이나 무기물 속에도 그 나름의 생명 활동과 영성이 살아 움직인다."17)

인간은 어떤 일을 도모할 때 효과적으로 달성하기 위해서 조직을 구성하여 이루고자 하는 바를 성취한다. 인간처럼 목적을 전제하지 않는다는 점에서 조금 다르지만 우주도 자기 조직화를 통해 물질 속에 생명과 영성이 지속적으로 활동하고, 때때로 비약을 감행하면서 질적 변화를 일구는 진화 과정을 거쳤다. 결국 생명은 고정된 실체가 아니라 변화하는 생성인 것이다. 이에 우주 생명이 생성하고 변화하며 진화하는 세 가지 법칙도 상정된다. 제1법칙으로 우주는 진화하는 그 내면에서 의식의 확대와 심화가 이루어진다. 제2법칙으로 우주 진화의 외면에 자기 조직화가 복잡화의 형태를, 즉 다양한 모양의 물질과 생명이 복잡화 과정을

---

17) 같은 책, 36-37쪽. 여기서 김지하는 생명의 세 가지 정의라고 표현하고 있지만, 필자가 보기에 생명에 다가갈 때 염두에 두어야 할 조망 기준이다. 이에 이런 조망 기준에 따라 내려질 생명에 대한 정의가 가능할 수는 있다.

거친다. 제3법칙으로 물질로 이루어져 복잡화하는 우주가 내면 의식의 근거인 자유의 활동에 따라 각각 개별화하여 발생하도록 열어 놓되 서로 유기적이면서 영성적으로 그물망의 연계를 이루도록 조성한다.18)

그런데 생명에 접근하고자 할 때 결정적으로 중요한 것이 있다. 그것은 생성 변화하는 생명을 제 몸에 모시고 살면서 그 삶 속에서 삶의 이치를 산 채로 깨우쳐 산 채로 실천하는 것이 생명 인식과 실천에 다가가는 황금의 길이라는 점이다. 삶 속에서 일어나는 생명 '모심'이 생명 존중의 출발점인 것이다. 이것에서 출발할 때 우주의 삼라만상에 대해 그 각각이 그것에 고유한 결대로 펼쳐 나갈 수 있도록 배려하는 '살림'도 가능하게 된다.

우리는 생명을 모시는 단계에서 좀 더 적극적으로 생명 살림으로 이행하고자 하는데, 현실은 결코 녹록치가 않다. 눈에 보이는 것과 관련해서도 서로 입장이 다양하게 엇갈리고, 그런 것 가운데 어느 하나가 생명을 모시고 살리는 길에 가까울 것이다. 이때 이런 것을 판단할 수 있는 좋은 방법이 있는가? 이것을 수운의 불연기연론(不然其然論)에서 찾을 수 있다고 한다. "태극과 궁궁(弓弓) 사이의, 즉 드러난 우주 질서의 객관적 체계로서의 태극과 보이지 않는 숨겨진 질서로서의 새로운 카오스적인 생성 변화 흐름의 상징인 궁궁 사이의 상관관계를 압축한 것이 동학의 불연기연, '아니다 그렇다'의 방법론"이다.19) 김지하는 이것에 동양 최초의 진화 사상도 담겨 있다고 생각한다. 수운은 『동경대전』 「불연기연」에서 이렇게 밝히고 있다.

---

18) 같은 책, 38쪽.
19) 같은 책, 86쪽.

여기서 만물이 나타난 결과를 잘 살펴보고 그 근본을 깊이 밝혀 본다. 만물이 만물로 되고 이치가 이치로 되는 조화의 대업이 어찌나 원대한지 놀랍기만 하다. 하물며 이 세상 사람들은 어찌 그렇게도 모르는가. 어찌 그리도 알지 못하는가. 운수가 정해진 지 몇 해에 천운이 저절로 와서 다시 돌아왔다. 그런데 또 예와 지금이 본래 변하지 않는다. 그렇다면 어찌 천운이라 하고, 어찌 회복이라 이를 수 있으랴. 아아 이렇게 만물 속에 숨은 불연(不然)이야말로 그저 놀랍기만 하다. 이제 이것에 대한 몇 가지를 들어서 밝히고 글로 적어서 거울삼으려고 한다. 사철에 어김없이 차례가 있는데 어찌 그럴까? 어떻게 그러할까? 산 위에 물이 있는데 어찌 그럴 수가 있을까? 정말 그럴 수 있을까? 어리고 어린 갓난애는 말은 못하면서 그 부모를 알아차린다. 어찌하여 그렇게도 알지 못하는가. 어찌하여 그리도 모르는가. 이 세상 사람이 어찌하여 그렇게 알지 못하는가. … 그러므로 꼭 그렇다고 하기 어려운 것은 불연이고 딱 잘라서 말하기 쉬운 것은 기연(其然)이다. 만물의 먼 근원을 따져 들어가는 쪽에서 살펴보면 불연이고 불연이며 또 불연인 일이다. 조물주(造物者)를 근거로 삼고 보면 기연이고 기연이며 또 기연인 이치일 뿐이다.[20]

여기서 수운이 전달하고자 하는 바는 이것이다. 바깥으로 드러나서 눈에 명확하게 보이는 것은 '그렇다(즉 기연)'고 판단할 수 있다. 다만 드러난 것의 배후와 근원을 추구할 때, 즉 감추어진 것을 찾아 판단할 때 세상 사람들은 바르게 알지 못하고 있다. 바

---

[20] 『東經大全』,「不然其然」: 於是而揣其末 究其本則 物爲物理爲理之大業 幾遠矣哉 況又斯世之人兮 胡無知胡無知 數定之幾年兮 運自來而復之 古今之不變兮 豈謂運豈謂復 於萬物之不然兮 數之而明之 記之而鑑之 四時之有序兮 胡爲然胡爲然 山上之有水兮 其可然其可然 赤子之穉穉兮 不言知夫父母 胡無知 胡無知 斯世人兮 胡無知 … 是故 難必者不然 易斷者其然 比之於究其遠則 不然不然 又不然之事 付之於造物者則 其然其然 又其然之理哉.

깥의 눈으로만 보니 '아니다'라고 말하게 된다. 이런 지평은 보기에 따라 불연의 영역으로 비춰지는데, 이것이야말로 정말로 중요하다. 이때 세상 사람들도 천지만물의 조물주에 의지하여 깨달음을 얻게 되면, '아니다'라고 잘못 생각했던 것도 모두 참인 기연임을 알게 된다는 것이다.

김지하는 불연과 기연에 대해서도 자신의 고유한 방식으로 해석하여 이것을 진리를 찾아가는 핵심적 방법론으로 간주하고 있다. 드러난 질서와 감추어진 질서, 태극과 궁궁 사이에 조성되는 상관관계를 통해 우주에서 복잡화가 진행되면서 생명이 탄생하고 그리고 각 개체가 서로 유기적으로 연계되어 조응하는 가운데 확장되는 경로와 과정을 파악하는 방법으로 생각한다. 이런 것에 비견할 수 있는 방법이 원효대사의 화쟁(和爭) 방법이다.

불교에서는 깊이 있는 통찰을 얻는 과정에서 서로 대비되는 학설에 부딪치게 된다. 사물과 현상이 과거에서 현재, 미래로 이어지면서 궁극적 실체로서 식(識)을 갖고 있느냐와 관련해서 그렇다는 유종(有宗)과 아니라는 공종(空宗)의 논쟁이 그런 것에 해당한다. 깨달음도 수행을 통해 점진적으로 얻느냐, 아니면 단박에 얻느냐와 관련해서 점오(漸悟)와 돈오(頓悟)의 두 설로 갈라졌다. 이때 원효는 어느 한쪽에 서서 판단하기보다 양자를 높이 조망하는 시각으로 판단하여 모순과 대립을 해소하여 하나로 화해시키는 방법을 채택했다. 집착에서 벗어나고자 모든 것을 깨뜨리면서 결국 아무것도 남기지 않는 용수(龍樹)와 모든 것을 두루 포용하여 분별이 이루어지지 않는 혼돈의 미륵(彌勒) 사이에서 원효는 화쟁을 통해 세우지 않는 바가 없으면서 버리고 또한 깨뜨리지 않는 바가 없으면서 수용하는 경지에 이르렀다.

원효와 비슷하게 김지하는 조물주에 의지하기보다는 오히려 근원을 통찰하는 높은 이치에 의해 드러난 바의 기연과 감추어진 바의 불연을 조율하는 것으로 진리를 찾고자 한다. 이때 조율은 원효의 화쟁 방법이 그런 것처럼 양 극단의 중간을 의미하지 않는다. 이런 경우에는 이쪽에 좀 더 쏠릴 수 있고 저런 경우에는 저쪽에 좀 더 쏠릴 수 있다. 인간에 의해 저질러진 일을 바로잡는 것이기 때문에 그럴 수밖에 없다. 이것이 참된 중도이다. 이것이 '기우뚱한 균형'이다. 물론 필자가 이렇게 설명을 덧붙이고 있지만, 구체적인 경우로 들어가면 여전히 불연기연의 방법은 오묘하게 신비스러운 만큼이나 매우 모호하다.

어쨌거나 불연기연의 방법론에 따라 우리는 생명을 모시는 단계에서 바르게 살리는 지평으로 나아갈 수 있다고 한다. 바로 여기서 진정한 의미에서 모심의 형이상학에서 실천적인 살림의 윤리학으로 들어서게 된다. 이때 정면으로 마주치는 것은 해월 최시형의 사상이다. 동학의 창시자 수운은 득도 5년 만인 1864년에 민심을 현혹시킨다는 죄명으로 효수를 당하게 되는데, 해월은 그 3년 전인 1861년에 수운을 만나 동학에 입교한다. 그런데 해월은 인품이 출중하고 또 교리를 전하는 종교적 능력이 탁월한 탓에 스승 생전에 교주로 임명을 받고 스승 타계 이후 더 적극적으로 교리 전파에 나서게 된다. 동학을 대중화하는 데 가장 크게 기여한 해월은 생명사상과 연관해서 대략 세 가지의 핵심 주장을 하였다. 인식론적 향아설위(向我設位)와 밥 한 그릇의 진리, 그리고 삼경사상이 그것이다.[21)

통상 제사를 지낼 때 돌아가신 분의 위패를 벽 쪽으로 향하게 하고 제사상 위에 음식을 차려 놓는다. 향벽설위(向壁設位)인 것

---

21) 김지하, 『생명』(솔, 1996), 28쪽.

4장 김지하의 생명사상 / 175

이다. 이것은 인간 노동의 결과인 밥과 음식을 벽, 즉 건너편인 피안과 과거로 넘긴다는 뜻이다. 물론 오늘의 우리를 있게 한 조상을 향해 음식을 차리는 것은 돌아가신 선조께 예를 다하는 것으로 좋은 일이다. 그러나 이러한 과거 회귀형 의식에 추가적인 온갖 권위가 부여됨으로써 현실 사회는 이지러질 대로 이지러지면서 궁핍한 지경으로 내몰린 것이 조선 말기의 사회상이었고, 그 결과 민중의 삶은 도탄에 빠진 상태였다. 더군다나 정부 통치 체계의 난맥상과 관리의 부패 이면에는 옛것에만 매몰된 채 권위주의에 빠진 정통 유학이 있었다. 또 다른 한편으로 벽 쪽에 위패를 모시고 그곳을 향해 조상님께 기원을 한다는 것은 서학, 즉 서양 기독교가 전하는 초월적 천국과 내세를 향해 복된 미래를 희구한다는 것인데, 이것 또한 오늘의 현실을 구제하는 데 별 소용이 없는 일이었다. 따라서 이런 흐름을 일신하여 바로 지금 이곳에서 오늘을 사는 민중에게 삶의 희망을 줄 필요가 시대적으로 강력하게 요청되고 있었다. 이런 배경에서 해월은 인식론적 반전을 꾀하는 향아설위를 설파한 것이다.

향아설위란 위패의 위치를 제사 지내는 내 앞으로 돌려놓는 것이다. 저 건너편에 있던 위패와 밥이 이쪽에 있는 나로 향한다. 향벽설위에서 향아설위로의 바뀜은 인식론적으로 칸트(I. Kant)의 코페르니쿠스적 전환에 해당한다. 칸트 이전의 영국 경험론자는 인간의 지식이 사진기에 찍힌 사진의 내용의 축적이라고 보았다. 저 바깥의 풍경은 내 눈의 촬영을 통해 영상 이미지로 저장되고, 이것을 판독한 것이 지식이라는 것이다. 이런 입장에서 인간은 지식 형성에 수동적이 된다. 반면 칸트는 저 바깥에서 펼쳐지는 세상사는 내 안에 들어와 재료가 되고, 이 재료에 감성과 오성의 능동적 작용이 이루어짐으로써 마침내 요리라는 인식이 형성된다고 보았다. 이런 입장에서는 지식을 형성할 때 인간이 구비하고 있는 능동성, 즉 선천적 형식이 핵심으로 부상하게 된다. 칸트에 의해 대상 중심의 인식론에서 주체 중심의 인식론으로 전환하게 된 것처럼, 해월에 의해 대상적이고 피안적인 세계관이 주체적이고 차안적인 세계관으로 바뀌는 계기를 맞이하게 되었다.

김지하가 의미를 부여하는 향아설위는 시간적으로 지금, 공간적으로 여기, 위치상으로 나와 우리에게 시선을 돌리자는 것인데, 여기에 있는 우리가 현실에서 자리를 바로잡게 될 때 비로소 현재를 축으로 과거와 미래가 이어질 수 있다. 이때 담겨지는 내용 가운데 핵심은 건강한 삶을 영위하는 생명의 흐름이다. 그런데 과거에서 현재, 그리고 미래로 이어지는 생명의 축은 서양이 보는 것처럼 일직선상으로 조성되는 것이 아니다. 생명의 흐름은 나선형을 그리듯이 되돌아오기도 하고 나아가기도 한다. 시작과 끝이 상정되어 있지 않다. 역사는 반복된다는 말이 있듯이 되돌아오는 측면이 있다. 그러나 도를 간직한 생명의 흐름은 되돌아올 때도 옛것 그대로의 상태로 회귀하는 것은 아니다. 새것을 잉태한 진화론적 특성을 띠고 돈다. 순환하면서 상승적 발전을 도모하는 과정을 거치기 때문이다. 테야르가 설파한 것처럼 우주생명은 진화를 거듭하고, 캅이 주장한 것처럼 생명은 과정적 실체이기 때문에 고정된 실체로 떼어 놓을 수 있는 것이 못 된다. 그리고 몰트만이 초월적 내재화를 시도한 것처럼 한울님은 지금 여기에 있는 나와 우리에게 내재화되어 있다. 다만 김지하 생명사상이 이런 서구적 견해와 차이가 있다면, 직선형 사유가 아닌 순환적 나선형의 사유를 담고 있다는 데 있다. 왜냐하면 "도는 되돌아오는 움직임(道者反之動)"이라는 동아시아 인식을 포함하고 있기 때문이다.

향아설위 제사에서 자기 앞에 갖다 놓는 밥은 아무런 수고 없이 거저 놓인 것이 아니다. 밥 한 그릇이 만들어지는 경로는 복잡하고 수고롭다. 지극히 오래 전에 대륙의 판이 이동하고 지각변동이 일어나면서 뭍이 드러났다. 그 가운데 일부인 황무지 땅이 선조의 노동력에 의해 전답으로 바뀌었다. 봄이 와서 모내기철이 되면 이웃과 협력하여 모판에서 자란 벼를 심는다. 물론 바람이 구름을 몰고 와서 비를 내려 줘야 한다. 제때에 김매기를 하고, 태양 빛이 따사로운 햇살을 비춰 줄 때 비로소 풍성한 수확이 가능하다. 그리고 탈곡하여 아궁이에 불을 지펴 밥으로 지어야 한다. 밥 한 그릇이 탄생하려면 벼라는 재배식물과 태양, 바람, 구름, 비, 불이 동원되고 그리고 인간의 노고가 깃들어야 한다. 물론 벼도 오래 전에 선조가 야생 벼를 재배하는 데 성공을 거둠으로써 전해져 온 것이다. 결국 "천지 삼라만상의 협동적인 움직임에 의해서 쌀 한 톨, 밥 한 그릇이 만들어진다." 이렇게 지어진 밥에는 우주의 생명 에너지가 담겨 있다. 이런 밥을 우리가 먹는다. 따라서 "인간 안에 살아 있는 우주생명은 천지 삼라만상과 일치되어 있으며 자기 안에는 수천억 은하계까지 포함하는 전체 생태계, 전체 생명의 운동이 있다."는 것을 말해 준다.22) 이제 한울님을 모시는 수운의 시천주가 해월에게서는 인즉천(人則天)으로 나타난다. 사람이 곧 한울님인 것이다. 인간이 진화 과정에서 탄생한 경로에 비추어 보거나 또는 식사 때 먹는 밥 한 그릇을 보더라도 우주생명을 간직하고 모신 존재임이 분명하다.

해월의 향아설위 설법과 밥 한 그릇의 진리는 삼경사상이라는 윤리관으로 구체화되면서 확장된다. 첫째는 경천(敬天)사상이다.

---

22) 같은 책, 31쪽.

한울님을 섬기라는 것으로서 이것은 수운이 천명한 계시이자 동학의 기본 교리이다. 둘째는 경인(敬人)사상이다. 해월은 "인(人)은 즉 천(天)이며 천은 즉 인이니 인 외에 별로 천이 없고 천 외에 인이 없느니라."고 하였다.[23] 이것은 이미 수운에 의해 전수된 것으로 사람이 다 제 안에 한울님을 모셨으니 사람 대하기를 한울님 모시듯이 섬겨야 한다는 것을 의미한다. 셋째는 경물(敬物)사상이다. 한마디로 천지만물도 공경하라는 것이다.

삼경사상이 모두 인간의 규범적 태도를 규정하는 성격의 것이다. 경천사상은 종교적 태도를 규정한다. 한울님을 지극한 정성으로 받들어 섬기라는 것이다. 경인사상은 사회윤리의 근간이 된다. 그리고 경물사상은 천지만물에 대한 인간의 태도를 규정하는 것인 까닭에 생태윤리의 핵심이다. 해월은 청주에 있는 한 교인 댁을 지나다가 그 집 며느리가 베를 짜는 소리를 듣고 문득 무엇인가가 떠올랐고, 그것을 다음과 같은 이야기로 설교를 하였다고 한다.

> 무릇 천지는 귀신(鬼神)이며 귀신 역시 조화니라. 그러나 귀신이라 하며 조화라 함은 다만 일기(一氣)의 소사(所使)니 어찌 사람뿐이 천주를 시(侍)하였으랴. 천지만물이 시천주(侍天主) 아님이 없나니 고로 이천식천(以天食天)은 우주의 상리(常理)니라. 그러나 여러분은 하나의 생물이라도 무고히 해하며 하나의 생명이라도 무고히 상함은 천주로서 천주를 상함이니라.[24]

---

23) 『천도교회사』, 「동학사상자료집」, 444쪽. 최동희·이경원, 『새로 쓰는 동학: 사상과 경전』, 136쪽에서 재인용.

24) 오지영, 『동학사』, 71-72쪽. 최동희·이경원, 『새로 쓰는 동학: 사상과 경전』, 131쪽에서 재인용.

이 설교는 두 가지 중요한 내용을 전하고 있다. 하나는 먹이 순환 관계를 이천식천, 즉 한울님이 한울님을 먹는다는 것으로 표현하고 있다는 점이다. 동양의 순환적 사유체계를 생존 관계에도 탁월하게 적용하고 있다고 보인다. 다른 하나는 천지가 조화를 부리는 귀신인데, 다름 아니라 기의 운행일 뿐이라고 보는 것이다. 여기서 기는 사람만 간직한 것이 아니라 천지만물도 간직하고 있으니 천지만물도 한울님으로 섬기라는 것이다. 김지하는 이것을 토대로 "사람만이 아니라 천지만물이 다 한울님을 자기 안에 모신 존재라고 동학은 가르칩니다. 천지만물이 다, 풀과 벌레, 짐승, 흙, 물, 공기, 바람까지도, 티끌까지도 다 '그 안에 한울님을 모셨다.'"고 전한다.25) 다만 천지만물의 변화하는 외면과 더불어 그 내면에서 생성하는 신령한 우주생명의 흐름을 함께 모셔야 한다고 보았다. 인간이 천지만물 각각을 대하는 모심은 원칙적으로 동일하다. 물론 모심의 주체인 동식물이나 기타 만물의 개성이 다르기 때문에 그 특성과 결에 따라 모심을 수행하면 된다. 이렇게 보면 동식물과 흙, 공기, 바람을 포함한 천지만물과 인간은 동일한 유형의 가치를 갖고 있다고 보인다. 하나같이 생명의 기운을 간직하고 있기 때문이다.

인간이 동료 인간을 수단이 아닌 목적으로 대우해야 하는 연유는 그가 자유와 생명, 행복추구 등의 제반 권리를 갖고 있거나 또는 그런 것과 관련된 가치를 내재적으로 고유하게 지니고 있기 때문이다. 한울님을 모시고 있다는 관점에서 평가하면, 천지만물이 인간과 평등한 권리(equal rights)를 갖고 있거나 또는 내재적 가치(intrinsic value)를 지닌 것으로 보인다. 바로 이런 연유로 인

25) 김지하, 『밥』, 54쪽.

간은 천주를 경건하게 모시고 동료 인간은 물론 천지만물에 대해서도 섬기듯이 모시고 또 그 생명을 살리듯이 대하는 것이 윤리적으로 옳은 것이 된다. 그런데 김지하에게서 이런 방식의 접근을 찾기는 어렵다. 그에게 생명운동의 핵심이 되는 실천 원리는 여전히 모심과 살림일 뿐이다. 따라서 이 두 원리는 생태윤리학의 지평으로 그대로 이전된다고 보면 된다.26) 단순화할 경우, 수운의 시천주를 중심축으로 전개된 생명 모심의 형이상학이 해월에 이르러 더 확연하게 살림의 윤리학으로 확장되었다고 보면 된다. 모심의 계기를 이어받으면서 능동적으로 살게 하는 실천상의 심화가 이루어진 것이다. 오늘날의 현대인이 생명을 죽이는 사회 구조적 행위를 자행하는 상태에서 모심과 살림의 사상이 사회를 통해 좀 더 구체화될 필요가 갈수록 증대되고 있다고 여겨진다.

4. 생명문화의 사회와 페미니즘

우주의 역사는 시작도 없고 끝도 없다. 내면으로는 무궁(無窮)한 신령이 의식과 무의식의 발전과 작용을 통해 생명의 흐름을 부단히 이어 가고, 외면으로는 한량없는 지기(至氣)가 물질의 형태로 나타나 스스로 조직화하면서 복잡화를 이루어 간다. 그런데 이 두 차원은 분리되어 진행되는 것이 아니라 서로 연계되어 전개된다. 우주 사회가 펼쳐지면서 인간 사회도 탄생했다. 그런데

---

26) 모심과 살림을 생명운동 또는 넓은 의미의 환경운동의 두 원리로 볼 수 있다. 따라서 이것을 생태윤리가 아닌 생명윤리의 실천적 원리로 보는 것이 나은 것처럼 보인다. 그런데 일반적으로 사용하는 생명윤리는 생명의료윤리의 다른 표현으로 인간의 경우에만 적용되는 것으로 간주한다. 이런 연유로 오해와 혼란을 피하기 위해서 생태윤리라는 표현을 그대로 쓰고자 한다.

오늘날의 인간 사회는 생명문화에 역행하는 방식으로 전개되고 있다. 이것에 대한 자각 역시 해월에게서 엿볼 수 있는데, 그것은 사회 전체의 방향을 제시하는 것일 뿐만 아니라 페미니즘(feminism)의 새 지평을 여는 것이기도 하다.

해월이 청주에서 한 교인의 집을 지나다가 그 집 며느리가 베를 짜고 있는 모습을 목격하고, 그 교인에게 "지금 자네 며느리가 베를 짜는 것이냐, 한울님이 베를 짜는 것이냐?"고 물었다. 아직 그 뜻을 헤아리지 못해서 답변을 못하자, 어려운 집안 살림을 감당하고자 땀을 흘리며 일하는 며느리가 한울님을 모시고 있으니, 향후 며느리 대하기를 한울님 모시듯이 하라고 가르침을 주었다고 한다. 조선시대 말기에 이 땅의 여성은 가부장적 남성 권위주의 속에서 온전한 인간으로서 대접을 받지 못했다. 더군다나 어린 나이에 시집을 와서 민며느리로 일하는 여성은 집안 살림에 보탬이 되는 단순 노동력의 제공자로 인식되면서 구박을 받기 일쑤였다. 가부장적 분위기가 짙게 드리워진 당시 사회에서 시아버지에게 며느리를 한울님 대하듯이 섬기며 살라는 것은 세상을 바꾸어 살라는 것과 다름이 없다. 여기서 우리는 동학에서 여성차별을 근본적으로 쇄신하는 페미니즘이 잉태되어 있음을 알 수 있다.27) 즉 여성을 대하는 문화가 바뀌어야 함을 요구하는데, 그 요청이 워낙 근본적인 만큼 이것은 문화 전반의 개벽이 이루어져야 함을 의미한다.

오래 전부터 중국과 우리나라에서는 주역에 의거한 세계관이 자리를 잡고 있었다. 특히 중국의 주역은 혼돈을 청산하고 질서를 여는 형태였다. 즉, 음을 억제하고 양을 돋우는 억음존양(抑陰

---

27) 김지하, 『밥』, 52-53쪽.

尊陽)의 우주론이었다. 우주에서는 변화 가운데서도 질서가 조성되는 경향이 있었고, 이것을 음악의 리듬으로 취한 것이 곧 율려(律呂)였다. 자연스럽게 율려 역시 음을 누르고 양을 들어 올리는 형세로 드러났다. 그런데 이것과 다소 다른 흐름이 우리나라에서 나타났다. 19세기 말에 김일부는 역의 체계를 바꾸는 '정역(正易)'을 주창하였는데, 이것은 양을 다스리고 음을 춤추게 하는 조양율음(調陽律陰)의 우주론이다. 따라서 음악의 화음도 달라지는데, 김일부는 이것을 여율(呂律)이라고 불렀다. 율은 양과 남성성을 뜻하는 반면, 여는 음과 여성성을 상징한다. 서양은 물론 동아시아에서도 과거부터 지금에 이르기까지 양과 남성성이 지배적이었다면, 향후에는 음과 여성성이 오히려 신명나게 부상할 필요가 있다. 자연은 물론 사회에서도 음양이 균형을 이루어야 한다. 우리 사회에서 민주화가 진행되고 페미니즘 운동이 전개되고 있다고 해도 여전히 양으로 치우쳐 있다. 좀 더 음으로 기우뚱하게 힘을 실어 줘야 균형이 잡힐 수 있다. 기우뚱한 균형이 요청되는 것이다. 이런 연유로 김지하는 주역을 거꾸로 뒤집은 정역을 소개하면서, "평등에 도달하기까지는 음이, 여자가 더 날쳐야 됩니다. 지금 날치는 시대가 왔어요. 여자가 더 날쳐야 평등이 됩니다. 그러나 조심스럽게 제대로 주장을 해야 하고, 남성들의 준비와 협조, 질서력을 얻어야 합니다."라고 언급하고 있다.[28]

　여성성은 음 그 자체라기보다 음을 대표하는 것 가운데 하나이다. 사회적 음을 대표하는 또 다른 하나는 소외(alienation)인데, 그것은 전형적으로 노동의 영역에서 발생했다. 물신을 숭배하는 자본주의에서 노동자의 노동은 가치의 왜곡으로 인해 필연적으로

---

28) 김지하, 『흰 그늘의 미학을 찾아서』(실천문학, 2005), 289쪽.

소외를 맛볼 수밖에 없다. 노동자 주권의 국가를 천명한 현존 사회주의에서도 중앙 집중적 지시체계와 관료주의로 인해 역시 노동소외가 나타났다. 생명사상의 관점에서 조망하면, "노동이란 것은 우주생명의 끝없는 창조적 활동이 인간을 통해서 나타나는 가장 거룩한 활동"으로서 "노동자는 노동을 통해서 세계와 연결되며 자연과 화해하며 생명에 일치하여 새로운 생명체를 생산해 냄으로써 자기의 세계 내 존재를 실현하는 것"이다.29) 따라서 생명문화는 노동의 창조성과 자기실현을 위해 새로운 방향을 찾아가야 한다.

생명문화 구성에서 가장 중요한 것은 생명 공동체의 건설이다. 공동체 각각의 구성원들이 유념해야 할 원리는 수운이 언급한 바처럼 떼어 낼 수 없어서 옮길 수도 없는 생명의 본성을 자각하는 데서 비롯된다. 이것이 생태계에서는 종 다양성으로 구현되고, 사회에서는 공동체 원칙의 준수로 나타난다. 사회에서 풀뿌리 민주주의와 자치, 분권화 등이 핵심 가치로 중시된다. 생명문화의 "공동체는 소규모이어야 하며, 복수 또는 단수적 내용을 가진 공동체들의 자율적이고 수평적인 네트워크에 의해 연결해야지 공동체 문제를 국가 권력이나 국가적 규모에만 연결시켜서는 안 되며, 사회주의의 민주 집중제는 생태학적 원리가 아니다."30)

공동체가 생명문화의 핵심 원리라고 해서 구성원의 자유가 침해당해서는 안 된다. 김지하는 사회 생태주의의 주창자 북친(M. Bookchin)이 펼치는 자유의 개념을 매우 고귀한 것으로 존중한다. 사회 생태주의는 아나키즘(anarchism)의 이상에 생태주의 사유를 접목시킨 진보적 견해이다. 아나키즘은 기본적으로 강제적

---

29) 김지하, 『생명』, 43-44쪽.
30) 같은 책, 63쪽.

권위가 일체 사라진 사회를 희구한다. 왜냐하면 인간의 자유는 인간을 가장 인간답게 존엄한 존재로 유지하는 덕목으로서 어떤 경우에도 다른 사회적 가치에 의해 유린될 수 없다고 보기 때문이다. 그래서 아나키즘은 자유지상주의(libertarianism)를 지향한다. 다만 이성적 인간이라면 누구나 내 자유가 소중한 만큼 다른 사람의 자유도 존중의 자세로 대하고자 한다. 그래서 공동체 아나키즘은 직접 민주주의를 실현할 수 있는 소공동체를 기본 단위로 삼고, 권한을 한시적으로 위임을 받은 소공동체 대표자가 참여하는 형태로 연맹체를 구성하며, 이것으로써 강제적 권력을 행사하는 국가가 없더라도 인간 사회를 바람직하게 꾸릴 수 있다고 본다. 북친은 이런 아나키즘 사회가 생태적 인식을 갖게 되면 자연과 상생하는 생태주의 사회로 나가는 것이 가능하다고 보았다.[31] 물론 아나키즘의 자유는 국가 권력의 비호를 요청하는 자유주의의 자유보다 더 근원적이다.

김지하 역시 북친이 주창한 자유의 생태주의에 공감한다. "자유는 오히려 정의에 대한 요구보다 앞서며 정의에 대한 요구의 근원"을 이룬다고 여긴다. 그러면서 동양적 방식으로 더 근원적인 여백의 자유를 염두에 둔다. 태허(太虛)는 빈 것 같지만 완전히 빈 것은 아니다. 그것은 활동하는 무로서 미지의 여백이다. 이 여백에서 인간은 이러저러한 능동적 활동을 통해 또 생명 진화의 활동을 통해 자기를 실현한다. 인간은 우주에 드리워진 여백의 자유를 바탕으로 사회적 자유를 희구한다.[32] 자유를 구가하면서 서로 연대하여 호혜적으로 사회를 구성한다. 그런 생명문화의 사

---

31) 머레이 북친, 박홍규 옮김, 『사회 생태주의란 무엇인가』(민음사, 1998), 7장.
32) 김지하, 『생명과 자치』, 225쪽.

회의 모습은 대략 이렇다.

이 사회에선 생활하는 민초들과 자연 생명이 함께 교감하고 화해하면서, 내면적 영성을 해방하는 방향에서 살아갑니다. 이 사회에서는 신성한 예감 속에서 문화를 창조하며 창조된 문화에 의해서 더 높은 질적인 삶을 살며, 모든 생물학적 삶을 거룩한 우주의 질서로 파악하여 그것을 문화적으로 성취하는 삶을 삽니다. 인간과 인간이 서로 공경하며, 땅과 대기와 식물과 동물과 일체의 질서 속에 진행하는 보이지 않는 근원적 질서의 생성을 인식하고 거기에 중심을 두어 드러난 모든 사회적 생활, 제도, 법률, 정치, 경제, 문화와 … 이러저러한 관계들을 재조정하며 새롭게 창조하는 차원 변화 속에서 그날그날의 상호 주관적 의사소통을 사용하여 자유롭게 살아갑니다. 이 사회에서의 삶은 소단위의 자치적 삶이며, 소단위와 소단위가 이중적 다중적으로 겹친 복합 공동체적 삶이며, … 소생태계에 뿌리를 둔 아기자기한 사회적 삶이며, 그 사회적 삶 안에 전 민족적, 전 문명적, 전 동북아적, 전 지구적, 전 우주적, 전 과거적, 전 미래적, 전 시간적 삶을 통합적으로 사는 삶입니다.33)

생명문화의 사회에서 인간 각자는 이웃과 더불어 공동체를 구성하여 자유를 구가하면서 살되, 이웃을 배려할 뿐만 아니라 자연에 대해서도 거룩한 우주 질서의 흐름으로 파악하여 존중하며 살아간다. 정치적으로 고대 화백(和白) 회의가 만장일치 제도를 채택한 것처럼 직접 민주주의를 가능한 한 중시하고, 경제적으로도 고대 도시 신시(神市)에서 살펴볼 수 있는 것처럼 호혜경제를 구축하여 인간과 인간, 인간과 자연, 인간과 신령 사이에 물질은 물론 성스러움도 함께 흐르고 나누는 것을 희구한다.34)

---

33) 같은 책, 194쪽.

34) 김지하, 『생명과 평화의 길』(문학과지성사, 2005), 238쪽.

5. 생명사상의 생태적 함의

김지하는 생명사상을 펼치면서 그 핵심으로 동학을 내세웠다. 그런데 동학이 동아시아와 한국의 전통사상을 배경으로 하고 있기 때문에 이것을 함께 취하되, 선별해서 수용하고 있다. 유학이 중시하는 주역의 우주 이해를 거의 전폭적으로 수용하고, 도가사상이 제시하는 무위의 원리와 자연적 기의 운행을 중시하면서, 음양의 원리에 따른 우주 질서의 변화도 받아들인다. 유학과 도가사상이 공유하는 자연관을 대체로 받아들이고 있는 셈이다. 다만 그는 동학사상에 녹아 있는 것으로서 한국 고유의 사유체계를 짙게 드러내고 있다는 점에서 매우 특징적이다. 이런 특징을 채택한 이유는 분명하다. 우리 전통의 사유 속에 생명을 존중하고 평화를 희구하는 내용이 가득 함유되어 있기 때문이다.

신라 말의 사상가 최치원은 우리에게 고유의 전통사상이 있는데 그것을 풍류(風流)라 한다고 했다. 여기에는 유학과 불교, 도가사상에서 핵심으로 드러나는 도덕적 덕목이 구비되어 있어서 우리 민족이 중국의 것을 손쉽게 수용하여 우리의 것으로 용해시킬 수 있었다고 적고 있다. 알고 보면 중국에서 진나라 시황제의 통일 이전에 조성된 유학의 형성에 우리 민족의 선조가 일정하게 영향을 미친 점이 있다. 그것이 발전해서 우리에게 풍류로 내려온 것이다. 그것이 통일신라와 고려, 조선으로 면면히 이어져 왔다. 중국에서 전래한 성리학의 영향으로 위축되기도 했지만 오히려 유학과 불교, 도가사상을 토착화하는 데 기여하기도 했다. 김지하는 주류 역사학계에서 위서로 치부하는 책을 인용하는 데 주저하지도 않는다. 그 내용에 무엇인가 감추어진 진실을 드러내고 있는데, 그것이 우리 전통사상의 흐름에 부합한다고 여겨지면 수용한다. 왜냐하면 우리 민족이 빈번하게 외적의 침입을 받아 관련 문헌, 그것도 고대에 관한 것일수록 대부분 소실되었던 탓에 민간에서 구전하는 내용도 참조할 필요가 있다고 생각하기 때문이다. 이렇게 해서 탄생한 그의 생명사상은 그 젖줄을 주로 동학에서 구하고 있다.

감추어진 질서에 신령이 있고 드러난 바깥으로는 지극한 기운이 운행하여 우주를 구성하고 있는데, 무극(無極)이 태극(太極)인만큼 서양의 기독교처럼 시작과 끝이 상정되지는 않는다. 또한 신령과 기화는 서양에서처럼 분리되어 있지 않다. 서로 일체를 이루는데, 한 실체의 양면처럼 나란히 가면서 빈번하게 교섭을 행하고 또한 서로 연계되어 있으면서 진화적 발전을 도모한다. 이런 측면에서 테야르가 진화론을 기독교에 적극 반영하고 있는 것과 흡사하다. 그러나 직선적 미래를 향해 나아가는 것이 아니라 순환적 특성을 띤다는 데서 차이가 있다. 여기에 동서의 시간관과 공간관에 대한 분명한 차이가 상존한다. 감추어진 질서 세계의 신령이 드러난 질서 세계의 지기와 합체된다고 보는 점에서 몰트만의 만유재신론의 성격을 띤다. 아니, 한울님의 초월적 성격을 배제하거나 약화시키고 있기 때문에 범신론에 가깝다. 그뿐만 아니라 태극의 음양이 어우러져서 운행하는 우주생명의 흐름에서 각 구성체가 과거와 현재, 미래를 순환적으로 잇는 과정 속에 있다고 보기 때문에 화이트헤드 및 캅의 견해에 일치하는 측면도 있다. 그러나 그 내용으로 들어가면 차이도 확연하다. 동학과 김일부 정역의 출현으로 인해 선천과 중국 주역의 시대는 종료했다고 본다. 즉 혼돈을 제압하고 질서가 팽창하는 억음존양의 코스모스의 시대를 넘어서서 음을 춤추게 하며 양을 다스리는 조양율음의 혼돈적 질서, 즉 카오스모스(chaosmos)의 시대, 후천개벽의 시대가 도래하고 있다고 보았다. 이 시대의 특징은 생명을 모시고 살리는 데 있다.

필자는 생태주의를 두 단계로 설정한 바 있다. 첫 단계는 소극적 생태주의이고 두 번째 단계는 적극적 생태주의이다. 첫 단계는 두 논제, 즉 인간과 자연의 유기적 연계성 논제와 자연의 탈도구적 가치 논제를 포함한다. 두 번째 단계는 첫 단계를 포함하면서 추가로 두 가지 논제, 즉 사회의 생태적 한계성 논제와 이념 구체화 프로그램 논제를 수용한다. 이제 김지하의 생명사상이 생태주의와 어떻게 연결될 수 있는지에 대해 평가를 해보자.

김지하 생명사상은 앞서 살펴본 바와 같이 동아시아와 한국에 특징적인 우주관을 드러내고 있기 때문에 인간과 자연의 유기적 연계성 논제를 수용하고 있다. 자연을 조망하는 시각이 이와 같기 때문에 현대인이 직면한 문제가 "보편적인 세계문제, 나아가 우주 전체의 생명계적인 문제"와 항상 연결되어 있으므로 이것을 "유기적으로 결합되어 있는 총체적인 문제로 파악하지 않으면 작은 문제 하나도 옳게 해결하지 못한다."고 보고 있다.35)

자연의 탈도구적 가치 논제에 대해서는 어떠한가? 사실 김지하 생명사상에서 자연의 권리나 구체적인 가치 개념을 찾기는 어렵다. 가치 개념은 조금 다르지만, 권리 개념의 경우 그것은 명확하게 방법론적 개체론(individualism)의 일환으로 탄생한 것이다. 개체론은 우주나 사회를 이해할 때 그것을 구성하는 부분, 즉 더 이상 나눌 수 없는 요소를 추적하여 그것의 성질을 파악하고 이것을 합하는 것으로 전체인 우주나 사회를 온전히 이해할 수 있다고 본다. 이런 방법에 따라 자연과학은 우주를 구성하는 기본 단

---

35) 김지하, 『밥』, 25쪽.

위로 원자와 소립자, 쿼크를 찾아 내려갔다. 마찬가지로 사회를 구성하는 단위로 인간 개인을 추적하여 개인의 자유가 가장 우선적으로 향유되는 개인주의와 자유주의 사회가 바람직하다고 여기는 사조가 탄생했다. 이때 사회의 요소를 이루는 개인들이 공동체를 도덕적으로 건강하게 유지하기 위해 규범체계를 설정하는데, 이 과정에서 분별된 것이 개인의 권리 개념이다. 이렇게 권리가 설정되면, 그 짝으로 인간의 의무나 책임이 주어진다.

반면 생태주의는 개체론이 아닌 전체론(holism)의 시각으로 자연과 사회를 조망한다. 전체론은 우주나 사회와 같은 전체가 부분들의 단순한 합 이상이라고 여긴다. 이 시각은 전체를 이루는 부분들의 관계성을 중시하고 또 전체의 부분들이 그 이전부터 지속되는 과정 속에 놓여 있다고 판단한다. 이런 시각을 취하면 전체가 단일한 유기체 또는 생명 실체라고 여기거나 또는 구성체인 부분이 서로 유기적으로 연계되어 있고 전체는 그런 유기체가 생명을 의지하며 살아가는 장이라고 간주한다. 김지하도 방법론적 전체론의 시각으로 우주에는 무수히 많은 개체가 복잡한 연관관계를 형성하여 그물망을 이루고 있다고 본다. 이런 연유로 권리 개념에 주목하지 않은 것으로 판단된다.

다만 가치 개념은 조금 다르다. 가치는 전체론적으로 파악하는 것이 가능하기 때문이다. 일단 자연은 인간에게 도구에 불과하다는 좁은 시야를 벗어날 때, 자연이 갖고 있거나 그것에 부여되는 가치가 탈도구적 가치(non-instrumental value)이다. 이것도 한 가지로 획일화될 수 없는데, 우주자연에 그 자체로 좋은 고유한 가치가 인간과 무관하게 내재해 있다고 보면 자연은 내재적 가치 또는 고유한 가치를 갖는다고 볼 수 있다. 서양의 생태 중심주의가 대체로 이런 입장을 취하고 있다. 이와 조금 다르게 가치라는 것이 규범적 또는 미적 평가에 해당하고, 이런 평가에는 (자)의식이 수반되기 때문에 인간과의 상관관계 속에서 출현하는 것일 수밖에 없다는 입장이 있다. 다만 자연을 존중하는 시각으로 보기만 한다면, 호혜적인 관계성의 가치를 분별할 수 있다. 필자는 이런 유형의 것으로 동아시아 한국의 시각으로 본 온 가치를 제시하고 있다. 김지하의 생명사상은 보기에 따라 둘 다에 해당하는 것으로 보인다. 어느 경우든 자연의 탈도구적 가치를 승인한다. 그는 "우리가 인간을 중요시하지만 인간중심주의로 전락하는 것은 안 된다 했을 때", 그런 경우 "생명이라는 개념에서부터 인간을 재이해(새로 이해)하는 방향에서 오늘날의 전 세계적인 문명이나 문화를 비판하는 시각을 잡아야" 할 것으로 보고 있다.36) 따라서 자연의 유기적 연계성 논제와 탈도구적 가치 논제 둘 다를 전폭적으로 수용하는 김지하의 생명사상은 보편적 기준으로 평가할 때 소극적 생태주의에 해당한다.

이제 적극적 생태주의와의 관련을 살펴보자. 김지하가 동학에서 생명사상의 시원을 발견하지만, 그렇다고 해서 과거 회귀적이지는 않다. 오히려 문화의 창조적 전개에 주안점을 두는데, 그것이 생명 창달의 방향이어야 한다고 여긴다. 현재 전개되는 정보화 사회, 디지털 문명에 대해 거부감을 갖고 있지 않고, 그런 문화적 외양에 생명문화의 영성을 내적으로 담고자 한다. 생명이 본성적으로 순환성과 관계성, 다양성, 영성을 갖는데, 이런 제반 요건이 구비되거나 반영되는 것이라면 무방하다고 보고, 그런 선에서 에코 디지털 문명이 도래할 수 있다고 본다.

경제에 대해서도 복고적이지 않다. 열려 있기는 하지만 구태여

---

36) 같은 책, 18-19쪽.

농업문화의 경제로 돌아가야 한다고 생각하지 않는다. 경제가 지배하는 사회에서 생명문화의 가치가 존중되는 사회로 이행한다면, 그 안에서의 경제는 새로울 수 있다고 본다. 예컨대 독일의 생태 사회주의자(eco-socialist)는 이원 경제론을 대안으로 제시한 바 있다. 이것은 한편으로 효율을 중시하는 경제적 합리성에 따라 운영되는 광역적 시장을 두고, 다른 한편으로 자연을 고려하는 생태적 합리성에 따라 운영하는 지역의 자기 충족적 경제를 두어 양자를 병행해서 운영하자는 것이다. 이에 대해 김지하는 두 시장을 대립적 형태로 두어 충돌을 빚게 하기보다 이중적 과정으로 양자를 병행하도록 하다가 점차 중첩되면서 생태적 합리성에 따른 지역경제가 냉혹한 시장제도를 포용하고 수정하는 방향으로 이행하도록 해야 한다고 보고 있다.37) 이렇게 보면 화급하게 경제성장의 한계를 설정해야 한다든지 또는 그것을 강조하고 있는 것으로 비춰지지는 않는다. 그러나 생태 사회주의가 마르크스 사회주의의 기본 틀을 수용하는 선에서 인간 경제성장의 생태적 한계를 수용하는 입장이고 보면, 더군다나 우주영성이 숨쉬는 생명의 경제를 희구하는 김지하가 자연의 생태적 한계성 논제를 수용하리라는 것은 의심의 여지가 없다.

김지하 생명사상의 경제에 구체적 상이 제시되어 있지는 않다. 정치적 상도 구체적 수준과 거리가 있다. 이에 생명문화를 사회적으로 실현하기 위해 이념 구체화 프로그램 논제를 갖추고 있다고 말하기는 어렵다. 다만 정치제도에 대한 개략적인 상은 제시되어 있다. 한편으로 동학에 담긴 무위(無爲)의 정치를 중시하면서 인간의 삶 속에서 우주 사회적 공공성을 실현해야 한다고 여

---

37) 김지하, 『생명과 자치』, 501-502쪽.

긴다. 그것은 풀뿌리에 기반을 한 지역의 자치에서 비롯되는 것이다. 이때 민초들이 받아들여야 할 것은 생명을 모시고 살리는 문화이다. 매우 이상적이다. 그러나 농업문화로 돌아가야 한다고 보지 않는 것처럼 현실 속에서 실천이 불가능한 아나키즘의 무정부주의로 이행할 수 없다고 보고 있다.[38] 이 점에서 사회 생태주의의 북친과 갈라선다. 김지하는 과거에 자본주의와 개인주의에 대립되는 공동체주의를 선호한 바 있다. 그런데 21세기에 들어서면서 입장의 변화가 생겼다. 사회의 기본 형태로 "개체적 융합의 공동체"가 현실적이면서 바람직하다고 보고 있다.[39] 소단위 생태계에 기반을 둔 소공동체의 자치가 중요하지만, 국가는 국가대로 세계의 무역시장과 지역의 자립경제 사이에서 시장에 개입하여 조절함으로써 생명 중심의 지역사회가 안정화될 수 있도록 적극적 역할을 할 수 있어야 한다고 보고 있다. 국가가 고유하면서 필요한 역할을 수행할 수 있어야 한다고 보는 셈이다. 이상은 근원적이고 원대하지만 실천적 고민은 가까이 있음을 확인할 수 있다. 이렇게 보면 김지하의 생명사상은 소극적 생태주의 단계에서 적극적 생태주의의 단계로 이행할 수 있는 위치에 놓여 있다고 볼 수 있다.

6. 평가와 전망

김지하가 생명의 소중함을 절절하게 깨달은 것은 감옥에서 시작되었다. 1970년대 중반 무렵 독방에 수감되어 사람의 향기와 바깥세상이 그리워지면 그리워질수록 가슴은 답답해졌다고 회고

---

38) 같은 책, 398쪽.
39) 김지하, 『생명』, 63쪽; 『생명과 평화의 길』, 247쪽 참조.

하고 있다. 그 정도가 심해지면 어느 순간 벽이 다가오고 천장이 내려오는 벽면증(壁面症) 증세를 보이게 된다. 황폐화된 콘크리트 벽에 둘러싸여 고립감을 느끼던 어느 봄날 그는 쇠창살 틈으로 민들레 꽃씨가 날아들어 햇빛에 비치면서 화사하게 날아다니고 얼마 되지 않아 빗물에 패인 작은 흙먼지 홈 사이에서 풀 한 포기가 싹을 틔우고 자라기 시작하는 모습을 보았다. 이때 그는 갑작스럽게 용솟음치는 생명의 환희에 젖어 소리 죽여 울었다고 한다.40)

생명은 소중한 것이다. 생명은 인간에게 나타나는 것이든 자연에게 나타나는 것이든 귀한 것이다. 언제인지 세월을 헤아릴 수조차 없던 시기에 혼돈 속의 우주가 조금씩 질서를 찾으면서 태양계가 형성되고 지구가 나타났다. 지구상에서도 다양한 원소로 구성된 물질이 뒤섞이면서 단순 상태에서 복잡화 과정으로 이행하고 있었다. 어느덧 원자에서 시작해서 분자로 이어지더니 식물과 미생물, 동물, 그리고 인간의 탄생으로 이어졌다. 우주와 지구가 자기 조직화를 통해 복잡화로 이행하고 있었는데, 물질의 변화 과정이 일어났고 의식과 자의식의 출현도 이어졌다. 이때 인간은 물질적 신체의 특성과 자의식의 또 다른 특성을 구비하게 되었다.

그런데 현대인이 저지르는 행위를 보면, 동료 인간을 수단으로 삼아 억압과 착취를 자행할 뿐만 아니라 자연에 대해서도 수탈과 죽임을 빈번하게 자행하고 있다. 생명 죽임의 행위는 우주적 흐름에 역행하는 것이다. 인간은 새롭게 생명을 살리고 모시는 생명문화를 조성하지 않으면 안 되는 시점에 놓여 있다. 이에 김지

---

40) 김지하, 『생명과 자치』, 30-31쪽.

하는 감옥에서 절절하게 느꼈던 생명의 소중함과 그 시원의 뿌리를 동학에서 찾아, 그 진상을 드러냄으로써 생명 살림의 문화를 구축하고자 하고 있다. 이런 생명사상으로 조망할 때, 감추어진 질서 속에 감돌던 무궁한 신령은 드러난 질서의 지극한 기운으로 나타나서 인간은 물론 자연의 모든 존재에 두루 운행함으로써 생명이 살아 숨 쉬는 곳으로 만들고 있었던 것이다. 이것을 깨달으면 인간은 누구나 안팎으로 신령과 기화를 함께 모시고 있음을 알게 되는데, 이것은 천지만물에게도 마찬가지로 적용된다. 인간이 오랜 진화 과정에서 피어난 생명의 싹을 갖고 있음에 비추어 볼 때 인간 아닌 물질에도 마음과 영성이 깃들어 있고, 심지어 기계에도 같은 것이 깃들어 있다고 한다.[41] 따라서 인간은 한울님 그 자체는 물론 한울님을 제 안에 모신 인간과 천지만물도 경건함으로 대하여 모시고 살리는 일에 적극 나서는 생명문화 창달에 나서야 한다.

김지하의 생명사상은 동아시아 한국 고유의 색채를 물씬 풍기면서, 또한 지구촌 어떤 민족에 대해서도 평화의 자세로 포용할 수 있고, 더 나아가 자연에 대해서도 생명 모심과 살림으로 다가갈 수 있다는 점에서 매력적이다. 그러나 이런 웅대한 사상도 현실 속에서 뿌리를 내릴 수 있어야 진정한 가치를 갖게 된다. 이에 학술적으로 냉정한 평가를 내릴 필요가 있는데, 필자가 보기에 몇 가지 한계를 갖고 있다고 생각된다.

첫째, 김지하의 생명사상은 신령기화에 의해 운행되는 우주가 자기 조직화를 통해 진화를 창조적으로 전개하고 있음을 수용하고 있는데, 이로 인해 목적론이 빠지는 것과 흡사한 우를 범할 수

---

41) 같은 책, 53쪽, 159쪽.

있다. 테야르의 우주론적 시각에 따르면, 그리스도교는 진화론을 포용할 수 있게 된다. 그래서 우주와 지구의 진화 과정에서 먼저 대기권이 나타났고, 이어서 생물권이 등장했으며, 인간의 출현으로 인해 정신권도 발생했다. 이런 일련의 사건 전개는 진화에 따른 소산이다. 그런데 정신권의 등장은 불가피하게 생물권의 생물 종 다양성의 약화를 수반하고 있다. 테야르는 그리스도교로 하여금 진화론을 수용하는 계기를 조성하는 데 성공을 거두었을지는 몰라도 생물 다양성의 약화를 당연시하는 오류를 범하게 된다. 이것은 목적론을 전제하고 있는 데서 비롯된 것이다. 김지하 역시 동학의 내유신령과 외유기화를 그대로 수용하면서 양자의 결합에 따른 자기 조직화가 우주를 창조적 진화로 이끌었고, 그에 따라 인간은 물론 동식물과 사물에게도 물질적 특성과 영성이 함께 깃들어 있다고 보고 있다. 김지하는 외형상 목적론을 거부하고 있지만, 실제로는 그것을 전제할 때 나타나는 것들을 수용하고 있는 것으로 비춰지고 있다. 이때 현대인의 산업화에 따른 환경파괴와 생물 다양성 약화도 불가피하게 거쳐야 할 것으로 여겨진다. 대기과학자 러브록은 자신의 견해가 목적론에 빠지지 않는 것임을 논증하기 위해 일련의 데이지 행성 모형을 가설로 제시한 바 있다. 마찬가지로 종교적 색채를 띤 기화신령의 운행에 따른 진화론적 전개가 목적론에 빠지지 않음을 드러내는 적극적 논증을 제시하지 않는 한, 생명사상은 불행하게 다가오는 환경재난을 진화의 불가피한 양상으로 보는 목적론적 덫에 빠질 수 있다고 보인다.

둘째, 생명사상은 인간과 동식물, 자연적 물질(심지어 기계)에 영성이 깃들어 있다는 것을 자연스럽게 수용하고 있는데, 이때 범주 오류(category mistake)에 빠질 수 있는 소지가 다분하다. 예컨대 산소와 수소의 일정한 결합으로 인해 물 분자가 형성되는데, 이때 하위 단위에서 나타나는 산소의 성질을 그 상위 단위인 물의 성질에 귀속시키거나 그 역을 주장할 때 범하게 되는 것이 범주 오류이다. 화이트헤드나 캅과 같은 과정철학자는 우주의 존재론적 단위로 사건을 설정하고 있으므로 사건이 물질적 및 정신적 특성을 함께 가지고 있다고 말하는 것이 오류로 지적되지는 않는다. 김지하는 사건 존재론을 개진하고 있지는 않다. 내유신령과 외유기화가 함께 운행함으로써 비와 바람, 암석 등이 생성되고 진화 과정에서 동식물과 인간도 탄생했다. 신령기화의 한 특성인 정신과 영성이 일부 구성원, 예컨대 동물과 인간에게 나타날 수 있다. 이때 조화자인 신령기화나 그 구성원인 인간이 정신과 영혼을 가지고 있다고 해서 다른 구성원인 바위나 바람에도 같은 것이 깃들어 있다고 본다면, 그것은 범주 오류를 범하는 것으로 여겨진다.

셋째, 생명사상이 그토록 중시하는 방법론으로서의 불연기연론은 대단히 애매모호하다. 수운의 불연기연에 대한 언급을 보면, 한계를 지닌 인간에게 보이는 세상의 현상은 기연이고 감추어진 세상의 이치는 불연이다. 이런 한계에서 벗어나려면, 동학의 한울님의 조화를 깨닫고 받아들일 때 감추어진 세상의 불연도 기연임을 알 수 있게 된다는 취지로 언급하고 있다. 그런데 김지하는 그 행간에 담긴 의미를 적극 발전시켜서 깨달음의 방법론으로 제시하고 있다. 곳곳에서 발견할 수 있는 것이지만 창의적 발상이 놀랍게 번뜩인다. 다만 그 방법의 구체적 성격이 드러나야 방법론으로 유용할 수 있다. 예컨대 현대 사상가 포퍼(K. Popper)는 진리에 다가가는 방법으로 시행착오법(method of trial and error)을 제시한 바 있다. 이것은 문제를 해결하는 가설을 제시해서 시행하고 그것이 오류임을 드러내는 반대 증명 사례가 나타날 때 폐기하는 반면, 오류를 드러내려는 진지한 반박 노력에도 불구하고 반증이 되지 않을 경우에 그 가설을 참으로 받아들이는 방법이다.42) 물론 이것은 가장 선명하게 나타나는 경험주의자의 방법을 예로 든 것이기 때문에, 형이상학의 지평에서도 이와 같이 눈에 보이는 방법에만 집착할 이유는 없다. 하지만 변증법(dialectic)은 헤겔(G. W. F. Hegel)에서 보듯이 경험적 지평을 넘어서서 정반합(正反合)에 따른 나름대로의 일정한 규칙체계를 갖고 있다. 어쨌든 일정한 체계를 구비하고 있어야 하는데, 김지하의 불연기연론은 그 방법론적 규칙이 제시되어 있지 않다. 다만 원효의 화쟁 방법과 비슷한 성격의 것으로 볼 수 있다. 이때 화쟁은 득도 수준에 오른 원효와 같은 고승이 행할 수 있는 것이다. 화쟁이든 불연기연론이든 일반인도 구사할 정도의 규칙으로 제시되지 않는다면 자칫 그때그때의 영감이나 시류에 따라 부채가 기우는 점방 부채도사의 방법에 머무를 수 있다.

넷째, 김지하의 생명사상은 웅장하면서 심오한 사유를 품고 있는데, 그런 스케일에 비례해서 실천성이 떨어질 수 있다. 시작도 한계도 없는 신령기화의 운행으로 우주가 펼쳐졌고, 그로 인해 인간과 천지만물에 한울님이 깃들어 있다. 이에 오늘의 인간이 안에 모신 한울님을 모시고 섬기듯이 사회와 자연에 다가가야 한다. 현대사회의 야만성에 비추어 보면, 김지하의 생명사상은 지당하고 옳은 얘기를 펼쳐 내고 있다. 그러나 이런 웅장한 우주사적 이야기는 구체적 실천 단계에서는 매우 추상적일 수 있다. 포퍼의 말을 전적으로 수용할 것까지는 없지만, 다소 귀를 기울일 필

---

42) Karl R. Popper, *Conjectures and Refutations*(New York: Harper & Row, 1965), pp.312-314.

요는 있다. 그는 어떤 사상이나 가설도 검증이나 반증할 수 있는 여지가 높게 제시될수록 현실적으로 유의미한 반면, 반증할 수 없는 이론은 고상한 것일 수는 있어도 현실적으로 의미가 약하거나 없다고 한다. 추상성이 높은 사상일수록 깊은 통찰을 담고 있을 수는 있어도 실천적 의미는 매우 약하다는 것이다. 물론 경험적 지평에서 통용되는 말이다. 우리는 어찌 되었든 정신적 영역 이외에도 경험의 영역에 함께 머물러 있다. 그렇다면 심오한 깨달음이 현실에서도 의미가 있게 쓸모 있도록 구체화하는 절차를 밟아야 할 것이다.

김지하 생명사상은 다소간의 한계를 보이고 있음에도 불구하고 그 한계를 넘어서는 번뜩이는 예지가 때때로 나타나고 있다. 한 가지 사례를 들어서 생태 중심성을 표방하는 심층 생태주의와 비교해서 살펴보자. 심층 생태주의는 인간과 자연적 존재가 하나의 지구로 이어져 있다는 자각을 통해 생명 중심적 평등(biocentric equality)을 핵심 규범으로 주창하고 있다. 인간이 목적으로 대우를 받을 내재적 가치를 지니는 것처럼 자연과 동식물 종이 같은 본래적 가치를 갖고 있다고 한다. 이때 실천적으로 문제가 되는 것은 인간이 목적으로 간주해야 할 동식물을 먹이로 하지 않을 수 없다는 데 있다. 이에 심층 생태주의는 여덟 개의 실천 강령의 하나로서 "인간은 자신들의 생기적 필요를 만족시킬 때를 제외하고 생명 형태의 풍부함과 다양성을 감소시킬 어떤 권리도 갖고 있지 않다."고 천명하고 있다.43) 여기서 이 입장은 실천에 있어서 생물권 평등주의라는 자신들의 원칙에서 벗어날 수밖에 없음을 고민하면서 '제외하고'란 사족을 달고 있는 것이다. 즉, 결정적으

---

43) B. Devall & G. Sessions, *Deep Ecology*(Salt Lake City: Gibbs Smith, 1985), p.70.

로 중요한 예외를 두고 있는 것인데, 예외가 설정되지 않는 것일수록 이론과 실천 사이의 간격은 없다.

　김지하 생명사상도 심층 생태주의와 유사한 문제에 봉착할 수 있다. 천지만물이 한울님을 모시고 있다는 것을 상징으로 표현하는 것이 아니라 실제로 볼 경우, 심층 생태주의와 동일한 유형의 문제에 맞닥뜨리게 된다. 인간인 내가 한울님을 모시고 있는 것처럼, 천지만물도 동일한 한울님을 모시고 있기 때문이다. 서로 간에 차이가 없다. 그런데 여기서 김지하는 해월의 견해를 탁월한 경지로 발전시켜 용해함으로써 문제 상황을 돌파하고 있다. 인간이 동식물의 생명을 취하는 형태로 밥을 먹는 것을 한울님이 한울님을 먹는다고 전할 뿐만 아니라, 그것에 추가적인 의미 부여를 통해 생물 종의 다양성을 온전하게 지킬 수 있음을 적시하고 있다. 즉 "모든 생명체는 그 성장과정에서 자기의 종을 유지·발전시키고 유지·보존할 수 있는 종자를, 씨앗을 생산해 내며 그 씨앗을 중심으로 해서 수많은 여백을 창출합니다. … 타 생명체는 바로 이 생명체의 씨앗이 아니라 바로 그 여백에 관여하는 생명적 접촉 활동을 통해서 노동을 하는 것이며, 그 노동을 통해서 그 여백을 자기 먹이로서 획득하게 되는 것입니다."44) 생명 평등의 끈을 놓지 않으면서 여백의 생산 활동을 설정함으로써 자연의 먹이사슬 관계를 극적으로 표현하고 있다.

　김지하 생명사상은 다소간의 한계를 보이고 있다 하더라도 전반적으로 평가하면 소극적 생태주의의 반열에서 적극적 생태주의의 논제를 끌어안는 형세로 나아가고 있다. 인간과 자연의 유기적 연계성 논제와 자연의 탈도구적 가치 논제를 갖고 있으면서

---

44) 김지하, 『밥』, 55쪽.

생태적 한계성 논제도 수용하고 있다. 다만 이념 구체화 프로그램 논제를 구비하고 있지는 않지만, 그런 단계로 이행할 수 있는 선언적 시사와 대략적 상은 정치에서 경제, 사회, 문화, 예술, 과학에 이르기까지 망라하고 있다. 따라서 김지하의 생명사상은 현실 속에서 실천적 대안으로 가동될 수 있도록 일련의 체계적 작업을 구체적으로 진행한다면, 한국적 색채를 짙게 드리우고 있으면서 한국에서 태동한 사상이 새로운 생태사회를 여는 데 영성적으로 그리고 실천적으로 큰 기여를 할 수 있을 것으로 전망된다.

5 장 장회익의 온생명론

1. 지구를 바라보는 새로운 시각

현재 고조되고 있는 환경위기는 서양의 문명이 지구촌 전역으로 확산되면서 나타난 현상이다. 직접적 원인으로 물질과 자본을 중시하거나 숭배하는 산업문명과 자본주의의 체제와 생활양식이 지목된다. 근원적 원인도 다각도로 규명되고 있지만, 유력한 견해 가운데 하나는 문제가 서양의 이원론적 세계관과 가치관에서 비롯되었다는 것이다. 가장 빈번하게 거론되는 것으로 서양에서 주류를 이룬 종교인 기독교가 자연 지배적 세계관을 정당화한다는 점이다. 중세를 거치면서 그리스의 플라톤(Platon)과 중세의 아우구스티누스(St. Augustinus)의 이원론(dualism) 사상이 교리적 색채에 더욱 짙게 배면서 인간 중심의 세계관이 견고하게 확립되었다. 피조 세계인 우주자연은 초월자 유일신에 의해 창조되었고, 신의 은총을 입어 이성을 갖고 태어난 인간은 물질에 불과한 자연을 정복하여 인간 세계를 구축해야 하는 것으로 설정되었다.

세월이 흘러 서양의 주류 신관과 자연관에 도전하는 견해가 서양 일각에서 나타나기 시작했다. 그런 견해를 제기한 사람들 가운데 생태주의 진영에서 비교적 중요하게 거론되는 학자로는 스피노자(B. Spinoza)와 테야르 드 샤르댕(Teilhard de Chardin), 러브록(J. E. Lovelock) 등을 들 수 있다.

유대계 가문에서 태어난 근대 사상가 스피노자는 대륙의 합리론 철학자였다. 그에 앞선 철학자 데카르트(R. Descartes)는 신체를 구성하고 있는 물질이 부피와 질량, 운동량, 속도 등을 갖는 물리적 연장성을 속성으로 하는 반면, 인간이 구비한 정신(mind)은 사유와 지각, 믿음 등을 속성으로 하기 때문에 양자는 서로 별개의 실체(substance)라고 주장했다. 정신과 물질의 이원론을 주창한 것이다. 반면 스피노자는 실체가 "자신 안에 있으면서 자신에 의해 생각되는 것"이므로 "그것의 개념을 형성하기 위하여 다른 것의 개념을 필요로 하지 않는 것이다."라고 그만의 독특한 정의를 내렸다.[1]

스피노자는 또한 신에 대해서 절대적으로 무한하여 한계가 없으며 그 무엇에 의해서도 제약을 받을 수 없는 존재라고 규정했다. 이때 신 바깥에 한계를 지닌 피조물과 인간이 있을 경우, 그런 사태는 신에게 이러저러한 형태로 각종 제약을 주게 된다. 이것은 한계를 지니지 않으며 무한하다고 간주되는 신의 개념 규정에 위배된다. 스피노자는 불합리성에 빠지지 않으려면 "신 이외에는 어떠한 실체도 존재할 수 없으며 또한 파악될 수 없다."고 강조하면서, "존재하는 모든 것은 신 안에 있으며, 신 없이는 아무것도 존재할 수도 또 파악될 수도 없다."고 하였다.[2] 신은 모든

---

1) 스피노자, 강영계 옮김, 『에티카』(서광사, 2007), 제1부 정의 3.
2) 같은 책, 제1부 정리 14, 정리 15.

것을 품고 있는 자연과 동일한 것이다. 이렇게 해서 그의 견해는 범신론(pantheism)으로 알려지게 되었다. 이런 입장에 설 경우, 데카르트가 설정한 정신의 사유 속성과 물질의 연장성은 신이란 한 실체 속에 나타난 두 속성으로 간주될 뿐이다. 이원론이 일원론(monism)으로 귀결된다.3) 물론 신의 일부에 속하는 인간이 정신과 물질의 두 속성을 지니는 것처럼, 인간 이외의 자연도 인간의 그것에 상응하듯이 물질과 정신적인 어떤 무엇을 지니는 것으로 비춰진다.

스피노자가 합리론의 지평에서 새로운 형이상학을 주장하고, 그럼으로써 서구 전통의 기독교 신관과 전혀 다른 견해를 내놓았다면, 그리스도교 예수회 신부로서 지질학과 고생물학을 탐구한 자연과학자 테야르는 20세기 초중반 무렵 기존의 교리에 우주론적 해석을 과감하게 입히는 견해를 제시했다. 그는 예수가 이 땅에 오셨다가 십자가에서 돌아가신 사건이 단지 인간의 구원에 그치는 것이 아니라 자연에 대한 구제까지 포함하는 우주사적 비전을 담고 있다고 보았다.

테야르에게 우주자연은 연속성을 띠는 조직 체계 안에서 원자의 단계에서 행성의 단계로 향상되는 총체적 체계인데, 이런 복잡화를 거치는 상승은 또한 오메가 포인트(Omega Point)라고 일컬어지는 궁극적 지향점, 즉 인간 집단으로 인해 의식의 통일을 향해 나아가는, 따라서 도덕적이면서 영성적인 상승이기도 했다.4) 그는 무엇보다도 과학적 진화론과 그리스도교의 가르침을

---

3) 스피노자 철학이 갖는 생태적 의미에 대해서는 다음을 참조할 것. 한면희, 「스피노자와 생태주의」, 『니체와 생태주의적 자연관』(2009년도 한국니체학회·한국환경철학회 봄철 공동학술대회 자료집), 19-27쪽.
4) R. R. Ruether, *Gaia & God: An Ecofeminist Theology of Earth Healing*

양립시키려고 했는데, 이것은 인간이 고유하게 지닌 의식(con-sciousness)의 출현을 진화론에 통합시키는 것이었다. 우주에서 먼저 진행된 것은 단순한 것에서 복잡한 것으로 진화하는 물질적 과정이었다. 테야르는 이것에 뒤이어서 미래에 행성의 진화 방향을 제어할 수 있는 집합적인 인간 의식의 출현이 다음 진화를 이어 간다고 여겼고, 그 결과 지구 행성은 암석권과 대기권, 생물권 등을 이어 가면서 마침내 정신권(noosphere)의 출현까지 보게 되었다는 것이다.5)

지구 그 자체를 생명 실체, 즉 거대한 유기체로 간주하는 탁월한 과학자가 20세기 중후반에 나타났는데, 대기과학자로 명성이 높은 러브록이다. 그는 1979년에 『가이아(Gaia)』를 발표하고 뒤이어 1988년에 『가이아의 시대(The Ages of Gaia)』를 출간하는데, 각 저술의 서문에서 가이아 가설에 대해 비판적인 과학계를 의식하면서 "이단적 견해를 부정하는 것은 종교 집단이 아니라 과학자 집단이 되어 버린 세상이 되었다."거나 "자기만의 아집에 빠져서 헤어날 줄 모르는 것은 기독교가 아니라 과학계가 되고 말았다."고 한탄하였다.6) 그의 접근은 기본적으로 과학적이다. 대략 46억 년 전에 탄생한 지구의 대기는 오늘날과 많이 달랐다. 대기를 비롯한 여건의 변화 속에서 미생물이 탄생했고, 또 그것들은 무생명계와 상호작용을 하면서 더 많은 생명체를 출현시켰다. 그는 기본적으로 과학에 목적론이 개입되면 객관적 과학으로

(New York: Haper San Francisco, 1992), pp.242-243.

5) R. Serafin, "Noosphere, Gaia, and the Science of the Biosphere", *Environmental Ethics* 10(1988), p.126.

6) 제임스 러브록, 홍욱희 옮김, 『가이아』(범양사, 1990), 8쪽; 『가이아의 시대』(범양사, 1992), 22쪽.

서의 지위를 잃게 된다는 과학계 일반의 신념을 당연한 것으로 수용했다. 의식을 지닌 인간은 목적을 설정하고 그에 따라 행위를 수행한다. 기독교 신학도 피조물인 지구가 특정 목적을 갖고 있다고 보았으며, 철학자 아리스토텔레스(Aristoteles) 역시 인간이든 자연이든 특정 목적을 지향한다고 여겼다. 그러나 과학은 우주자연에서 그것을 창조한 신을 설정하지 않는 한 특정 목적을 가질 수 없다고 여겼다. 러브록도 이런 견해에 의견을 같이했다.

다만 러브록은 지구의 운행에 목적이 설정되지 않더라도 지구가 생명체가 살기 좋도록 조성되는 방향으로 이행하고 있음을 드러내고자 했다. 그는 컴퓨터 모의실험을 통해 그 경로를 자세히 밝혔다. 예컨대 원시 지구에 국화과에 속하는 데이지(daisy) 종, 즉 옅은 색과 짙은 색의 두 종류만 있었다고 가정한다. 초기에는 태양도 탄생한 지 얼마 되지 않기 때문에 빛의 밝기가 약했고, 그에 따라 지구의 기온은 낮았을 것이다. 이때 알베도 효과로 인해 생존에 유리한 것은 짙은 색의 데이지였다. 빛을 흡수하는 성향이 있는 짙은 색의 데이지는 영역을 점차 넓혀 가는 반면, 옅은 색의 데이지는 적도 인근으로 쫓겨 가게 된다. 그런데 짙은 색의 종이 너무 많이 분포하면, 대기 중에 빛을 많이 끌어안게 되어 지구 행성의 평균 날씨가 너무 덥게 되고 어느 순간 짙은 색 데이지는 씨앗을 맺지 못하는 상황에 직면하게 된다. 물론 태양도 시간의 추이 속에 오늘날과 같은 빛의 강도를 갖는 변화를 보이게 된다. 바로 이런 여건에서 생존에 유리한 것은 빛을 반사하는 옅은 색의 종이다. 적도로 쫓겨 갔던 옅은 색의 데이지는 극지방을 향해 번성할 것이다. 일정한 정도에 이르면 빛의 반사량이 늘어 행성의 온도가 너무 내려가는 지경에 이를 것이다. 이때는 사태가 또다시 역전될 것이다. 이렇게 지구가 서로 다르거나 대비되는 두 생물 종만 포함하고 있어도 그런 것들이 변화하는 물리적 환경과 상호작용을 하면서 생명체가 살기 알맞은 여건이 조성된다는 것이다. 그는 녹색식물과 더불어 초식동물 토끼와 육식동물 여우의 두 종을 추가하여 실험을 한 결과, 대기와 해양, 지각 등 제반 변화에도 불구하고 더욱 탄력적으로 지구상의 생물 종이 서로 맞물리면서 물리적 환경과 반응하여 생명체가 살기 좋은 안정적 상태를 구현한다는 것을 드러내었다.7) 본래 동물은 추울 때는 피부가 오그라들어 열 손실을 최소화하고 더울 때는 피부를 확장하여 열을 방출하는 형태로 일정한 생리적 상태를 유지하는 항상성(homeostasis)을 갖고 있다. 식물도 마찬가지다. 러브록은 이와 같이 지구에 어떤 목적도 설정되어 있지 않았지만, 생물권은 시행착오를 통해 주위 환경을 조절할 수 있는 방법을 익히고 점차 미세 조절을 통해 생물의 최적 성장에 요구되는 온도를 안정적으로 유지하게 됨으로써 항상성을 갖게 되었다고 한다. 따라서 "지구는 살아 있는 존재," 즉 생명 실체라는 것이다.8)

러브록은 미국 우주항공국(NASA)의 지원을 받아 대기과학에 대한 연구를 수행하면서 문득 지구가 그리스 여신인 가이아 생명체라는 깨달음을 얻었고, 그것을 지구 생리학의 차원에서 발표한 것이었다. 마침 1970년대 이후는 환경문제가 날로 심각해져 가면서 인간이 살고 있는 지구 행성을 구하자는 운동이 전개될 무렵이었던 연유로, 지구를 생명체 또는 여신으로 파악하는 러브록의 견해가 환경운동과 페미니즘 진영에서 전폭적으로 환영을 받았다. 한편, 한국에서도 지구 더하기 항성을 생명의 실체로 간주하는 견해가 매우 독창적으로 전개되었는데, 이 입장 역시 환경보

---

7) 제임스 러브록, 『가이아의 시대』, 89-107쪽 참조.
8) 제임스 러브록, 『가이아』, 53쪽; 『가이아의 시대』, 71쪽.

전과 긴밀하게 연결되어 있다는 점에서 주목할 만한 것이다. 그
것은 다름 아니라 서울대학교 물리학과 교수와 녹색대학 초대 총
장을 역임한 자연과학자 장회익이 주창한 온생명론이다. 이 견해
는 앞서 간략히 살펴본 스피노자와 테야르, 그리고 러브록의 견
해와 일정하게 연결되고, 무엇보다도 현대 한국의 생명사상을 형
성하는 주요 흐름 가운데 한 축을 담당하고 있다는 점에서 그 특
징을 자세히 살펴볼 필요가 있다.

2. 생명에 대한 과학적 이해

장회익은 물리학자로서 생명에 대한 전통적 정의가 한계를 지
니고 있고, 더 나아가 접근 방식 자체가 개체론적이라는 데 문제
가 있음을 인식한다. 그러면서 생명을 바라보는 새로운 시각을
전개하면서 마침내 지구-태양을 근원적인 생명 실체, 즉 '온생명
(global life)'으로 규정한다. 이 개념이 처음 도입된 것은 1988년
이다. 그는 국제 과학철학 학술회의에서 영어로 발표한 논문을
같은 해 학술지 『철학연구』에 번역하여 게재하면서 '세계생명'이
란 어휘를 채택하여 생명의 근원적 실체를 나타냈고, 이후 '우주
적 생명'으로 일컫기도 했으나, 1992년부터 새 용어인 '온생명'이
라는 표현을 일관되게 사용하고 있다. 그 이후 오늘날 그의 이론
은 온생명론으로 일컬어지게 되었다.

생명에 대한 전통적인 설명은 어떻게 이루어져 있는가? 장회익
은 우선 브리태니커 백과사전이 소개하고 있는 생명에 대한 정의
를 검토하고, 그것이 갖는 문제점을 일일이 거론한다.[9] 다섯 가

---

9) 장회익, 『삶과 온생명』(솔, 1998), 168-172쪽 참조.

지가 소개되고 있는데, 생리적 정의와 대사적 정의, 유전적 정의, 생화학적 정의, 그리고 열역학적 정의가 그것이다. 앞의 세 가지는·생물학적 정의의 범주에 속하고, 뒤의 두 가지는 물리화학적 정의의 범주에 포함된다.

먼저 생리적 정의를 살펴보자. 이것은 생리적 측면에서 나타나는 특징적 모습을 나열하는 방식이다. 즉 호흡하고 신진대사를 하는데, 영양물질을 섭취하고 배설하며, 움직이고 자라며 외부 자극에 일정한 반응을 하는 것을 생명체라고 규정한다. 일반 상식에 비추어 유기체의 주요 특성을 생리적으로 나열한 방식을 채택하고 있으므로, 생명의 본질을 제대로 드러내지 못하고 있다.

두 번째의 대사적 정의는 생명체가 갖고 있는 신진대사 기능을 가장 본질적인 것으로 취한다. 생명체라는 것은 다른 것과 구분되는 특정의 경계를 갖고 있는 체계로서 일정한 기간 동안 내적인 상태에 큰 변화 없이 외부와 끊임없이 물질 교환을 수행하는 존재로 규정된다. 이런 애매한 정의에 따르면, 한편으로 식물의 씨나 박테리아 포자는 상당한 기간 동안 대사 작용을 하지 않기 때문에 자칫 생명체의 범주에서 제외될 가능성이 있고, 또 다른 한편으로 촛불과 같은 것이 이 정의에 해당하는 모습으로 비춰지기 때문에 생명체로 분류될 수 있다.

세 번째는 유전적 정의이다. 이것은 생명이 갖는 본질적 특성으로 한 개체가 자신을 유전적으로 닮은 또 하나 이상의 개체를 만들어 내는 것, 즉 생식(reproduction) 작용을 하는 것을 내세운다. 이 정의는 다윈(C. Darwin)이 언급한 자연선택에 따른 생물 진화와 직결된다. 일반적으로 생명체로 간주되는 모든 것은 과다하게 자손을 생산한다. 과다하게 배출된 생명체들은 제한된 자원을 놓고 생존경쟁을 벌이고 또 생명체 집단 안에서 자연적인 변이가 나타나는데, 자연은 생존과 번식이 가능한 개체를 선택한다. 이렇게 자연에서 선택이 이루어지고, 그에 따라 종이 유지된다. 유전적 정의는 자연선택에 따라 종이 유지되는 데 핵심인 생식 작용을 하는 것을 생명체로 간주한다. 그러나 이 경우에도 문제가 없는 것은 아니다. 노새 또는 꿀벌 집단 속의 일벌은 생식 작용을 하지 못하지만, 우리는 그것을 생명체로 간주한다는 점에서 유전적 정의도 다소 한계가 있다.

네 번째는 생화학적 정의이다. 이것은 생명 현상을 물리화학적으로 관찰하면 두 가지 두드러진 특징을 보이는 데서 착안했다. 하나는 유전적 정보를 갖고 있는 핵산 분자, 즉 DNA 분자가 있고, 다른 하나는 내부에서 화학적 반응을 조절하는 효소 분자, 즉 단백질 분자가 있다. 생화학적 정의는 어떤 무엇이 DNA 분자와 단백질 분자를 함유하고 있을 경우, 생명체로 간주한다. 그런데 이 경우에도, 이 정의에 해당되지 않지만 생명체로 인정할 수 있는 사례가 있다. 예컨대 스크라피(scrapie) 병원균은 스스로 어떤 핵산도 분자도 지니고 있지 않지만 숙주의 핵산 분자를 교묘하게 이용하여 생존하고 번식을 이어 간다.

다섯 번째는 열역학적 정의이다. 이것은 물리학적으로 생명에 접근하는 방식을 취하고 있는데, 주된 초점은 태양에서 분출하는 에너지, 즉 자유롭게 공급되는 에너지를 활용하여 지구상의 동식물들이 생존을 하고 있다는 데서 착안을 하고 있다. 지구상의 녹색식물은 태양에서 오는 이용 가능한 에너지, 즉 자유에너지(free energy)를 취하여 잎과 뿌리에서 흡수한 이산화탄소와 물을 결합시킴으로써 포도당과 산소, 물을 만들어 낸다. 이렇게 광합성 작용에 의해 형성된 산소와 포도당은 이것을 필요로 하는 존재에게 전달되고, 일련의 먹이 연쇄에 의해 지구상의 모든 생명체가 생존을 하게 된다. 자연에는 셀 수 없을 정도로 생물 다양성(biological diversity)이 구현되어 있기 때문에 생물학의 순수 법칙은 없다고 보아야 한다. 다만 생물도 물리화학적으로 상호작용을 하는 물질로 구성되어 있기 때문에 물리학 및 화학의 법칙이 생물체에게도 적용된다. 이때 적용되는 법칙 가운데 중요한 것이 열역학 법칙이다. 이것은 두 법칙으로 구성된다. 제1법칙은 에너지 보존의 법칙이다. 닫힌 계(system)에서 에너지는 새롭게 창출되지도 않고 없는 것으로 소멸되지도 않으므로, 에너지 총량은 일정하게 보존된다. 제2법칙은 엔트로피(entropy) 법칙이다. 이것은 에너지가 쓸모 있는 에너지에서 쓸모가 없는 에너지로 변모한다는 것을 말한다. 즉 질서가 있는 상태에서 무질서한 상태로 변모한다는 뜻이다. 이때 무질서의 정도를 엔트로피로 표현하고 있으므로, 우주에서는 엔트로피가 점차 높아 간다. 지구에 사는 인간을 비롯한 생명체는 생존을 위해 엔트로피를 낮추는, 즉 질서의 정도를 높이는 방향으로 진행해야 한다. 그런데 이것이 가능한 것은 태양 빛의 발산 기간이 향후 1백억 년 정도이기 때문에, 이 빛을 받는 한 지구상의 생명체는 생존하는 데 지장을 받지 않게 된다. 이런 이해를 바탕으로 생명에 대한 열역학적 정의를 살펴보면, 생명체는 자유에너지의 출입이 가능한 하나의 열린 체계로서 특정 물리적 조건에 의해 낮은 엔트로피, 즉 높은 질서를 지속적으로 유지하는 속성을 지닌 존재이다. 그런데 이런 접근에도 다소간의 애매성이 있다는 데서 문제를 찾을 수 있다. 높은 질서의 지속적 유지를 어떻게 해석하느냐에 따라 생명체로 볼 수 없는 것을 생명으로 규정하는 것이 가능하다는 점이다. 예컨대 러브록이 주장한 데서 확인할 수 있듯이 지구의 전반적 기후 체계는 이런 기능을 갖고 있고 또 냉장고도 그런 기능을 일정하게 갖고 있다고 보인다.

생명에 대한 기존의 정의 하나하나는 아직 완결된 형태를 취하지 못하고 있다. 그래서 생물학계에서는 대체로 생명체에 대한 정의로 다음의 여섯 가지의 특성을 분별하여 함께 취하고 있다. 첫째, 생명체는 우주의 무질서화에 반하여 질서를 유지하려는 방식으로 조직화되어 있다. 둘째, 생명체는 환경으로부터 물질과 에너지를 얻어서 생명을 유지한다. 셋째, 생명체는 자기의 화학정보인 DNA를 자손에게 전하는 방식으로 번식한다. 넷째, 생명체는 환경에 반응하는 형태로 생존을 이어 간다. 다섯째, 생명체는 환경의 변화에 맞춰 적응한다. 여섯째, 생명체는 감각과 반응을 통하여 물리적이고 화학적으로 일정한 상태를 안정적으로 유지하는 항상성을 지향하는 경향이 있다. 물론 생물학계 역시 이렇게 내린 "생명의 정의란 불완전한 것임을 인정해야 한다."고 밝히고 있다.10)

장회익은 기존의 생물학적 정의가 불완전하다는 점에 비추어 새로운 접근을 시도하였다. 1988년에 첫 번째 시도가 이루어졌다. 양자물리학자 슈뢰딩거(E. Schrödinger)는 1944년에 출간한 저술 『생명이란 무엇인가(What is Life?)』에서 생명의 본질을 나타내는 두 가지 핵심 개념을 도입한 바 있다. 하나는 부호기록(code-script)이고 다른 하나는 부 엔트로피(negative entropy)이다. 첫째는 염색체 안에 부호기록이 있어야 장차 이것이 검은 장닭이 될지 아니면 점박이 암탉이 될지를 판별할 수 있게 된다는 것이다. 이후 학문의 발전에 비추어 보면, 부호기록은 핵산염기 배열을 지닌 DNA 분자를 지칭한 것이다. 둘째, 우주는 점차 엔트로피가

---

10) 로버트 A. 월리스 외, 이광웅 외 옮김, 『생물학: 생명의 과학』(을유문화사, 1993), 47쪽,

높아 감으로써 무질서로 이행하는데, 무엇이든 그것이 생명을 유지하려면, 일정한 기간 동안 자체적으로 질서 체계를 구비하는, 즉 엔트로피 흐름에 저항하는 부 엔트로피를 갖추어야 한다는 것이다.

장회익은 슈뢰딩거의 두 개념을 중시하면서 그것이 갖고 있는 성격을 상세히 분석하는 것으로 새로운 지평을 열기 시작했다. 첫째 개념에 대한 접근을 살펴보자. DNA 분자가 적절한 정보로서 기능을 하려면, 이 분자를 둘러싼 주변의 물리적 여건이 구비되어 있어야 한다. 문서 위에 쓰인 일련의 글자 배열은 정보를 담고 있는 작용체인데, 이것은 인간이라는 보작용자가 있어야 해독되어 그 의미가 드러나게 된다. DNA 분자는 작용체로서 기능하지만, 그것을 둘러싼 물질과 그 바깥의 환경이 조성되어 있지 않으면 존재론적 측면에서 불완전하게 된다. 장회익은 존재론적으로 생명을 온전하게 파악하려면 작용체와 더불어 보작용자가 요청된다는 점을 분명히 하고 있다.

우리는 인식을 위해 적절한 단위 개념을 사용한다. 육상 종목에서 가장 빠른 사람을 선정할 때 100m를 기본 단위로 설정하여 이 거리를 가장 빠르게 질주한 것으로 평가한다. 쇠고기 한 근의 단위는 600g이다. 이렇게 사용하는 단위는 둘로 구분할 수 있다. 하나는 단위를 설정할 때 그 바깥의 도움 없이 자체적으로 완비되는 성격의 정상적 단위(normal unit)이고, 다른 하나는 그것 바깥의 도움 없이는 제 역할을 못하는 조건부 단위(conditional unit)이다. 암소의 다리는 쇠고기로 바라보는 접근에서는 정상적 단위가 될 수 있으나, 살아 있는 소의 관점에서는 조건부 단위에 불과하다. 유전자는 유전적 차원에서 정상적 단위가 되겠지만, 생명 자체의 관점에서 바라볼 때 조건부 단위에 불과하다. 유전자를 그것에 영양을 제공하는 등의 바깥 물리적 여건과 분리시키면 생명을 이루는 제 기능을 수행하지 못하기 때문이다. 따라서 장회익은 어떤 무엇을 생명의 단위로 파악하려면, 작용체와 그 보작용자를 결합시켜야 한다고 여긴다.11)

다음으로 슈뢰딩거의 둘째 개념에 대한 장회익의 접근을 살펴보자. 열역학 제1법칙에 따르면 우주의 에너지 총량은 불변이고, 제2법칙에 의거하면 그것은 무질서를 향해 이행한다. 이때 무질서도가 엔트로피이므로 우주는 엔트로피가 높아지는 방향으로 가게 된다. 이에 어떤 무엇이 생명을 갖고 있다면, 그래서 일정한 기간 동안 나름대로 안정된 상태를 유지하고 있으려면 그것은 엔트로피 흐름에 반하는 부 엔트로피를 가져야 한다. 따라서 생명을 지닌 것으로서 유기체는 부 엔트로피를 받아들이는, 좀 더 구체화하자면 태양에서 분출하는 자유에너지를 부단히 수용해야 한다.12)

장회익은 슈뢰딩거의 두 개념에 결정적으로 중요한 한 가지 조건, 즉 완결적 자족성을 추가로 덧붙인다. 이렇게 조망했을 때, "자유에너지의 궁극적 근원을 포함하지 않은 그 어떤 포괄적 실체도 불가피하게 보작용자를 수반하는 작용체의 성격을 지니게 되며 따라서 생명의 조건부 단위 이상의 성격을 지닐 수 없게 된다."고 함으로써 전통적인 생물학적 생명체는 온전한 생명 실체일 수 없음을 드러낸다. 그렇다면 무엇이 온전한 생명인가? 이에 대해 "지구상의 자유에너지의 공급원은 태양이며 지구상의 생명은 이 자유에너지 흐름의 경로 위에서 번성하고 있다."고 전제하

---

11) 장회익, 「생명의 단위에 대한 존재론적 고찰」, 『철학연구』 제23집(1988 봄), 93-94쪽.
12) 같은 글, 94쪽.

면서, "외부로부터 자유에너지를 비롯한 그 어떤 필수 요소들의 공급을 요하지 않는 정상적인 생명의 단위는 적어도 태양과 같은 자유에너지 공급원을 자체 내에 포함하는 별-행성계(star-planet system)를 이루어야 한다."고 규정하고 있다. 그러면서 "생명의 정상적 단위로서 하나의 별-행성계 안에 상호 의존적으로 생존 활동을 하고 있는 모든 작용체 및 그 보작용자의 총합을 생각할 수 있으며 이를 하나의 단위체로 보아 '세계생명(global life)'", 즉 온생명으로 부르자고 제안한다.13)

장회익은 1998년에 『삶과 온생명』이란 책을 출간하는데, 여기서는 생명의 조건을 더 구체화하여 네 가지로 구별한다. 즉, 생물학자 로위(G. W. Rowe)가 제안한 세 조건에 하나를 더 추가한다. 로위가 제시한 조건은 세 가지로서 대사와 생식, 진화의 조건이다. 첫째, 생명은 주변으로부터 에너지를 흡수하여 이를 자체 유지를 위해 사용한다. 둘째, 개체의 유한성을 극복하기 위해 복제의 능력을 갖추고 있다. 셋째, 변화하는 환경에 맞서서 변이와 자연선택을 통해 적응을 수행한다. 다만 장회익은 복제 조건에 다가갈 때 생물학적 통로로 다가가기보다 물리학적으로 새롭게 해석하고 있다는 점이 특징적이다. 한 동적 체계의 생존율은 "동일 상태의 결집핵 가운데 일정 기간에 걸쳐 성장 또는 존속을 유지한 결집핵의 수를 그렇지 못한 결집핵의 수로 나눈 값으로 정의한다."고 소개하면서, 생존율이 1을 상회하는 것이 유의미한 기간 동안 지속될 때 그것이 소멸보다 존속 성향이 높다고 한다. 그러면서 "생명 현상을 가능하게 하는 또 하나의 조건으로 복제 생성률이 1보다 커야 한다는 조건을 제시할 수 있다."고 보았다. 어

---

13) 같은 글, 96쪽.

려운 물리학의 이야기를 한 문장으로 풀어 말하면, 어떤 무엇이 자신의 자손을 생산하는 데 소요되는 기간보다 더 오래 살아야 한다는 뜻이다. 이런 견해를 채택한다면, 복제를 DNA 전파로 볼 수 있지만 복제 생성률 1 이상으로 보는 것도 가능하다. 그리고 한 가지 더 추가하는 것도 가능하다고 하면서 그것으로 협동 혜택률 조건을 내세운다.14) 실제로 많은 개체들은 다른 개체들과 협동이 없이는 생존이 불가능하다. 즉 보작용자 역할을 하는 다른 개체들과 협동을 통해 한 개체가 생존을 이어 가게 되는데, 이런 협동 혜택률이 1보다 커야 한다고 본다. 이제 이런 네 가지 생명의 조건을 만족시키는 것은 생물학과 상식이 그렇게 간주해 온 개체로서의 생명체일 수 없다고 여긴다. 결정적 이유는 개체생명은 자유에너지 흐름이나 협동 상황에 놓인 다른 개체들의 존재, 즉 보작용자의 존재 없이는 독자 생존이 불가능한 조건부적 존재에 불과하기 때문이라는 것이다. 그러면서 생명의 조건을 모두 구비하는 것으로 독자적 생존이 가능한 전체 시스템을 상정하거나 분별하는 것이 가능하다고 보고 있다.

우주는 대략 150억 년 전에 탄생했고, 우리 태양계는 50억 년 전에 탄생했으며, 지구는 45억 년 전에 출현했다. 태양에서 지구로 자유에너지가 흐르는 가운데 마침내 35억 년 전 무렵 원시 기후 시스템이 조성되면서 그 안에서 시공간의 제약을 받는 국소 질서(즉, 전통적으로 언급되고 있는 개별적인 생명체)가 부 엔트로피를 유지하면서 복제 생성률 1 이상이 되는, 그래서 연계적 국소 질서를 연이어 낳는데, 그것이 보작용자의 도움 속에서 일어나게 되는 바로 이 시기에 전체 시스템이 존재론적으로 완성된

---

14) 장회익, 『삶과 온생명』, 201-207쪽 참조.

형태의 생명 실체로 나타났다. 장회익은 생명이 무엇인지 다음과 같이 정의하고 있다:

　생명이란 "우주 내에 형성되는 지속적 자유에너지의 흐름을 바탕으로, 기존 질서의 일부 국소 질서가 이와 흡사한 새로운 국소 질서 형성의 계기를 이루어, 그 복제 생성률이 1을 넘어서면서 일련의 연계적 국소 질서가 형성 지속되어 나가게 되는 하나의 유기적 체계"라고 규정해 볼 수 있다.15)

　이러한 생명의 거대 유기체가 바로 온생명이다. 온생명은 기존의 생명 개념과 구분되는데, 가장 중요한 차이는 개별적인 생명체에 해당하는 국소 질서의 개념을 포괄한 하나의 전일적(全一的) 실체라는 점이다.

3. 온생명과 형이상학적 생명관

　생명에 대한 장회익의 접근은 출발선상에서 과학적이다. 생명의 문제에 다가가기 위해 채택되는 용어가 과학적 성격의 것이고, 토대를 이룬 이론 역시 과학계에서 논의되던 것들이다. 그러나 논의가 진행되는 과정에서 어느 순간 경험적으로 검증이나 반증이 안 되는 형이상학의 지평으로 성큼 올라선다. 그런 인식의 배경에는 과학적인 것 이외에도 동양적 사유가 숨을 쉬고 있다는 것을 살필 수 있다.

　장회익은 인간 개인이 경험을 통해 얻는 인식을 크게 셋으로 분류하고 있다. 하나는 부모를 비롯하여 주변 사람들을 겪음으로

---

15) 같은 책, 178쪽.

써 얻게 되는 대인(對人) 경험이다. 이것에 의해 우리는 각기 다른 사람들의 성품을 판단하게 된다. 다른 하나는 사람 이외의 사물을 접함으로써 얻게 되는 대물(對物) 경험이다. 돌을 집어 던지기도 하고 또 불에 덴 적이 있는 경우에 불에 너무 가까이 가려고 하지 않을 것이다. 그리고 나머지 또 다른 하나는 자신의 삶자체를 직접 체험하는 대생(對生) 경험이다. 예컨대 갈증을 느끼거나 배고픔을 자각하는 것과 같은 것인데, 이런 경험은 자신의 문제를 해결하기 위한 경험, 다시 말해서 자신의 생존과 삶을 유지하기 위해 겪는 경험이다. 서양은 대인 경험과 대물 경험을 분리된 두 축으로 삼아 인식하는 경향을 보였다. 특히 데카르트의 이원론에서 보듯이 정신에 대해서는 대인 지식의 영역에서 탐구하고, 사람의 신체와 자연에 대해서는 대물 지식의 영역에서 추구했다. 자연과학은 바로 후자에 대한 탐구로 일관했다. 이에 반해 동양은 대생 경험에 바탕을 둔 지식 형성에 초점을 맞추었다. 물론 동양도 사물에 대한 경험을 통해 지식을 형성하는 데 등한시하지 않았지만, 어디까지나 인간 삶과의 연관 속에서 사물이 갖는 의미를 추구했다는 점에서 자연에 대해서도 대생 지식의 범주에 포함시켜 살폈다.[16] 장회익은 바로 이런 대생 지식의 차원에서 생명을 조망하고 있으니, 동양적 사유체계에 포함된 측면이 없지 않다고 하겠다.

동양적 배경 속에서 자의적으로 내리는 조건 선택과 의미 확장은 장회익을 형이상학의 영역으로 올라서게 한다. 이것은 스피노자가 걸은 길과 흡사하다. 스피노자는 철학사의 전통적 흐름과 무관하게 실체를 자의적으로 정의를 내리는데, 그것의 개념 형성

---

16) 같은 책, 1장 참조.

을 위해 다른 무엇에 의존하지 않는 것이라고 규정했다. 그리고 신에 대해서는 통상적 관념인 절대적으로 무한하여 한계가 없는 존재로 설정했다. 이런 정의와 규정 속에서는 신만이 유일한 실체이고, 정신과 물리적 연장성은 신이 드러내는 두 속성에 불과하며, 인간을 비롯한 천지만물이 모두 그 속에 포함되는 것으로서 신의 다양한 양상(modes)에 다름 아닌 것이 된다. 그래서 그의 견해는 범신론으로 불리게 되었다. 이런 귀결에 이른 시발점은 실체에 대한 자기 완결적 정의에서 비롯된 것이다. 그런데 장회익에게서도 거의 동일한 특성을 발견할 수 있다. 나름대로 일리가 있지만 정의의 조건을 채택하는 것이 다분히 임의적이고, 이 점은 그것을 요리할 때 두드러지게 나타난다.

장회익은 슈뢰딩거와 로위가 제시한 생명의 조건에 대한 논의에서 출발한다. 그는 초기에 슈뢰딩거가 제시한 생명의 본질을 나타내는 두 조건인 부호기록 존속과 부 엔트로피 유지를 검토하여 이 개념을 확장하였다. 이때 부 엔트로피 조성에 대해서는, 생명으로 지칭될 수 있는 그 무엇이 자기 안에 자유에너지 흐름을 수용해야 하는 것으로 확대 해석하고 있고, 그리고 부호기록인 DNA 전파에 대해서는 사고 전환을 도모하고 있다. 다름 아니라 국소 질서라는 작용체는 다른 보작용자 없이 생존이 불가능한 의존적 존재이므로, 자족성에 이르려면 양자를 통합해서 생각해야 한다는 것이다. 로위에 대해서도 마찬가지다. 로위의 세 조건에 따르면, 전통적으로 생물학적 생명체, 즉 개별 생명체만이 생명의 정의에 부합하게 되는데, 이 조건을 나름대로 독특하게 해석하여 역시 확대 전환을 도모하고 있다. 예컨대 생물의 자기복제를 복제 생성률 1 이상으로 설정하는 것이 그런 사례이다. 사실 양자는 동일한 의미를 갖는 것이 아니다. 더욱 결정적인 것으로 또 하나의 조건을 제시하는데, 그것은 국소 질서, 곧 개별 생명체가 다른 것과 협력하여 함께 생존하는 협동 혜택률이 1 이상이 되어야 한다는 것이다. 매우 임의적인 조건이다. 이런 발상은 협동할 때 자기 완결성에 좀 더 다가갈 수 있다는 전제에서 비롯된 것이다. 하위 단위일수록 자기 완결성은 매우 불완전하다. 개체와 개체, 종과 종, 생태계 차원으로 계속 확장되어야 한다. 그렇다고 해도 태양에서 나오는 자유에너지 없이는 어떤 단위도 의존성에서 결코 벗어날 수 없다. 그래서 유전자에서, 세포, 개체로서의 유기체, 종, 생물권으로 올라가다가 마침내 태양까지 포함하는 지평으로 올라가야 자립성이 완결에 이를 수 있다. 결국 다음과 같이 말하는 방향으로 진행하게 된다.

  오직 태양-지구계와 같은 항속적인 자유에너지 원천을 그 안에 품고 있는 '온생명'과 같은 존재만이 한 생명으로서의 자족적인 존재 단위를 형성하는 것이다. 그러므로 우리가 만일 그 어떤 생명체에 부가적인 조건이 없이 명백한 독자적 존재성을 부여할 수 있다면 이는 오직 '온생명'에게만 해당되는 일이다.[17]

자족성은 장회익이 생명의 조건으로 내세우는 결정적인 요인인 셈이다. 그렇다면 실체에 대해서 자기 완결성을 지닌 것으로 임의적 정의를 내리고 또한 신에 대해서 무한한 존재로 규정한 스피노자가 범신론의 형이상학으로 미끄럼을 타게 된 것처럼, 자족성을 생명의 필요조건으로 내세운 장회익 역시 독특한 형이상학의 지평으로 이행하지 않을 수 없다. 스피노자의 신은 곧 자연이고 그것만이 유일한 실체이므로 인간을 비롯한 각각의 동식물 종

---

17) 같은 책, 190쪽.

은 모두 실체를 이루는 구성 부분이자 양상에 불과하다. 물질의 연장성과 정신의 특성은 신의 여러 속성 가운데 인간에게 둘로 나타나는 것일 뿐이다. 장회익에게 생명의 주체는 온생명 그 자체가 된다.18) 그것이 "기존의 생명 개념과 구분되는 가장 중요한 차이는 지구상에 나타난 전체 생명 현상을 하나하나의 개별적 생명체로 구분하지 않고 그 자체를 하나의 전일적 실체로 인정한다."19) 그렇다면 각 사람과 동물, 식물, 미생물과 같이 전통적으로 개별 유기체로 부른 것들의 위상은 어떻게 되는가? 온생명은 전일적인 존재로서 자족적 단위의 생명이지만, 기존의 개별 유기체는 의존적인 존재이므로 '개체생명(individual life)'으로 표현할 수 있다고 한다.20)

사람으로 하나인 나는 개체생명이다. 그런데 나는 생명을 유지하기 위해 나 이외의 것에 의존한다. 숨을 쉬기 위해 대기 중의 산소를 필요로 하고, 배고프면 밥을 먹어야 한다. 때때로 육식을 하기도 한다. 이 모든 개체생명체는 물리적 환경과 상호작용을 하는데, 근원적으로 태양 빛으로 인해서 가능하다. 이렇게 내가 의존하는 생명 지원의 최종 출처를 거슬러 올라가면 전일적 실체로서 온생명에 이르게 된다. 논리적으로 나는 온생명 가운데 나를 뺀 나머지의 도움 속에 놓여 있다. 물론 생물학적 존재로서 미미하지만 나의 존재 역시 다른 개체에게 도움이 될 것이라고 상정할 수 있다. 이때 나 이외의 생명을 '보생명(co-life)'으로 부른다. '나'의 보생명에는 '너'가 포함되고, '너'의 보생명에는 '나'가

---

18) 장회익, 「생명의 단위에 대한 존재론적 고찰」, 104쪽.

19) 장회익, 『삶과 온생명』, 180쪽.

20) 가장 최근에는 개체생명을 낱생명으로 바꿔서 표현하고 있다. 장회익, 『온생명과 환경, 공동체적 삶』(생각의나무, 2008), 20쪽.

들어간다.[21]

　장회익의 형이상학이 갖는 압권은 온생명을 생명의 주체적 실체로 간주하는 것과 거기에 의식을 설정하는 데서 나타난다. 가이아 가설을 주창한 러브록은 유기체가 취하고 있는 항상성을 어떤 것에도 우선하는 본질적 속성으로 파악하고, 지구도 바로 그런 특성을 띠고 있다고 여김으로써 생명 실체로 간주한다. 당연하게 생명체가 갖는 다른 주요 기능, 예컨대 DNA 복제와 같은 속성은 무시된다. 이때 항상성을 본질적 속성으로 보고 다른 요인들은 배제하는 방식이 보편적 추인을 얻으면, 생명에 관한 문제는 새로운 해결책의 등장으로 해소된다. 그러나 가설의 지위를 가진 채 소수에 의해서만 수용되고 있다면, 설정 기준은 아직 임의적인 것으로 평가된다. 그리고 취사선택에 따른 내용이 과학적 실증의 영역을 넘어서게 되면, 가설 또는 이론으로서 부분적으로 또는 전면적으로 유효한 한에서 형이상학의 반열에 오르게 된다. 가이아 생명론 역시 형이상학의 요소가 있다. 논란도 분분하다. 그도 사례로 든 것처럼 인공지능 에어컨도 항상적 기능을 갖고 있다. 그러면 실내 기온을 일정하게 유지하는 인공지능 에어컨과 지구, 유기체는 모두 항상성을 갖고 있지만, 러브록은 에어컨을 생명체 범주에서 배제하고 있다. 그 까닭은 무엇인가? 러브록이 답변하는 것은 복잡성의 정도가 다르기 때문이라는 것이다. 그런데 필자가 평가하기에 복잡성은 양적인 개념인 반면, 생명과 생명 아닌 것의 구분은 질적 특성이 있어야 한다.[22] 이렇게 형이상학의 지평에서는 쉽게 해소될 수 없는 논란이 벌어질 수 있다. 장

---

21) 장회익, 『삶과 온생명』, 190-191쪽.

22) 자세한 것은 다음을 참조할 것. 한면희, 「가이아 가설과 환경윤리」, 『철학』 제59집(1999 여름), 349-371쪽.

회익의 온생명론도 마찬가지다. 왜냐하면 자족성과 같은 임의적 기준에 의해 생명의 완결적 실체로서 지구라는 행성 더하기 태양이라는 항성을 온생명으로 설정하고 있기 때문이다. 본원적 생명의 단위가 무엇이냐는 논란이 끊임없이 벌어질 수 있고, 더 나아가 러브록에게서 나타나는 것처럼 장회익에게도 지구나 지구 더하기 태양이 생명의 우선권을 획득하게 될 때, 인간이나 인간 생명이 부차적 지위나 하위로 밀려남으로써 예기치 못한 문제를 수반할 수 있기 때문이다. 장회익도 이런 문제를 인식하고 있었기 때문에 인간에게 좀 더 적극적인 역할을 부여하려는 동기를 갖게 되고, 그에 따라 인간의 집단의식을 온생명의 의식으로 표현하거나 설정하는 더욱 심화된 형이상학의 영역으로 확장하고 있다.

테야르는 진화론과 그리스도교의 인간학을 양립시키기 위해서 생물권 개념을 빌려 와 사용하면서 독자적인 정신권 개념을 도입한 바 있다. 이것을 알고 있는 장회익은 테야르의 "이러한 개념들과 온생명을 관련짓자면 온생명이란 '신체'로서 그가 말하는 '생물권'을 지니며 '정신'으로서 그가 말하는 '정신권'을 지니는, 하나의 성장해 가는 전일적 생명이라고 말할 수 있다."고 하였다.23) 테야르의 정신권을 온생명의 의식으로 수용하고자 하는 데는 두 가지 이유가 있다고 보인다. 하나는 인간 집단이 35억 년 전 탄생한 온생명의 하위 영역에 위치해 있으면서 진화적 산물로 나타났다는 것이고, 다른 하나는 다른 생물 종과 마찬가지로 의식을 갖게 된 인간의 알맞은 역할, 특히 위험에 처한 지구 환경문제를 해결하는 데 도움을 줄 적극적 역할 설정과 관련된다.

인간이 출현한 것은 불과 몇 십만 년 전이다. 진화를 거치면서

---

23) 장회익, 『삶과 온생명』, 186-187쪽.

두뇌와 중추신경계를 통해 내적인 의식을 지닌 최초의 생물체가 되었다. 개체생명으로서 자신의 행위를 반성적으로 사유하는 자의식을 지니는 것은 인간에게만 가능했다. 이런 인간은 이제 온생명도 파악할 수 있게 되었다. 다시 말해서 개체로서 인간 각자가 의식을 지니고 있어서 자아를 형성하고 있지만, 자기 이해의 확장을 도모할 경우 더 큰 자아로서의 온생명에 이르게 된다. 인간은 정신을 갖고 있기 때문에 사회와 문화를 구성할 수 있었다. 인간 사회에는 문화적 현상으로 철학자 헤겔(G. W. F. Hegel)이 파악한 절대정신도 출현한다. 헤겔의 형이상학에서 절대정신은 역사적 실체이다. 이제 비슷하게 인간의 의식은 온생명의 핵심 기관의 특징으로 자리를 잡게 된다.

문화를 통해 인간은 고차적 의식의 단계에 도달할 수 있으며, 최종적으로는 온생명을 '나'로 여기는 온생명의 자기의식에까지 도달하는 것이다.[24]

이제 만일 문화 공동체를 통해 파악한 이 전체를 확대된 자아의 의식 내용으로 받아들일 수 있다면, 이는 인간이 온생명을 '나'로 의식하는 고차적 의식 단계에 이른 것을 의미하게 되며, 만일 온생명 안에서 온생명을 '나'로 의식하는 그 어떤 집합적 지성이 형성된다면, 이는 곧 온생명 자신이 스스로를 의식하는 의식 주체가 되는 것이다.

이는 마치 신경세포들의 집합적 작용에 의해 인간의 의식이 마련되듯이 인간의 집합적 활동에 의해 온생명의 의식이 마련되는 것이며, 이러한 의미에서 인간은 온생명의 신경세포적 기능을 지닌 존재라고 말할 수 있다.[25]

---

24) 같은 책, 215쪽.
25) 같은 책, 276-277쪽.

장회익은 과학자인 탓에 매우 조심스럽게 비유로서 말하기도 하고, 또 '만일'이라는 단서를 붙여서 말하는 경우가 많다. 그런데 창의적임을 감안한다고 하더라도, 세상을 향해 내놓는 이론으로서 좀 더 분명하게 비유와 사실, 상징과 실제에 대한 판단을 분별해서 말할 필요가 있다. 초기에는 인간의 집단적 지성을 온생명의 의식으로 보는 비유적 표현이었지만, 후기에 들어서서는 실제에 가까운 것으로 표현하고 있다. 점차 테야르가 개척한 길을 수용하고 있다고 보인다.

다만 인간 집단을 온생명의 두뇌로 설정하고, 그에 따라 인간 집단의 역할을 온생명의 의식적 행위로 파악하는 것은 과학적 지평에서 많이 벗어나는 행보일 수 있다. 지구를 가이아 여신이자 생명 실체로 개진한 러브록은 자신의 가설이 목적론에 빠지지 않도록 매우 경계했다. 과학의 이론으로 평가를 받기 원했던 만큼 경험적 실증이 불가능한 특정 형이상학적 전제를 설정하고 싶지 않았기 때문이다. 이것이 의미하는 바는 경험에 의해 검증이나 반증이 불가능하면 할수록 그런 견해는 과학이론으로서의 지위가 옅어진다는 것을 함축한다. 20세기 초에 출현한 철학적 학파인 빈 학파(Vienna Circle)는 논리실증주의(logical positivism)를 표방한 바 있다. 이들에 따르면 검증 가능한 것만이 학문적으로 의미가 있고, 그렇지 않은 것은 무의미하다.[26] 이 입장은 검증 가능성의 원리를 모든 학문에 적용하려고 했다는 점에서 극단적 경험주의로 비판을 받게 되지만, 적어도 과학의 영역에서는 그것이 통용되어야 한다고 보는 견해가 여전히 지배적이다. 인간의 의식은 머리 부위에 있는 두뇌와의 상관성 속에서 경험적 탐구가 가

---

26) M. K. Munitz, *Contemporary Analytic Philosophy*(New York: Macmillan, 1981), p.240.

능하다. 그러나 인간의 집단지성 자체가 개인 이성의 단순 합이어서 실재하지 않는다는 반론이 제기될 수 있다. 그뿐만 아니라 헤겔의 정신이 과학적 탐구가 가능한 두뇌 상태(brain states)와 동일하지 않으며, 더 나아가 절대정신과 흡사한 집단지성이 온생명의 의식이라고 설정하는 것은 더욱 논란의 소지가 크다.

온생명론을 전적으로 과학적 견해라고 주장하지 않으면 치명적 결함에서 벗어날 수 있다. 차라리 과학적 견해가 많이 차용된 형이상학적 이념이라고 주장하면 된다. 그것이 사태를 직시하거나 현실을 구제하는 데 많은 의미를 지니면 나름의 학설로 유용한 것이다. 물론 여전히 많은 학술적 논란을 초래하고 있는 것만은 분명하므로 치밀한 이론적 검토가 요구된다. 장회익이 무리하다고 여겨질 정도로 온생명의 의식 주체 설정에 인간을 명시하고자 하는 연유는 인간으로 하여금 지구의 환경문제 해결에 주체적 역할을 부여하기 위한 것으로 보인다. 이것은 자연스럽게 온생명론의 윤리학으로 이행하게 된다.

4. 온생명의 윤리학

윤리학은 인간의 산물이다. 전통 윤리학은 인간이 동료인 공동체 구성원과 함께 살아가면서 사회를 건강하게 유지하기 위해 요청된 규범적(normative) 체계이다. 이에 인간의 행위 유형에 대해 도덕적인 옳고 그름이나 선악, 미추와 같은 평가를 내리게 된다. 본래 윤리학은 사회윤리였던 것이다. 그런데 환경위기가 가시화되면서 자연에 미치는 인간의 행위에 대해서도 규범적 평가를 하지 않을 수 없는 상태가 되었다. 마침내 사회에 대한 규범적 윤리 체계가 자연까지 포괄하도록 확장되기에 이른 것이다. 이렇게 해서 출현한 것이 환경윤리 또는 생태윤리이다.

넓은 의미의 환경윤리(environmental ethics)는 좁게 설정된 인간 중심적 환경윤리와 자연윤리(또는 생태윤리)로 나뉜다.27) 인간 중심의 환경윤리는 자연에 미치는 인간의 행위에 대해 신중하고 분별 있도록 유도함으로써 인간의 삶이 자연적 풍요에서 누리는 안락함에서 벗어나지 않도록 유념하지만, 기본적으로 자연은 인간에게 도구로서의 가치(instrumental value)를 갖는다고 본다. 이에 반해 자연윤리는 자연이 인간에 대해 도구를 넘어서는 탈도구적 가치(non-instrumental value)를 지니는 것으로 간주한다. 필자는 자연윤리를 다시 인도적 생태주의 윤리와 자연 중심주의 윤리로 나눈 바 있다. 인도적 생태주의 윤리에 해당하는 것으로 필자가 주창한 기(氣)-생태주의를 들 수 있다. 동아시아의 전통은 인간과 자연이 유기적으로 연결되어 있다는 세계관을 갖고 있으므로, 이런 시각을 특화해서 조망할 때 인간이 상생하는 데 중요한 생명 기반인 자연은 유기적 관계성의 온 가치(Onn-value)를 갖는 것으로 분별된다. 서양에서는 이와 유사한 것으로 인간과 자연의 변증법적 관계를 중시한 사회 생태주의(social ecology)의 윤리를 포함시킬 수 있을 것이다.

자연 중심주의 윤리는 다시 자연적 개체 중심주의 윤리와 생태 중심주의 윤리로 대별된다. 전자에는 동물해방론과 동물권리론, 생물 중심주의가 포함된다. 이런 입장들은 개별적인 동물이나 생물이 고통이나 생활, 살아 있음과 같은 개체적 특성이 있음을 분별하여 그런 생명체가 고유한 특성을 잃지 않도록 도덕적으로 존중하고, 이것이 가능하도록 자연도 존중하자는 방식으로 논의를

---

27) 자세한 논의는 다음을 볼 것. 한면희, 『미래세대와 생태윤리』(철학과현실사, 2007), 특히 2장.

전개한다. 낱낱의 동식물이 그것에 고유한 가치(inherent value)를 지닌다고 간주한다. 이때 집합체 개념인 자연이나 종 그 자체가 존중 대상이 되지는 않는다. 이런 개체 중심주의는 자연적 존재 에게서 특성을 분별할 때 그 낱개의 속성에 초점을 맞추므로 여기에는 인간 중심주의에서 사용되는 것과 같은 방법론상의 개체론(individualism)이 전제되어 있다.

반면 생태 중심주의 윤리는 인도적 생태주의와 마찬가지로 전체론(holism)의 시각에서 자연을 조망한다. 이 입장은 생물 또는 생물 종이 다른 생물이나 주변 물리적 환경과 상호작용을 하여 생명을 유지한다는 생태학의 통찰을 수용하고, 그 시각에서 자연을 조망하는데 인간을 자연의 일부로 간주한다. 그리고 자연에 생태적 법칙이 적용되므로 인간도 가능한 한 이 법칙을 준수하면서 살아가야 함을 강조한다. 인간 중심주의에서는 인간이 자연에 비해 우월한 지위를 갖고 있는 것으로 간주된 반면, 생태 중심주의에서는 그것이 역전되어 자연이 인간보다 우선하는 것으로 설정된다. 이런 입장을 일러 생태 중심주의라고 하는 연유가 여기에 있다. 그것이 자연에서 분별하는 것은 내재적 가치(intrinsic value)인데, 자연 안에 자체 존속의 가치가 내재해 있다는 견해이다. 이런 것에는 심층 생태주의(deep ecology)와 가이아 윤리가 해당된다.

장회익의 온생명 윤리학은 생태윤리의 지평에서 어느 위치에 자리가 매겨질까? 필자가 보기에 일단 생태 중심주의 윤리의 계열에 가장 가깝다고 할 수 있다. 1988년의 첫 번째 논문과 이후에 출간된 1998년의 저술에서 그렇게 해석할 수 있도록 언급하고 있다.

가치론적 고찰에 있어서도 새로운 의미를 지닐 수 있다. 통상적인 윤리학에 있어서는 개별적인 인격이나 인권에 최상의 가치를 부여하는 것이 보통이다. … 그러나 만일 우리가 위에 논의된 새로운 존재론을 채용하게 된다면 가장 높이 존중해야 할 진정한 대상은 세계생명(즉, 온생명)이라고 볼 수 있게 되며 개체생명들은 그 보생명과 연합하여 이러한 세계생명을 이루는 존재라는 점에서 가치를 부여받는 존재로 볼 수 있게 된다.28)

생명의 성격을 단지 개체생명 속에 담긴 내용으로만 보지 않고 온생명이라는 큰 틀을 통해 파악할 경우 사정은 크게 달라진다. 만일 우리가 자신의 생명, 즉 자신에게 부여된 개체생명을 그 어떤 절대적 의미를 지닌 기본 가치로 인정한다면 이를 포함하는 본원적 생명인 온생명은 최소한 이보다 상위의 가치를 지닌 것으로 인정하지 않을 수 없다.29)

생명에 대한 새로운 이해, 즉 개체론적 이해가 아닌 전체론적 이해에 이르게 되면, 온생명은 최상위의 가치를 지니는 것으로 승인된다. 전통적으로 인간은 이성을 지닌 존재로서 자기 안에 누구로부터도 침해당할 수 없거나 스스로 양도할 수 없는 가치, 즉 고유하거나 내재적인 가치를 지니는 것으로 간주된다. 이런 가치는 더욱 엄격한 성격의 권리(rights)로 설정되었다. 자유주의는 자유와 생명, 사유재산권 등 소극적 권리를 지목하였다. 사회주의는 그것 이외에도, 존엄한 인간으로 살아가는 데 부족함이 없도록 최소한의 식량과 기초교육, 알맞은 의료혜택 등을 받을 적극적 권리를 추가했다. 그런데 장회익의 온생명의 윤리학에서

---

28) 장회익, 「생명의 단위에 대한 존재론적 고찰」, 103쪽. 괄호 안의 온생명이란 표현은 원문에 없는 것이지만, 이해의 편의를 위해 필자가 삽입한 것임.
29) 장회익, 『삶과 온생명』, 278쪽.

는 인간이나 다른 동식물이나 모두 상위의 실체인 온생명을 이루는 구성원이다. 인간이 내재적 가치를 갖는다면, 온생명은 그 이상의 "본원적 가치"를 갖는다. 인간 이외의 동식물도 인간과 함께 "그 어떤 본원적 가치를 나누어" 갖고 있다. 중요한 것은 "힘의 서열에서 오는 것이 아니라 온생명이라는 전체 구도의 조화와 발전에 어떻게 관여하는가에 따른 구분"에 달려 있다. 온생명에 비추어 볼 때, 각 개체생명은 "상대적 가치"를 지니게 된다. 원칙적으로 상대적 가치 평가는 인간이 내릴 수 있는 것이 못 된다. 다만 추정컨대 "온생명의 바람직한 존재 양상이란 최소한 이러한 창조적 다양성을 지속시켜 나가는 방향이 되어야 할 것이라는 점에 이의를 제기하기 어려울 것이다."[30]

온생명은 인간이 갖고 있는 내재적 가치 이상의 본원적 가치를 갖고 있고, 그 가운데 핵심은 다양성을 유지하는 데 있다. 그런데 오늘날 인간의 행태는 어떤가? 인간은 과학을 바탕으로 기술을 발전시켜서 분별없이 자연을 이용함으로써 환경문제를 초래하고 있다. 그런데 그것은 인간의 신체 한 부분을 차지한 암세포가 인체의 생리를 교란시키는 것과 흡사하게 인간의 행위는 온생명의 생리를 무시하는 방식으로 진행하고 있다. 더군다나 지구상에 펼쳐진 다양성을 약화시키고 또 맹렬히 위협하는 추세로 이행하고 있다. 이쯤이면 인간은 암세포 역할을 하고 있는 셈이다. 장회익은 이를 비유로 표현하기도 하고, 또 실제처럼 언급도 한다. 가령 자신이 펼쳐 온 논조가 실제에 대한 언급이라면, 논리적 일관성과 정합성에 비추어 볼 때 온생명에게 가하는 현존 산업사회 인류의 행위는 암세포 역할이다. 그래서 "인간이 온생명을 죽이는

---

30) 같은 책, 278-283쪽.

암세포로 기능하게 된다는 것은 너무도 역설적인 우주사적 비극이 아닐 수 없다."고 술회하고 있다.31)

인간이 오직 암세포 역할만 수행하는 존재라면, 온생명을 위해서 인간 종은 사라지거나 제거되는 것이 바람직할 것이다. 그러나 인간에게는 본연의 역할과 책임이 설정되어 있다는 것을 자각할 필요가 있다. 이것은 수도회 신부이자 과학자로서 테야르가 고심을 하는 가운데 진화론과 그리스도교의 인간 역할을 양립시키기 위해서 정신권을 설정한 바로 그 길을 가는 것과 흡사하다. 온생명의 진화 역사 속에서 인간 종이 태어났고 인간이 특징적으로 정신을 갖고 있는 존재라면, 인간의 두뇌가 인간에게서 의식작용을 수행하여 인간다운 역할을 하는 것과 마찬가지로, 인간의 집단지성이 온생명의 두뇌로서 의식적 행위를 하는 것이 마땅하다. 문제는 인간과 온생명의 관계에 놓여 있다.

인간은 개체생명 또는 낱생명으로서 보생명의 도움이 없이는 생존이 불가능하다. 즉 낱개로서의 인간의 안위는 온생명에 달려 있는 셈이다. 이것을 좀 더 분명하게 자각한다면, 인간과 온생명은 하나로 이어진다. 정신을 갖고 있는 인간은 자의식을 통해 나의 자아를 자각한다. 그렇다면 온생명의 실체와 생리작용을 이해하게 된다면, 집단지성을 통해 "인간은 고차적 의식의 단계에 도달할 수 있으며, 최종적으로 온생명을 '나'로 여기는 온생명의 자기의식에까지 도달"할 수 있다.32) 이렇게 되면, 인간은 스스로 저질러서 겪게 되는 환경문제를 자신의 통증으로 자각하는 단계에 이르게 된다. 장회익은 바로 이런 단계에 이른 인간이 온생명을 위해 그 안위를 보전하고, 그 방도의 하나로서 다양성을 존중하

31) 같은 책, 196쪽, 216쪽, 251쪽.
32) 같은 책, 215쪽.

는 등 인간의 의무와 책임을 다할 수 있기를 기대한다.

다만 남는 문제 하나는 인간이 온생명에 대해 하는 것과 온생명을 구성하는 부분들, 즉 집합적 개념으로서의 생물 종이나 생태계 또는 개체로서의 동식물에게 하는 것이 다를 수 있다는 데 있다. 기본적으로 온생명 중심의 가치관이 설정된다. 온생명이 본원적 생명으로서 최상위의 가치를 지닌다. 인간을 비롯한 자연적 존재는 모두 온생명에 상대적이다. 그렇지만 장회익은 인간과 자연적 존재가 온생명을 위한 도구로서의 가치를 갖는다는 것을 거부한다. 오히려 인간을 비롯한 자연적 존재는 본원적 가치를 나누어 갖는다고 본다. 그러면서도 장회익은 개체생명들이 온생명에 상대적이지만, 서로 간에 "대등한 것은 아니"라고 하면서, 그에 따라 "상대적 서열이 부과된다."는 것을 용인한다.33) 왜냐하면 인간 중심주의를 넘어선 견해가 자연에 대해 승인하는 내재적 가치는 "모든 것에 대한 경중을 배제하는 결과가 되어 실제로 행위를 위한 아무런 지침의 구실도 하지 못하게 된다."고 판단하기 때문이다.34)

사실 생태윤리학의 지평에서 내재적 가치(intrinsic value)를 달리 표현할 때, 그것은 고유한 가치(inherent value)나 본원적 가치(value in itself)로도 나타낸다. 가령 어떤 무엇의 생명 유지에 좋거나 나쁨 또는 아름답거나 추함과 같은 가치가 다른 무엇을 위해서가 아니라 그 자체를 위한 것으로 귀속될 때, 그런 가치는 그 안에 내재하거나 그것에 고유하거나 또는 본원적으로 그 자체에서 연유하는 것이라고 말할 수 있다. 따라서 모두가 같거나 거의 흡사한 표현인 셈이다. 장회익은 같은 표현을 쓰면서 달리 말하

33) 같은 책, 278-279쪽.
34) 같은 책, 272쪽.

고 싶은 것이다. 온생명이야말로 본원적 가치를 갖는다. 그것이 출처이기 때문에 그 부분을 이루는 인간과 다른 동식물 종, 각 개체는 역시 하위의 본원적 가치를 분점한다.

논리적으로 인간과 자연적 존재는 같은 가치를 가져야 하는데, 장회익은 인간과 다른 자연적 존재가 동등한 가치를 갖는 것은 아니라고 말하고 있다. 여하튼 그는 개체로서의 생명은 상대적으로 차이가 있는 본원적 가치를 갖는다고 보고 있다. 이때 차이를 드러낼 수 있는 주체는 온생명이 된다. 장회익도 인간이 그것을 자임할 수 없지만, 미루어 신중하게 추정할 수 있다고 생각한다. 물론 인간 이외의 자연적 존재도 인간과 마찬가지로 온생명의 눈으로 바라보는 것을 허용해야 한다. 결국 인간은 지구-항성으로 구성되는 온생명에 대해서는 그 안위를 지키기 위해서 구체적인 무엇인가를 할 수 있지만, 다른 자연적 존재에 대해서는 그 가치에 따른 구체적 책임을 명료화하는 것이 다소 불분명한 영역으로 남게 된다. 이것은 온생명 중심주의를 천명했기 때문에 불가피하게 빚어지는 현상이다.

5. 온생명론의 생태적 함의

필자는 첫 장에서 생태주의의 일반적 의미를 추적하면서, 그것을 두 단계로 분별하였다. 첫 번째 단계는 소극적 생태주의로서 자연의 연계성 논제와 탈도구적 가치 논제를 수용하는 것으로 제시하였다. 두 번째 단계는 적극적 생태주의로서 앞의 것을 승계하면서 추가로 사회의 생태적 한계성 논제와 이념 구체화 프로그램 논제를 구비해야 하는 것으로 보았다. 이제 장회익의 온생명론은 이런 분류에 비추어 어느 단계 놓여 있는지 평가해 볼 필요가 있다.

　일단 온생명론은 소극적 생태주의의 지평에 성큼 올라서 있음은 분명하다. 온생명론에 따르면, 인간 하나하나는 낱생명으로서 보생명 없이는 생존이 불가능하다. 종으로서의 인간 집단도 다른 생물 종이나 물리적 환경 없이는 소멸할 수밖에 없는 불완전한 존재이다. 오히려 자족성을 띤 온전한 생명 실체이려면, 국소 질서에 불과한 인간이 근원적 실체인 온생명, 즉 그 외연(extension)이 지구 행성 더하기 태양 항성이라는 것과 일체를 이루고 있음을 인식해야 한다. 존재론적으로 인간은 온생명의 하위에 속한다. 따라서 온생명론은 인간과 자연의 유기적 연계성 논제를 수용하고 있다.

　온생명론에서 자연이나 자연적 존재는 인간에게 어떤 가치를 지니는가? 다시 말해서 온생명론의 생태윤리는 어떤 성격의 것인가? 예컨대 연필은 인간이 글을 쓸 용도로 만든 것이다. 이런 연필은 인간에게 도구로서의 가치를 지닌다. 서양 전통의 세계관은 바로 이런 의미로 자연도 인간에게 유용한 도구로서의 가치를 지닌다고 보았다. 그런데 생태주의 윤리는 인간이 자연에 의지하여 살아가기는 하지만 자연은 인간에게 단순한 도구를 넘어선 가치를 지니는 것으로 분별하고 있다. 생태주의는 최소한 자연의 탈도구적 가치(non-instrumental value)를 수용하고 있는 셈이다. 이런 관점에서 보면, 온생명론은 지구-태양이라는 온생명이 그 자체의 본원적 가치를 갖는다고 보고 있고, 오히려 인간 존재가 다른 자연적 존재와 마찬가지로 전체를 구성하는 일부를 이루고 있기 때문에 본원적 가치를 부분적으로 차지하고 있다고 여긴다. 따라서 온생명론은 자연의 탈도구적 가치 논제를 수용한다. 이때 지구를 구성하고 있는 또 다른 자연적 존재, 즉 동식물 종과 개체생명체들은 전체를 구성하는 부분으로서 인간과 마찬가지의 본원적 가치를 분점하고 있다. 다만 본원적 가치의 출처인 온생명의 관점에서 볼 때, 인간이나 자연적 존재는 동등한 것이 아니라 차등적인 가치를 갖고 있고, 그 평가의 주체는 객관적으로 온생명이라고 한다. 이와 같은 온생명론의 가치론에 따를 때, 인간이 온생명에게 어떻게 해야 하는지는 비교적 분명하게 드러나지만 자연적 존재를 구체적으로 어떻게 대해야 하느냐에 대해서는 불분명한 채로 남겨져 있다고 하겠다. 어쨌든 두 논제를 포함하고 있다는 점에서 장회익의 온생명론은 소극적 생태주의로 자리매김을 할 수 있다.

그렇다면 적극적 생태주의 차원에서는 어떻게 평가할 수 있을까? 생태주의 이념이나 사상이 가치관이나 세계관으로 논의될 수 있지만, 그것이 실천적으로 공허하지 않으려면 현실의 지평에서 구체적으로 적용될 수 있도록 정치, 경제, 사회, 문화의 내용을 갖추고 있거나 그 지침을 세부적으로 제시할 수 있어야 한다. 이에 경제적 측면에서 사회의 물질적 성장의 생태적 한계를 승인하느냐, 그리고 이에서 더 나아가 사회 및 정치 제도로 구현할 수 있는 이념 구체화 프로그램을 갖추고 있느냐에 따라 그것이 실천적으로 의미가 있는 적극적 생태주의 반열에 놓인 것인지를 평가할 수 있다.

장회익의 온생명론은 적극적 생태주의의 내용을 미약하게나마 담고 있다. 그는 지금까지 인간에 의해 이뤄진 무한개발이 한계에 이르고 있으므로 과학의 도움을 얻어서 "생태계적 온생명의 허용치를 분명히 산정하고 개발의 총량을 이 범위 안에서 엄격히 제한해야 할 것"을 밝히고 있다. 그리고 이에서 더 나아가 "전체 인류를 감안한 총 수용치와 생태계의 허용 가능치를 비교하여 가능한 인구의 상한치를 설정해야" 하며, "인구의 상한치를 초과할 경우 우리는 불가피하게 인구 억제 정책을 쓰지 않으면 안 된다."고 못 박고 있다.[35] 일단 성장의 한계 논제를 수용하고 있다.

그러나 성장의 한계를 수용하는 경제체제에 대해서는 뾰족한 언급이 없다. 이것은 이념 구체화 프로그램 논제 논의와 직결된다. 물론 선언적 언급은 하고 있다. 자본주의와 시장경제 체제는 온생명의 안위를 극도로 위협하는 것임을 들어 수용이 불가함을 밝히고 있고, 현존 사회주의 체제와 경제에 대해서는 그것이 인간의 협동을 중시하는 측면에서 온생명 중심의 사회에 친화적일 수 있지만 인간 중심성이 여전하기 때문에 새로운 사회체제를 모색해야 한다고 밝히고 있다. 그리고 과학의 도움을 얻어 문화도 새롭게 구축할 필요가 있다고 보았다.[36] 이렇게 온생명론은 대안 사회의 모습에 대해서 기존의 것으로는 안 된다는 소극적인 언급을 하고 있다. 하지만 적극적으로 그것이 어떤 것이어야 하는지에 대해서는 상(像)으로라도 제시하고 있지 못하다. 즉 구체적 내용을 프로그램 형태로 제시하지 못하고 있다. 따라서 전체적으로 평가하자면, 장회익의 온생명론은 소극적 생태주의에서 적극적 생태주의 지평으로 이행하는 단계에 놓여 있다고 할 수 있다. 향후 온생명론의 논지에 부합하는 형태로 사회제도적 내용을 얼마나 구체화할 수 있느냐에 따라 그 이론의 실천적 적합성을 평가할 수 있을 것이다.

---

35) 같은 책, 261쪽.
36) 같은 책, 262-263쪽, 265쪽 참조.

6. 평가와 전망

　장회익에 의해 주창된 온생명론은 독창성을 지닌 것으로서 커다란 의미를 갖는다. 특히 한국 고유의 사상이 빈약한 현실에 비추어 볼 때 매우 중요한 지평을 개척하고 있다고 보인다. 그러나 그것이 학술적 담론 차원에서 얼마나 의미를 갖는지, 더 나아가 환경위기가 현실 속에서 가시화하는 만큼 실천적으로 어느 정도로 요긴한지에 대해서 평가를 할 필요가 있다. 여기서 필자는 이론과 실천의 두 측면에서 평가를 한 연후에 향후 조성될 발전적 전망을 간략히 모색하도록 하겠다.

　먼저 이론적 측면에서 두 가지 한계를 살펴보는데, 그것은 모두 생명에 대한 정의와 연루되어 있다. 첫째, 생명 정의의 임의성 한계가 있다. 장회익은 지금까지 생물학계에서 논의된 여러 가지 정의를 검토하면서, 어떤 것도 예외를 허용하고 있으므로 완결된 것은 없다고 한다. 이런 인식은 옳다. 이때 한계를 보이고 있는 현 생물학계의 정의에 대해 두 가지 접근이 가능함을 앞서 언급한 바 있다. 하나는 부족한 것을 보완하는 길이고, 다른 하나는 대안을 찾는 길이다. 보완을 하는 길이 더 유력하다는 것을 뒷받침해 주는 것으로 철학자 비트겐슈타인(L. Wittgenstein)의 견해를 차용할 수 있다. 그는 인간이 사용하는 대부분의 언어적 표현에는 명확하게 고정된 의미를 지닌 것을 찾을 수 없다고 하면서, 그것을 게임이라는 낱말을 선정하여 설명하고 있다. 즉 게임에 대한 보편적 정의를 내리는 어떤 시도도 성공할 수 없다고 보았다. 체스와 같은 보드 게임, 포커와 같은 카드 게임, 축구와 같은 볼 게임, 그리고 육상과 같은 올림픽 게임 등 모든 게임을 아우르는 하나의 본질적 정의는 없다는 것이다. 이것에 따르면 완결된 하나의 정의를 찾는 것은 무모한 짓이다. 다만 게임에는 가족에게서 나타나는 것과 같이 가족 유사성(family resemblance)만이 있을 뿐이라고 한다.37) 예컨대 첫째와 둘째 자녀는 아버지를 닮아서 눈이 부리부리하고, 둘째와 셋째는 엄마를 닮아서 코가 오똑하며, 첫째와 셋째는 할아버지를 닮아서 총명하다는 것 등등이다. 모든 가족을 아우르는 보편적 특성을 찾을 수 없다.

비트겐슈타인은 언어적 개념에 대한 정의도 게임에 대한 것과 마찬가지라고 본다. 가령 이것이 옳다면, 생명에 대한 가족 유사성의 정의는 가능하지만 하나의 본질적 정의는 불가능하다. 이에 어떤 생물학적 정의에서도 예외가 나타나는 것이 불가피하다. 그런데 장회익은 이런 길을 수긍하기보다 대안을 찾아서, 하나의 본질적 정의를 지향하고 있다. 물론 필자는 대안을 찾는 것이 가능하다고 본다. 다만 대안을 찾을 때 몇 가지 기준을 제시하고 있는데, 그 기준 설정이 임의적 또는 자의적이라는 데 있다. 스피노자는 정의를 내릴 때 신은 (공간적으로도) 한계가 없어야 한다는 기준을 제시했고 실체는 그 개념 형성에 다른 것을 필요로 하지 않는다는 자립성을 내세움으로써 범신론으로 불리는 길로 들어섰는데, 마찬가지로 장회익도 생명 정의의 중요 기준의 하나로 자족성을 드러내고 있다는 점이다. 이런 기준 설정은 현재까지 임의적이다. 따라서 임의성을 보편적이거나 객관적인 지평으로 끌어올리지 못한다면, 잠시 이목을 끌다가 소멸되는 운명을 겪을 수 있다.

둘째, 생명에 대한 임의적 기준 설정으로 인해 부풀대로 부풀린 생명 풍선이 곳곳에 나타날 수 있다. 또 달리 표현하면 오캄

---

37) J. W. Danford, *Wittgenstein and Political Philosophy*(Chicago: The University of Chicago Press, 1978), pp.97-98.

(W. Ockham)의 면도날 한계에 직면한다. 스피노자는 단호하게 신만이 실체라고 단정하였다. 이에 데카르트가 말한 정신과 물질은 실체일 수 없고 신의 두 양상에 불과할 뿐이다. 반면 장회익은 온생명만이 온전한 생명 실체라고 하면서도 기존의 생명체는 개체생명(또는 낱생명)이라고 그 지위를 존속시켰다. 또 개체생명을 둘러싸고 여러 층위가 형성된다. 즉 "세포들을 1차적인 개체생명이라고 한다면 이들로 구성되는 유기체들, 즉 다람쥐나 전나무와 같은 동식물 생물체들은 한층 높은 2차적인 개체생명이 된다. 그리고 다람쥐나 전나무 등의 개체들이 속한 생물의 종은 이들보다 한층 더 높은 3차적 개체생명이 될 수 있다." 여기에 생태계, 지구 생물권도 포함시킬 수 있다. 이렇게 "다양한 다층적 개체생명의 일원으로 존재하게 됨을 알 수 있다."[38] 그리고 개체생명 이외의 존재는 보생명이 되는데, 나의 보생명의 외연과 너의 보생명의 외연, 그의 보생명의 외연이 모두 다른데 어쨌든 모두 생명으로 불리고 있다. 더 나아가 생명의 기준에 따를 때 온생명을 나타내는 표현은 보편명사이다. 우주 은하계에서 이런 기준을 충족시키는 것이 여럿이거나 또는 많을 수 있기 때문이다. 다만 현재 태양계에서 지구에만 개체생명이 있는 것으로 파악되기 때문에 고유명사로 불러도 무방하리라고 여긴다.[39] 그런데 과학이 그 가능성을 열어 놓고 있는 것처럼 화성의 미세한 존재 영역에서 생명체가 발견되었다고 하자. 이때 지구-태양의 온생명과 화성-태양의 온생명이 확인된다. 자칫 여기도 생명, 저기도 생명, 온갖 생명의 풍선이 난무하고 또 부풀대로 부풀려서 서로 중첩되는 지경에 이르게 된다. 물론 이렇게 보지 못할 이유는 없다. 그러나 매

---

38) 장회익, 『삶과 온생명』, 189-190쪽.
39) 같은 책, 180쪽, 210쪽.

우 혼란스럽다.

이와 같이 부풀린 생명 풍선의 혼란에 빠지지 않으려면 표현상의 선을 명료하게 긋는 것이 필요하다. 온생명만 생명 실체로 승인하고, 다른 것은 제외하는 것이다. 아니면 추가로 개체생명만 거두고, 나머지 보생명이나 1차적 또는 3차적 개체생명 따위의 표현도 과감하게 버리는 것이다. 중세 말기의 철학자 오캄은 면도날 이론으로 불리는 사유의 경제성 법칙을 주장했다. 이것은 동일한 것을 설명하더라도 짧게 표현하는 것일수록 더 나은 이론임을 의미한다. 생명체의 생명 유지는 생태계나 생물권의 관계 속에서 간명하게 설명이 가능한데, 이것을 온생명론으로 장황하게 표현하려면 그것이 군더더기 표현이 아님을 드러내는 객관적으로 정당한 이유가 있어야 한다. 그렇지 않을 경우 온생명론의 이론적 지위는 약화될 수 있다.

다음으로 실천상의 한계에 직면할 수 있는 몇 가지 문제에 대해 검토해 보자. 첫째, 온생명 중심주의의 불가피한 귀결로 생명 전체주의의 미끄럼을 타게 되어 반인도주의로 귀결될 수 있다. 생명의 차원에서 온생명의 안위가 최우선이다. 가령 개체생명이나 어떤 종이 온생명을 위협하는 단계로 이행한다면 그것은 온생명과 그 나머지를 위해 불행한 일이다. 그런데 인간이 바로 온생명의 안위를 극도로 위협하고 있다. 장회익은 온생명을 몹시 염려하면서, 인간의 행위를 암세포로 비유하고 있다. 불현듯 나타난 암세포는 그대로 방치할 경우, 개체생명인 인간이 죽음을 맞게 된다. 그래서 인간은 암세포를 제거하기 위해서 치료 행위를 하게 된다. 가령 온생명에게 인간이 암세포의 역할을 행하고 있는 것이 사실이라면, 가장 간명한 방법은 인간 종이 제거되는 것이다. 개체론자로서 동물의 권리를 주장한 톰 레간(Tom Regan)은 전체론이 전체를 우선시하기 때문에 종종 전체를 위하는 과정에서 그 부분인 개체(개체로서 인간이나 동물)를 희생시키는 전체주의의 오류(즉 환경 파시즘)에 빠지게 된다고 보았다.[40] 특히 생태 중심주의를 표방하면 이런 문제에 봉착하기 쉽다. 예컨대 심층 생태주의를 운동의 이념으로 표방한 환경단체 어스퍼스트 (Earth First!)의 의장 데이브 포먼(Dave Foreman)은 전통적 사고와 달리 인간보다 지구가 우선하는데, 인간이 너무 많은 인구를 낳아서 문제가 되고 있다고 판단하여 에이즈의 출현을 그나마 다행으로 여기는 발언을 한 적이 있다. 이런 연유로 전체론의 입장을 개진하고 있지만, 인간과 자연의 변증법적 발전을 주장하는 사회 생태주의자 북친(M. Bookchin)은 심층 생태주의와 어스퍼스트가 반인도주의(anti-humanism)에 빠졌다고 비판을 한 바 있다.[41] 마찬가지로 온생명을 온전한 생명 실체로 여기고, 그에 따라 온생명 중심주의를 표방하는 한, 전체주의의 오류와 반인도주의에 빠지는 것이 거의 불가피하게 보인다.

물론 장회익은 온생명론이 전체를 위해 개체를 희생시키는 전체주의에 빠진다고 보는 것은 상황을 단순화시키는 것으로 옳지 않다고 여긴다. 그런데 포먼도 자신의 주장이 매우 무리한 것임을 모를 리가 없다. 그는 지구가 정말로 위험에 처해 있기 때문에 이 사태를 해결해야 한다는 신념을 갖고 있었고 또한 인간은 지구를 구성하는 평범한 시민에 불과하다는 생태 중심주의라는 이

---

40) T. Regan, *The Case for Animal Rights*(London: Routledge, 1983), pp. 361-362.

41) 머레이 북친, 박홍규 옮김, 『사회 생태주의란 무엇인가』(민음사, 1998), 12-13쪽; 머레이 북친, 문순홍 옮김, 『사회 생태론의 철학』(솔, 1997), 161-162쪽.

론을 일관성 있게 수용함으로써 무리임을 알지만 명료한 주장을 한 것이다. 이론이 명료하면 일관되지만 문제에 직면할 가능성이 크고, 이런저런 군더더기를 사족으로 많이 갖다 붙이거나 또는 아예 나열식으로 열거하면 여러 문제에 직면할 가능성은 줄지만 반대로 일관성을 상실하게 된다. 생태 중심주의나 온생명 중심주의는 논리적으로 그리고 실제로 이런 전체주의 오류에 빠지기 십상이다. 만일 이런 문제가 치명적이라고 판단될 경우 이론 수정이 불가피하다. 장회익은 인간에게 책임을 짊어지게 할 뿐 아니라 인간을 희생시키는 길로 미끄러지지 않기 위해서 인간 집단을 온생명의 의식 단위로 설정하는 과감한 시도를 했다고 보인다. 그런데 이런 선택에도 어려움은 도사리고 있는데, 그것은 다음의 한계로 나타난다.

둘째, 자칫 목적론에 빠짐으로써 과학이론의 지위를 잃게 될 수 있다. 장회익은 비유인지 실제인지 분명하게 천명하고 있지 않지만 이성을 가진 인간이 집단지성을 형성하고 있고, 그에 따라 인간은 온생명의 의식 단위인 것으로 비춰지는 표현을 여러 곳에서 밝히고 있다. 테야르는 정신권을 진화 과정에서 탄생한 실재하는 존재 단위로 설정했다. 절대적 관념론의 철학자 헤겔도 절대정신을 존재론적인 실체의 성격을 띠고 있는 것으로서 보았는데, 이때 그것은 개개인이 이성으로 행위하고 그것이 집합적으로 드러난 양태를 의미하는 것이 아니다. 인간 집단이 온생명의 의식이라면 인간은 자신이 몹시 중요한 역할을 해야 하는 것으로 자각할 필요가 있다. 인간의 경우 팔과 다리 등 신체 일부에 이상이 생겨도 다소 장애를 가지며 생존할 수 있지만, 두뇌가 손상될 경우 치명적이므로 그만큼 중요하다. 온생명의 관점에서 팔과 다리 역할을 하는 동식물 종보다 두뇌를 형성하는 인간은 동일하게 본원적 가치를 분점하고 있다고 하더라도 그 가치 비중은 더 큰 것으로 볼 수 있다. 또 그만큼 인간은 온생명의 안위를 지키기 위해서 책임도 실천적으로 무겁게 짊어져야 한다. 바로 이 점을 염두에 두고 있기 때문에 장회익은 인간을 온생명의 의식 단위로 설정하고 있는 것으로 보인다.

그러나 온생명론은 이런 장점을 취하는 순간 다른 한계에 봉착하게 된다. 적어도 인간의 탄생과 더불어 온생명은 의식을 갖게 되었기 때문에, 장회익의 온생명론은 목적론적 견해에 빠지게 된다. 이론이 목적론을 취하는 것 자체가 문제가 되지는 않는다. 목적론을 취할 경우, 그것이 과학으로서의 이론적 지위를 상실할 수 있음을 수용하면 된다. 장회익은 자신의 견해가 다른 생명사상과 달리 과학적임을 짙게 풍기고 있다. 물론 다른 어떤 견해보다도 많이 과학이론을 차용하고 있고 또 과학적 설명을 곁들이고 있다. 그러나 그 본질로 들어서면 경험적 지평을 넘어서는 형이상학으로 이행하고 있음이 분명하다. 또한 형이상학을 취하고 있다고 해서 문제가 될 하등의 이유가 없다. 형이상학적 장점을 취하면서 또한 과학적인 것으로 치장하지 않으면 될 뿐이다.

셋째, 온생명 윤리학의 가치론적 애매함 때문에 인간의 실천적 행보가 불분명할 수 있다. 온생명론은 생명적 차원에서 온생명 중심주의를 채택하고 있고, 그에 따라 온생명만이 가장 우선하는 본원적 가치를 갖고 있다. 온생명은 생명 가치의 본원적 출처인 것이다. 인간을 비롯한 동식물과 그 종, 기타 바람 및 물과 같은 자연적 존재는 온생명을 구성하는 부분이기 때문에 본원적 가치를 나누어 갖게 된다. 부분진리(部分眞理)는 전체를 이루는 진리의 일부를 구성하고 있다고 해도, 온전하게 진리인 까닭에 일부는 진리이고 일부는 거짓을 담고 있는 반진리(半眞理)와 다르다.

가치에 대해서는 어떻게 보아야 하는가? 인간과 자연적 존재가 온생명의 부분으로서 갖는 가치는 부분가치이지만, 모두 본원적 특성을 띠고 있다. 얼핏 보기에 평등하다고 보인다. 생태 중심주의를 표방한 심층 생태주의는 인간과 자연, 동식물 등 자연적 존재가 평등한 내재적 가치를 갖는다고 주장하고 있다. 생명 중심적 평등주의를 채택하고 있기 때문이다. 이런 경우 문화적 인간의 생존적 지위는 곤혹스러워진다.42) 반면 장회익은 본원적 가치도 차별화가 된다고 보고 있다. 이때 인간과 자연적 존재 사이에 형성되는 차별적 가치는 온생명에 상대적인 지위와 역할에 의해 설정된다고 보아야 한다. 문제는 어느 누구도 자신이 온생명 그 자체가 아닌 한에 있어서 온생명의 눈으로 가치 평가를 상대적으로 매길 수 없다는 데 있다. 여기에 가치 평가의 애매함이 도사리고 있기 때문에 인간의 실천적 행보가 불투명해질 수 있다.

다만 돌파구가 없는 것은 아니다. 동물이나 식물이 온생명의 눈을 자임할 수 있지만, 아무래도 두뇌로서 의식을 구성하고 있는 인간 집단이 나설 수 있다. 가치 평가는 정신의 의식적 행위로 이루어지기 때문이다. 인간 신체 부위 가운데 두뇌가 가장 중요한 만큼 온생명에서 인간 집단에게 가장 중요한 역할이 부여될 수 있다. 따라서 인간에게 가장 중요하거나 높은 본원적 가치가 할당될 수 있다. 이제 인간은 다른 자연적 존재에 비해 차등의 높은 가치를 자임함으로써 문화적 생존에 다소 유리한 국면을 조성할 수 있다. 다만 제 역할을 못할 경우에 사정은 역전된다. 왜냐하면 온생명의 안위를 지키는 데 있어서 가장 중요한 사안이 생물 종의 다양성을 유지하는 데 있기 때문이다. 지금처럼 현대인

---

42) 자세한 것은 다음을 볼 것. 한면희, 『초록문명론』(동녘, 2004), 6장; 『미래 세대와 생태윤리』, 11장.

이 종 다양성을 약화시키는 행위를 지속한다면, 인간의 본원적 가치는 하위로 추락하게 되어 빨리 제거되거나 퇴출되는 것이 낫다는 평가를 받게 될 것이다.

장회익의 온생명론은 김지하의 생명사상에 비추어 많은 반론의 여지를 허용하고 있다. 그런데 이것을 이론의 결함 때문이라고 보기는 어렵다. 김지하의 생명사상은 추상성이 매우 높고 또 광범위한 전통사상을 그물망의 형태로 다양하게 엮어 내기 때문에 형이상학적 색채가 유독 짙고, 그런 만큼 다양한 이의 제기는 가능해도 결정적 반론의 여지는 별로 없게 된다. 반면 장회익의 온생명론은 학설로서의 논리적 일관성이 비교적 잘 형성되어 있고 또 더욱 과학적이거나 구체적인 논의 전개가 이루어지고 있기 때문에 그만큼 반론의 여지를 남기고 있는 셈이다. 경험주의 계열의 사상가 칼 포퍼(Karl Popper)는 반증 가능성(falsifiability)이 높을수록 이론으로서의 가치가 높다고 주장한 바 있다. 다시 말해서 경험에 비추어 참 또는 거짓으로 더 용이하게 판명할 수 있도록 이론이 개진될 경우, 거짓으로 판명되지 않은 한 그런 이론은 구체적이어서 현실적으로 쓸모가 많다는 것이다. 이에 온생명론이 많은 반론의 여지를 남기고 있다고 해서 그 이론의 지위가 결정적으로 취약한 것으로 볼 이유는 없다. 물론 그렇다고 해서 반론의 여지를 남기지 않는 형이상학이 무의미하다고 보아서도 안 된다. 반증 가능성의 기준은 경험주의 계열의 의미 기준이기 때문이다. 여전히 경험을 넘어선 형이상학의 지평에 세상을 통찰하는 지혜가 적지 않게 담겨 있다고 보아야 한다.

종합하자면, 장회익의 온생명론은 생명에 대한 생물학적 정의가 불충분한 상태에서 새롭게 생명을 전일적으로 이해할 수 있는 계기를 제공해 주었고, 무엇보다도 환경위기로 지구 자연이 경시

되는 상황에서 태양으로 이어지는 지구 자연을 소중하게 여겨야 하는 지평을 창의적으로 개척한 것으로 평가할 수 있다. 이론 전개 과정에서 보이는 세밀한 과학적 접근은 흔히 일반적 사상이 갖는 비과학적 한계를 불식시킬 만하고 또한 경험을 넘어선 형이상학적 발돋움 역시 이론의 완결성을 높이는 데 기여했다고 보인다. 그 배경에 동아시아적 접근이 깔려 있는 것도 반길 일이다. 윤리적 가치론이 좀 더 분명해지고 또 적극적 생태주의가 요구하는 실천적 제도화가 가능하도록 정치 및 경제적 논의가 보완된다면, 한국의 현대 생태주의로 자리매김을 하는 데 부족함이 없을 것으로 전망된다.

6 장 기(氣)-생태주의와 자연의 온 가치

1. 문명적 요청으로서의 생태주의

인간은 생물학적 존재이면서 또한 문화적 존재이다. 진화 과정에서 탄생한 인간 종은 생물학적 특성을 갖고 있다. 그런데 인간은 어떤 단계에 이르러서 진화 과정에서 발전적으로 습득한 자의식을 통해 인간의 생존에 적합한 여건을 조성하지 않을 수 없었고, 먼저 다루기 용이한 야생 자연환경을 개간함으로써 삶의 안정화를 도모하였으며, 집단적 협동을 통해 이루어 내고자 하였다. 이렇게 인간은 경작지와 주거지 등 공동의 생활터전을 만듦으로써 문화(culture)를 형성했다.

인간의 문화는 끊임없이 변화와 진전을 도모했다. 원시문화의 공산제에서 출발하여 노예제를 거치고, 봉건제 사회로 이행했다. 이때까지 인간의 문화는 농업문화의 형태를 띠고 있었다. 봉건적 농업사회는 계급적 구조를 유지하고 있었고 낮은 생산성으로 인해 빈곤에서 벗어나지 못한 상태였다. 당시 일반 민중은 열심히 일을 해도 국가에 바치는 세금과 지배계급의 수탈로 인해 가난에서 벗어날 수 없었고 신분상의 제약은 더 큰 족쇄였다. 때마침 18세기 이후 불어닥친 자유주의의 물결은 모든 사람을 신분적 계급의 굴레에서 벗어나게 하는 해방의 물꼬였다. 인간은 누구나 자신의 정신과 신체를 사용하여 스스로의 삶을 형성할 수 있게 되었다.

자유주의의 사조는 개인의 자유를 신장시켰고, 경제적 자본주의의 탄생을 일구어 내었으며, 과학기술의 발전에 힘입어 비약적인 생산성 증진을 촉진하는 데 기여했다. 점차 생산성 증대에 따른 물질적 혜택은 빈곤을 퇴치할 수 있는 수준이 되었지만, 일반 민중의 삶은 여전히 도탄에 빠져 있었다. 자유주의 혁명으로 신분적 계급질서는 붕괴되었지만, 자본주의(capitalism) 체제의 구축으로 새로운 경제계급이 출현했던 것이다. 생산수단을 사적으로 소유한 부르주아 집단은 이익 창출의 극대화를 도모함으로써 프롤레타리아 노동자에 대한 수탈을 가속화하고 있었다.

자본주의 안에서 빚어지는 경제계급 사이의 갈등은 지구상의 한편에 또 다른 유형의 체제 출범을 형성했다. 이른바 계급 없는 사회를 추구하는 마르크스 사회주의(socialism)의 이념이 등장했고, 마침내 1917년에 러시아 혁명의 성공으로 이어졌다. 이후 등장한 소비에트 사회주의 체제는 제2차 세계대전을 계기로 동유럽의 공산화를 이룩하고, 점차 세력의 지평을 아시아와 남아메리카로 넓혔다. 이때부터 서유럽을 정점으로 하는 자본주의 진영과 소비에트를 축으로 하는 사회주의 진영 사이의 긴장은 20세기 후반에 이르기까지 내내 지속되었다.

국제사회의 이념적 지평이 변화하면서 새롭게 조성될 무렵 한국도 여러 형태의 격변에 처해 있었다. 우리 민족은 1945년에 해방을 맞이했지만 미국의 도움을 얻었던 연유로 자본주의 진영과 긴밀한 연관 속에 있었다. 특히 영향력이 최강이었던 미국은 공산주의 확산을 차단하기 위해 어떤 형태의 정부와도 협력을 구축하고 있었고, 이런 배경에서 정부는 민간 또는 군사 독재의 형태를 취하고 있었다. 다만 반만년에 이르는 역사와 문화를 가진 우리 민족은 역경을 이겨 내는 점에서는 남달랐다. 더군다나 우리의 고대 사상은 평화와 생명을 존중하는 내용으로 그득했다. 이런 찬란한 문화적 유산은 근대화와 민주주의를 이룩하는 데도 저력으로 발동했다. 오늘날의 민주주의 사회가 조성되는 데 마지막 장애는 1987년 6월을 전후로 한 군사정권이었다.

독재체제에 끈질기게 저항한 이념 지향의 학생 운동권 진영이 있었고, 여기에 일반 시민 다수가 가세함으로써 마침내 1987년 6월의 항쟁은 승리로 나타났다. 가시적으로는 지배계층이 체육관에서 대통령을 뽑는 간접 선거 제도가 국민이 직접 선출하는 직선제로 바뀌게 되었다. 그러나 이것은 시작에 불과했고 여전히 집권한 군사정권을 향해 민주주의를 실질적으로 쟁취하기 위한 운동이 지속되고 있었다. 필자가 대학의 강단에 선 소장철학자로서 사회문제에 직접 참여하기 시작한 시기가 바로 이때였다. 마르크스 사회철학을 전공하고 있지 않던 필자가 동참한 연유는 진리와 정의의 가르침에 배치된 사회현실에서 오는 양심적 부끄러움 때문이었다. 필자와 함께한 동료들도 마르크스주의에 대한 신념 때문인 경우도 있었고 또 양심의 발로에 따른 참여인 경우도 있었다. 어쨌든 각 대학의 시간강사들은 대학강사협의회를 결성했고, 곧이어 1990년 4월에는 전국대학강사노동조합을 창립해서 사회 민주화에 보탬이 되는 작은 활동을 하기 시작했다. 필자는 성균관대학교 강사협의회 회장과 창립된 전국대학강사노동조합

성균관대 초대 분회장을 역임했으며, 그 이듬해부터 전국대학강사노동조합 2-3대 위원장을 맡아서 사회 및 교육 민주화를 조성하는 데 나서게 되었다.

다만 1987년부터 1990년대 초반에 이르기까지 마지막 군사정권을 향해 민주주의를 쟁취하는 운동 과정에서 필자는 한 가지 지적인 고민을 갖고 있었다. 당시 한국의 상황에서는 독재정권과 연루된 미국 자본주의 체제에 대한 회의가 지배적이었고, 그 대안으로 마르크스 사회주의 이념이 민주화 세력 일부에 의해 선호되고 있었다. 그런데 1989년에 일어난 베를린 장벽의 붕괴가 상징하듯이 소비에트를 정점으로 한 현존 사회주의 체제는 무너지고 있었다. 필자가 더욱 당혹스러웠던 것은 필자의 동료 가운데 일부가 현실 사회주의의 몰락을 자본주의의 결함 때문인 것으로 진단하고 있었다는 점이다. 철학자가 끝까지 지켜야 할 신조가 있다면, 그것은 진리와 참다운 지혜 앞에 부끄러움이 없어야 하고 또 정직해야 한다는 점이다. 과연 사회주의 진영의 몰락이 자본주의와 경합하면서 자본주의를 닮게 된 현실 사회주의의 결함으로 인해서 빚어진 것이기 때문에, 그것은 오히려 자본주의 체제의 오류를 드러내는 것이라는 주장은 온당한 것인가? 필자는 분명히 그런 측면이 있음을 수긍할 수 있었다. 그러나 그것으로 전부인가? 필자는 그것이 주된 이유가 아니라고 보았다. 사회주의에도 내적 결함이 있었고 또 마르크스도 잘못 예측하고 판단한 것이 있어서, 그런 기반 위에서 탄생한 현실 사회주의가 스탈린을 비롯한 또 다른 유형의 독재자를 탄생시키고 일반 민중의 삶을 곤경에 빠뜨리게 되었다고 생각했다.

그렇다면 마르크스 사회주의 자체의 결함으로 인해 현실 체제가 무너졌다면, 그것은 곧바로 이데올로기의 종언으로 귀결되면서 자본주의와 서구식 자유민주주의의 승리로 마무리될 것이라고 볼 수 있는가? 필자의 고민은 이렇게 다음으로 이어졌다. 그래서 곰곰이 되새겨 보기 시작한 것이 문명의 도래와 부침이었다. 자본주의든 사회주의든 둘 다 산업문명의 체제였다. 산업문명의 자연관은 강력한 인간 중심주의 세계관의 산물이다. 그래서 산업주의(industrialism)는 자연을 이해할 때 인간의 물질적 풍요를 위한 도구, 즉 자원으로만 간주한다.[1]

산업 사회주의는 생산수단의 사적 소유 철폐와 국가의 계획경제를 주축으로 운영함으로써 계급이 사라진 사회를 희구했다. 그러나 현실 사회주의는 경제계급이 아닌 정치적 지배계층의 등장을 가져왔고 또 공산당 일당의 독재로 귀결되었다. 그리고 생산성 증진을 낙관하고 또 이를 적극 도모했지만, 내적 요인으로 인해 정체 상태에 머물면서 민중의 삶을 고단하게 만들었다. 반면 산업 자본주의는 생산수단을 포함한 일체의 사유제산제와 시장경제의 두 축으로 구성되는데, 현실 사회주의와의 생산성 경쟁에서 승리를 쟁취했다. 물론 본질적 의미에서 노동소외가 야기되고 있고, 여전히 빈부격차를 심화시킴으로써 사회 양극화를 초래하고 있었다.

자본주의는 사회의 여러 구조적 문제를 잉태하고 있더라도 생산성 증진에 성공을 거두기만 하면 그것으로 만사가 해결될 수 있는 것처럼 자부할 수 있는가? 산업 자본주의의 확대 발전은 마침내 산업문명에 구조적으로 내재하던 본질적 문제를 심화시키고 있었다. 그것은 마르크스도 미처 예측하지 못한 것으로서 다름 아닌 환경문제 또는 생태문제였던 것이다. 산업문명에서 인간이

---

1) A. McLaughlin, *Regarding Nature*(Albany: State University of New York Press, 1993), p.67.

누리는 물질적 풍요는 자연 희생을 대가로 치르면서 얻는 것이었다. 그런데 자연이 받는 과부하는 어느 정도까지만 감내가 가능한 것이다. 그 이상을 초과하게 되면, 다시 말해서 생태적 문턱을 넘게 되면 그것의 붕괴에 따른 재앙은 인간 사회로 되돌아오게된다. 산업문명은 환경재난을 증폭시키고 있었고, 그것이 지속된다면 후기 산업사회는 위험사회(risk society)로 진입할 수밖에 없게 된다. 따라서 산업 자본주의가 현실 사회주의와의 생산성 경쟁에서 이겼다는 것은 국제사회에서 지긋지긋한 이데올로기적 체제 갈등을 해소하는 측면이 있지만, 그 이면에 더 큰 구조적 재앙을 더욱 가속화하기 시작했음을 뜻하는 것으로 해석되었다.

필자가 민주화 운동에 동참하면서 가졌던 고민은 점차 해결의 실마리를 보이기 시작했다. 산업문명 내부의 체제적 성찰에서 자본주의와 사회주의 체제를 넘어서는 문명적 성찰로 이행하지 않으면 안 된다는 것이었다. 필자가 전망한 바로는 산업주의의 이데올로기 경합에서 자본주의가 승리했다고 하더라도 그것은 더욱 본질적인 문제, 즉 자연소외와 생명소외를 초래함으로써 새로운 문명사회로 자리를 넘겨주지 않으면 안 될 것이었다. 향후 인간의 문화가 자연과 상생을 도모하는 생태주의 문명사회가 도래하리라고 보았다. 그래서 필자는 이전에 해왔던 것과 전혀 다른 새로운 연구를 수행하기 시작했다.

한편으로 현장의 일에 동참하면서 또 다른 한편으로 생태적 문명사회에 대한 연구를 진행했다. 그러던 중 1994년에 철학 학술지『철학연구』에「환경철학의 세계관과 윤리」를 발표하여 서양에서 진행되던 인간 중심주의 대 생태 중심주의 논쟁을 비교하여 고찰하는 논문을 발표하였고, 1996년에는 학술지『철학』에「자연환경에 대한 도덕적 고려」라는 주제로 서양의 환경윤리를 성찰하면서 결론에서 동아시아 자연관과 대비시키는 글을 내놓았다. 그리고 1997년 2월에 「환경윤리와 자연의 가치」란 논문으로 박사학위를 취득하면서, 그 논문의 결론에서 동아시아 자연관에 근거한 기-생태주의를 서양 환경철학의 현실적 대안으로 제시하였다. 이후 필자는 1997년에 『환경윤리』란 저술을 출간하면서 5장에서 「기 중심적 환경윤리와 자연의 '온 가치'」를 설정하였고, 2002년에는 새롭게 창간된 『환경철학』에 「한반도 녹색공동체의 이념: 기(氣)생태주의와 백두대간의 문화」를 발표하였다. 2004년에는 앞서 언급한 바와 같이 생태주의의 눈으로 문명의 흐름을 조망하고 그 대안 이념을 모색하는 『초록문명론』을 내놓았으며, 2007년에는 『미래세대와 생태윤리』를 간행했다. 여기서 필자가 일관되게 염두에 두고 있는 바는 물질적 풍요를 최우선의 가치로 추구하는 서양문명이 마침내 생태위기를 자초하여 몰락으로 이행하게 될 것이고, 그 대안으로 자연 친화적 세계관과 문화를 갖고 있는 동양이 그 흐름을 잇는 것이 바람직하며, 그에 따라 대안적인 생태주의 이념을 추구할 필요가 있다는 것이다. 물론 필자는 서양의 문화가 전 세계로 확산된 데는 또 그 나름의 이유가 있기 때문에 동양의 이념적 사유에 서양의 합리적 접근이 접목될 필요가 있다고 보았다.

2. 기(氣)의 의학으로 본 동아시아 방법론과 자연관

우주와 사회, 인체를 바라보는 동아시아 전통의 주류 방법론과 서양 전통의 그것은 매우 대조적이다. 서양의 경우 주류를 형성한 방법론은 개체론(individualism)이다. 이 방법론에 따르면, 전체는 그것을 구성하면서 더 이상 나눌 수 없는 기초 단위, 즉 요소들(elements)의 결합이다. 그리스의 철학자 데모크리토스(Democritos)는 이것을 원자라고 생각했다. 근대 이후의 자연과학자들은 그것을 구성하는 더 근원적인 요소를 발견하게 되었고, 이에 따라서 요소 단위가 소립자 또는 쿼크로까지 내려가게 되었다. 이때 요소의 상위 구성단위(분자와 유기체 등)는 요소의 외적 결합에 의해 성립하는 것으로 간주된다. 결국 우주와 사회, 인체와 같이 인간이 파악하려고 하는 전체는 요소들의 합으로 환원되며, 전체의 특성을 알고자 할 때는 그것을 요소로 갈라내는 분석을 통해 요소의 성질을 파악하여 합치면 되고, 그리고 요소들 사이의 결합은 외적 법칙을 찾는 것으로 해결할 수 있다. 이렇게 해서 환원주의와 분석주의, 기계론적 법칙주의가 나타났다. 물론 단위와 단위 사이에 전개되는 관계 역시 결정론적인 것으로 바라보면 된다.

개체론의 방법으로 사회를 바라보면 사회의 성격이 또 그런 양태로 나타난다. 사회의 요소인 개인은 자기의 독립적 특성인 자유를 구가하면서 삶을 영위하면 된다. 이때의 자유는 요소로서의 개인의 자유이므로 타인과 내적으로 분리된 나만의 것, 고립적 성격의 것이다. 이런 이해를 통해 서구에서는 개인주의(individualism)가 발전했다. 같은 방법으로 경제제도에 접근하면, 아담 스미스(Adam Smith)가 언급한 바와 같이 경제의 구성 요소인 개인은 오직 자기에게 이익이 되는 방식으로 영리 활동을 하면 된다. 자유롭게 형성되는 시장만 조성하면, 보이지 않는 손의 작용을 통해 효율성이 극대화됨으로써 시장에 물건이 차고 넘치는 풍요를 구가할 수 있다. 이렇게 해서 자본주의도 탄생했다.

서양의 현대의학도 출발 당시에는 개체론적 방법에 의해 구축되었다. 위장에 탈이 생기면 위 자체의 특성에 맞는 약을 개발하여 이를 복용하도록 한다. 예컨대 신경을 많이 쓰거나 술을 많이 먹어서 위산이 과다 분비되고 이로 인해 위염과 위궤양이 발생할 경우, 이런 질환에 좋은 양배추의 성질을 파악하여 그 성분이 함유된 위장약(주로 인공적 화학물질)을 대량 생산하여 공급한다. 물론 정도가 심하면 아예 수술을 시행한다. 진통제로 쓰이는 아스피린도 이런 경로로 만들어졌는데, 역시 대량 생산을 위해 석유 화학물질의 추출물로 구성되어 있다.

인류는 경제학이나 현대의학에서 구사한 것과 똑같은 방법으로 자연에 다가가는 사회발전을 도모했다. 이렇게 형성된 첨단 분야의 개발과 업적, 성취로 인해 산업 선진국은 풍요를 구가하고 있다. 사실 이런 방법은 보기에 따라서 위력적인 것으로 간주된다. 적어도 단기적으로 또는 부분적으로 강력하면서 효과적이다.

그러나 개체론의 방법에 따른 사회 운영은 오늘날 곳곳에서 많은 한계에 봉착해 있다. 2008년에 세계를 덮친 금융위기는 시장 만능의 자본주의로 인해 초래되었다. 처음에는 미국의 서브프라임 모기지 사태로 인해 촉발되었다. 영악한 뉴욕 월가의 금융인들은 집을 매개로 한 금융상품을 이렇게 저렇게 굴려서 호황을 구가하면서 떼돈을 벌었다. 막바지에 이르면서 부풀대로 부풀려진 이윤이라는 풍선은 마침내 터지는 지경에 이르렀다. 일부 금융회사는 부도로 쓰러졌다. 가령 스미스가 제안한 자유방임의 원리에 따라 시장을 그대로 내버려 둔다면, 서로 맞물린 금융회사는 연쇄 도산으로 이어지고 일반 시민의 예금은 휴지조각이 될 것이며, 대출을 받아야 할 기업은 도산할 것이다. 그리고 엄청난 수의 실직자들이 거리를 가득 메울 것이다. 이런 광경은 실제로 1920년대 말에 미국의 경제대공황 때 발생했다. 이에 이런 최악의 사태를 방지하기 위해 어떤 조치를 취하지 않을 수 없다. 그런 조치는 무엇이었는가? 국가가 프로그램 형식의 계획에 의해 구제 금융을 제공하는 형태로 도미노식의 연쇄 도산의 고리를 끊는 조치를 취한 것이다. 그리고 경기부양을 조성하기 위해 돈을 찍어 내서 시장에 공급하는 것이다. 집단으로서의 국가가 경제 흐름의 관계성을 고려하여 최악의 나락으로 떨어지지 않도록 자유시장에 관여한 것이다. 이런 사태 발생과 처방은 인간이 인위적으로 구축한 경제 영역에서도 구성 부분들 사이에 서로 연계되어 맞물려 있다는 점을 확인시켜 주었다. 시장에 계획을 통해 접근하는 방법도 순수 자본주의의 특성이 아니라 사회주의 계획경제에서 차용한 것이다.

현대의학의 영역에서도 다소 유사한 사태가 발생하고 있다. 1970년대 초 미국 닉슨(R. Nixon) 대통령이 집권하던 시기에 암과의 전쟁을 선포하면서 10년 동안 250억 달러 이상을 지출하였지만, 아직도 3명 가운데 1명이 암에 걸리고 5명 가운데 1명꼴로 사망하고 있다. 가계의 의료비 지출도 계속 늘어나서 1940년에 GNP의 4퍼센트에 해당하는 40억 달러 수준에서 1992년에는 14 퍼센트에 이르는 8천억 달러 규모로 증가했다.[2] 미국의 환자 다수가 암 등 불치병 치료를 위해 다른 나라로 떠나는 이탈이 가속화되자 마침내 1992년에 대체의학연구위원회(Office of Alternative Medicine)가 출범하였고, 국립보건원(NIH)조차도 대체의학국을 설치하였으며, 하버드대학을 비롯한 유수 의과대학이 대체의학센터를 설치하는 지경에 이르렀다.

왜 최근 들어서서 서양의 현대의학이 고치기 어려운 암과 아토피 피부염, 전립선 비대증, 류머티즘 관절염, 공해성 천식 등 난

---

2) 오홍근, 『자연치료의학』(정한PNP, 2004), 27쪽 참조.

치병이 많이 발생하고 있는가? 아무래도 산업문명이 초래하고 있는 환경문제가 우리 생활 속에 깊이 침투한 데서 그 원인을 찾을 수 있다. 농약과 공해 요인을 비롯하여 온갖 화학물질을 자연으로 배출하고 있는데, 이런 것은 자연을 황폐화시킬 뿐만 아니라 동식물 생체에 축적되고, 먹이사슬 체계를 거쳐 다시 우리에게 되돌아온다. 특히 일부 화학물질은 생체 내에서 수컷 또는 암컷 호르몬을 밀쳐 내고 유사호르몬으로 기능한다. 그래서 이것을 환경호르몬이라고 부른다. 이것은 인체에 들어와서 역시 남성 및 여성 호르몬으로 행세하면서 정상적 면역체계를 교란시킨다. 예컨대 유아용 젖병과 온갖 캔 용기에서 비스페놀A가 검출되는데, 쥐를 통해 실험을 한 결과 비스페놀A에 의해 전립선 비대가 나타났다.3) 또한 유아용 치아발육기에서 DOP 및 DBP 탈레이트, 컵라면에서 스틸렌다이머와 스틸렌드리머, 중국집에서 배달한 비닐 씌운 음식에서 노닐페놀 등이 검출되었다. 모두 환경호르몬으로 알려져 있고, 암 발생과 직간접으로 연결되어 있다.

인간이 자연을 이용하여 사회를 발전시키는 과정에서 나타나는 환경문제는 심각한 지경이다. 재생 불가능한 자원은 점차 고갈 단계로 접어들면서 자원 확보를 둘러싸고 국가 간에 긴장이 고조되고 있고, 자연에 주는 환경적 과부하는 도를 넘어서면서 생태계 파괴와 극심한 교란으로 이어지고 있다. 그리고 갑작스러운 자연의 변화는 인간에게 재앙의 형태로 되돌아오고 있다.

개체론의 방법으로 다가간 온갖 영역에서 문제가 증폭되고 있다. 이 방법으로 접근하여 이용할 때 한편으로 효과가 높아서 일정한 기간 동안은 몹시 만족스러울 수 있다. 그러나 또 다른 한편

---

3) 한스 울리히, 오은경 편역, 『더 이상 먹을 게 없다』(모색, 2001), 182쪽.

에 부담을 적체시키게 되는데, 그것이 누적될 경우 문제로 비화된다. 자연과 사회, 인체가 각각 그 구성 부분들 간에 서로 연계되어 있어서, 한쪽에 전가된 극심한 부담은 연결통로를 통해 재난과 갈등, 질병이라는 화(禍)의 형태로 전면화하게 된다. 결국 악순환의 체험을 통해 모든 것이 서로 이어져 있음을 알게 된다. 또한 자연과 사회, 인체라는 상위 단위도 실제로 분리되어 있지 않고 연결되어 있다. 세계적 금융위기 사태에 연계성을 고려한 계획에 의거하여 정책적 처방을 내린 것처럼, 환경문제와 사회문제, 건강문제에도 같은 유형의 해법이 요구된다.

이제 해법에 쓸 새로운 방법론이 필요한데, 그것은 개체론과 대비되는 전체론(holism)으로서 동아시아에서 주류를 이룬 접근이다. 물론 이 방법론은 서양에서도 나타난 바 있지만 비주류 흐름으로 미미하게 유지되고 있을 뿐이다. 포괄적 전체론은 전체로서의 우주와 사회, 인체를 조망할 때 그것을 구성하는 부분으로서의 단위가 있지만, 전체가 그 구성 부분들의 단순한 합 이상이라고 본다. 또 달리 표현하면 전체는 그것을 구성하는 부분들 간에 서로 유기적으로 연계되어 있고, 그에 따라 내적 관계성(relationship)이 실재한다고 여긴다. 이런 관점에서 보면, 구성 요소만 실재한다고 여겨서 관계성을 절단하거나 고려하지 않는 방식으로 전체를 보는, 그래서 전체를 부분들의 단순 합으로 파악하는 개체론적 접근은 필연적으로 오류를 범하게 된다.

전체론의 눈으로 세상을 보는 동아시아적 접근을 살펴보자. 미국과 유럽에서 최근에 채택하고 있는 대체의학은 서양 전통의학과 달리 "마음과 신체를 분리하지 않고" 연결된 것으로 보고, "질병 치료보다 예방이 우위에 있다"고 보며, "환자를 대할 때 특정 장기나 신체의 일부만 보는 것이 아니라 환자 전체를 보려 한다."

따라서 대체의학은 전체성에 주목을 하고 있는 것이다.4) 그런데 이런 방식으로 인체를 이해한 원형이 바로 동아시아의 전통의학이다.

인간은 자연과 분리되어 있는 것이 아니라 기(氣) 흐름의 연장선상에 놓여 있다. 맹자가 언급한 바처럼 자연에서 호연지기를 기르기도 하지만, 주로 식량을 통해 기를 제공받고 있다. 전국시대 이후 본격적으로 형성된 중국의 의학체계를 집대성한 한나라의 의학서적『황제내경(黃帝內經)』은 이렇게 전하고 있다.

> 사람은 곡식에서 기를 받는데, 곡기는 위로 들어가서 변하여 폐로 전해지면 오장육부가 모두 기를 받아들인다. 그 가운데 맑은 기를 영기(營氣)라 하고, 탁한 것을 위기(衛氣)라고 하는데, 영기는 맥 속에서 순환하고 위기는 맥 바깥으로 운행한다. … 황제가 물었다. 혈과 기가 서로 다른 이름을 갖고 있지만 같은 종류에 해당한다고 하는데, 어찌 그렇게 말할 수 있는가? 기백이 이렇게 대답하였다. 영기와 위기는 곡기가 변한 정기이고, 혈은 음식물이 신기로 나타난 것이니 이런 연유로 혈과 기는 서로 다른 이름을 갖고 있지만 같은 종류에 속한다고 한다.5)

서양인은 눈에 드러나는 혈(血)만 본다. 인간의 혈과 동물의 혈은 비슷한 종류의 것이지만, 다른 곳에 위치해 있기 때문에 분리해서 조망한다. 그러나 동양인은 눈에 보이는 것과 더불어 눈에

---

4) 이사도르 로젠펠드, 박은숙·박용우 옮김,『대체의학』(김영사, 1998), 8쪽.
5)『黃帝內經: 靈樞』,「營衛生會」: 人受氣於穀, 穀入於胃, 以傳與肺, 五臟六腑, 皆以受氣, 其清者爲營, 濁者爲衛, 營在脈中, 衛在脈外. … 皇帝曰, 夫血之與氣, 異名同類, 何謂也? 岐伯答曰, 營衛者精氣也, 血者神氣也, 故血之與氣, 異名同類焉. 홍원식 옮김,『黃帝內經 靈樞』(전통문화연구회, 1994), 182-183쪽, 186-187쪽 참조.

보이지 않는 것을 함께 본다. 그것은 기(氣)이다. 그런데 이 기는 논밭에서 자라는 곡식에서 오기도 하고, 산과 들에서 피는 식물(나물과 약초)에서 오기도 하며, 숲 속에서 호흡하는 생기(소나무에서 나오는 피톤치드 등)의 형태로도 전해진다. 보이지 않는 기가 운행하면서 인간과 자연을 잇고 있는 것이다. 인체에 들어온 기는 원기(元氣)로 부르기도 한다. 원기에는 신장에서 조성되는 정기(精氣)가 있고, 비위(脾胃)가 흡수해서 변화시킨 수곡(水穀)의 기가 있으며, 그리고 폐를 통해 흡입한 공기가 있다. 그리고 이런 기는 혈을 낳고 운행하며 붙잡는 기능을 수행하므로 혈의 지휘자(帥)라고 말한다.6)

조선시대의 명의 허준도 우리 전통의 의학을 체계적으로 정리하면서 유사한 입장을 취하고 있다. 그는 『동의보감(東醫寶鑑)』에서 "정(精)은 몸의 바탕이며, 기는 신(神)의 주인이고, 몸(形)은 신이 머무는 집"이라고 하면서, "신은 기를 먹고 몸은 음식을 먹으므로, 기가 맑으면 신이 맑고 몸이 지나치게 수고로우면 기가 혼탁해진다."고 하였다.7) 허준의 언급에서 엿볼 수 있는 것처럼, 곡기를 취하는 몸에 신이 머물고 있는데, 그 주인 역시 기인 것이다. 따라서 몸에 병이 났을 때도 기혈이 운행하는 몸 그 자체만 보는 것이 아니라 마음을 같이 본다는 데서 동아시아 의학이 갖는 특징이 드러난다. 허준은 이렇게 얘기하고 있다.

옛날의 신성한 의사는 사람의 마음을 다스릴 수 있어서 미리 질

---

6) 상해중의학원 편, 오원교 옮김, 『중의학 기초』(신아사, 2005), 49쪽, 57쪽 참조.

7) 허준, 동의과학연구소 옮김, 『東醫寶鑑 제1권 내경편』(휴머니스트, 2002), 132-133쪽.

병에 이르지 않게 하였는데, 지금의 의사는 오로지 사람의 질병만 치료할 줄 알지 사람의 마음을 다스릴 줄은 모른다. 이는 근본을 버리고 말단만을 쫓고, 그 근원을 찾으려 하지 않고 그 곁가지만 치료하고자 하는 것이니, 이 또한 어리석지 아니한가? … 질병을 치료하고자 하거든 먼저 그 마음을 다스려야 하며, 반드시 그 마음을 바르게 하여 도(道)에 바탕을 두어야 한다. … 그러면 문득 마음과 몸의 집착에서 벗어나 나의 삶과 자연의 법칙이 하나가 되어, 이렇게 오래 하면 신(神)이 모여 자연스럽게 마음이 매우 편안해지고 성정(性情)이 화평하게 되고, … 깨달음이 떨쳐 일어나 갑자기 [모든 의문이] 풀어져 곧 마음이 자연히 맑아지고 질병이 저절로 낫는다. 이와 같이 할 수 있다면 약을 먹지 않아도 병은 이미 없어진다.8)

허준의 언급에서 세 가지 점에 주목할 필요가 있다. 첫째는 기를 매개로 마음과 몸이 연결되어 있다는 것이고, 둘째는 의학적 치료가 몸과 마음을 함께 다스리는 데 있다는 것이며, 셋째는 발병 이후 치료보다 사전에 병을 예방하는 것이 중요하다는 점이다. 물론 병을 사전에 예방하여 천수를 누리려면 음양의 원리에 따라 운행하는 자연의 이치에 부응하는 형태의 문화적 삶을 영위해야 한다. 이쯤 되면 서양이 위험사회를 목전에 두고 진력하여 구축하려는 대체의학의 원형이 동의학(또는 韓醫學) 또는 중의학에 있음을 알 수 있다.

인체에 들어온 기는 장기의 작용을 거쳐 변화되고, 그것은 다시 몸 안의 경락체계(經絡體系)를 통해 운행하면서 전신 각처로 흐른다. 경락은 기혈(氣血)이 운행되며 전신 각처를 연결하는 통로이기 때문이다. 이렇게 "경락은 기혈을 유통시키는 작용을 수행함으로써 유기체의 오장육부 사지 백절과 모두 연계되어 생리

---

8) 같은 책, 143쪽.

적 기능을 수행하고 있다."9) 따라서 동아시아 의학은 혈의 운행을 주관하는 기가 경락체계를 따라 원활하게 흐르면서 각 장기에 필요한 것을 공급하고 또 편안한 마음가짐으로 몸의 상태를 적절하게 형성할 때 건강이 유지된다고 보기 때문에 인체를 전체론적으로 조망하고 있다.

어찌 되었든 인간에게 병이 찾아들 수 있다. 세상 일이 생각대로 되는 것만은 아니기 때문이다. 병의 도래는 몸 안에서 정기의 흐름이 막힐 경우 나타난다. 한나라 때 편찬된 『여씨춘추(呂氏春秋)』는 이렇게 전하고 있다. "흐르는 물은 썩는 일이 없고, 문의 돌대에는 벌레가 먹지 않는다. 항상 움직이고 있기 때문이다. 사람도 마찬가지여서 신체를 움직이지 않으면 정기가 흐르지 않는다. 정기가 흐르지 않으면 기혈이 막히게 된다."10) 기혈이 막히는 오장육부에서는 온갖 질병이 찾아들게 된다. 또한 질병은 몸 바깥에서 나쁜 기운, 즉 사기(邪氣)가 침투할 때 나타난다. 허준은 사기가 몸에 조성될 때 병이 발생하는 바를 이렇게 적고 있다.

서례(序例)에서는 "물고기는 물에서 살듯이 사람은 기 속에서 살며, 물이 탁하면 물고기가 마르듯이 기가 혼란스러우면 사람은 병이 생긴다. 사기가 사람을 손상시키는 것은 매우 심중하다. 장부가 이미 이 사기를 받아 장부에 전하여 들어가게 되면 그 [장부의] 허실과 한열에 따라 병이 형성되며, 병은 또한 서로 변화를 미쳐 다른 병을 만드니 그 변화가 매우 광범위하다."고 하였다.11)

---

9) 평양의학출판사 편, 김영진 감수, 『알기 쉬운 침구학』(열린책들, 1991), 75쪽.

10) 『呂氏春秋』, 季春紀 「盡數」: 流水不腐, 戶樞不螻, 動也. 形氣亦然, 形不動則精不流, 精不流則氣鬱.

11) 허준, 『東醫寶鑑 제1권 내경편』, 311쪽.

인간은 몸에 정기가 제대로 순환하지 않거나 또는 사기가 외부에서 침입하는 데 방어 능력이 떨어질 경우에 병을 얻게 된다. 이에 병을 치료할 때도 침구(鍼灸)를 사용하여 경락체계를 따라 정기가 원활히 순환하도록 하거나 사기를 몰아냄으로써 장기가 다시 제 기능을 회복하도록 도와주면 된다. 그리고 자연에서 구한 약재를 통해 역시 부족한 기운을 채워 주거나 사기를 몰아낼 수 있다. 이렇게 침구학과 본초학은 동아시아 의학에서 중요한 역할을 하게 된다. 그러나 그것으로 끝은 아니다. 자연의 이치에 부응한 삶과 마음가짐을 가짐으로써 질병을 사전에 예방하는 것이 으뜸이다.

이에 음양과 사계절의 변화는 만물의 생성과 소멸의 시작이자 끝이고, 생사의 근본이다. 그 법칙을 어기면 재해를 입게 되고, 그것을 따르게 되면 질병을 얻지 않게 되니, 이것을 도를 얻었다고 한다. 양생의 도는 성인이 따를 수 있지만, 어리석은 자는 이를 지키지 못한다. 음양의 법칙을 따르면 삶을 얻고, 그것을 거역하면 죽음에 이른다. 그것을 따르면 평안하고, 그것을 거역하면 재난을 만난다. 따르기를 거부하면 역행하게 되니, 이것을 일러 생명과 자연의 대립이 조성된다고 한다. 이런 연유로 성인은 병에 걸린 후에 치료를 하는 것이 아니라 병이 나지 않도록 미리 예방을 한다.[12]

『황제내경』은 인간이 자연의 이치에 부응함으로써 질병을 예방해야 함을 말하고 있다. 그런데 자연에서 변화가 나타나는 과

---

12) 『黃帝內經: 素問』, 「四氣調神大論」: 故陰陽四時者, 萬物之終始也, 死生之本也. 逆之則災害生, 從之則苛疾不起, 是謂得道. 道者, 聖人行之, 愚者佩之. 從陰陽則生, 逆之則死, 從之則治, 逆之則亂. 反順爲逆, 是爲內格. 是故聖人不治已病治未病. 해석을 할 때 다음을 참조하였음. 홍원식 옮김, 『黃帝內經 素問』(전통문화연구회, 1992), 26-27쪽 참조.

정에서도 나름대로의 조화가 이루어지고 있으니, 이것은 음양의 운행 이치와 맞물려 있다.

동아시아의 우주관을 가장 잘 반영하고 있는 『주역(周易)』은 한 번은 음의 움직임을 보이고 또 한 번은 양의 움직임을 보이는 것이 도(道)라고 했다. "추위가 가면 더위가 오고, 더위가 물러가면 다시 추위가 온다."고 했으며 "해가 중천에 오르면 곧 내려가고, 달이 차면 이지러진다."고 했다.13) 그래서 『노자(老子)』는 "되돌아가는 것이 도의 운동(反者道之動)"이라고 했다. 그러면서 또한 만물이 탄생하는 경로를 상징적으로 표현하고 있다. "도에서 일(一)이 나오고, 일에서 이(二)가 나오며, 이에서 삼(三)이 형성되는데, 삼에서 만물이 탄생했다."고 한다. 이것을 후세의 도가들이 보는 한 방향으로 해석하는 것이 가능하다. 즉, 도에서 기(氣)가 나오고, 기가 음양(陰陽)의 이기로 분화되며, 음양의 이기가 서로 어우러져서 조화를 이루는 화기(和氣)를 낳으니, 음기와 양기, 화기가 합세하여 만물이 탄생했다고 볼 수 있다.14)

만물은 기의 작용으로 조성되어 있고, 그 기는 도에서 비롯되었다. 『장자(莊子)』는 이런 경로를 통해 인간이 탄생하였음을 밝히고 있다.

인간이 태어나기 전 시초에는 생명이 없었다. 생명이 없었을 뿐만 아니라 본래 형체도 없었다. 형체가 없었을 뿐만 아니라 본래 기도 없었다. 그저 흐릿하고 어두운 가운데 섞여 있다가 변해서 기가 생기고, 기가 변해서 형체가 생기며, 형체가 변해서 생명이 탄생되

---

13) 『周易』, 「繫辭下」: 寒往則署來, 署往則寒來. 『周易』, 「豊卦」: 日中則昃, 月盈則食.

14) 『老子』, 제42장: 道生一, 一生二, 二生三, 三生萬物. 해석은 다음을 참조했음. 余培林 註譯, 『新譯 老子讀本』(臺北: 三民書局印行, 1973), 76쪽.

었다.15)

　『장자』에서 보는 자연은 "기를 호흡하는 거대한 땅덩어리"인데, 모든 천지만물이 이것의 이합집산에 의해 탄생과 유지, 소멸의 과정을 겪는다. 생물학적 존재로서 인간도 예외일 수 없다. 인간의 생사도 기의 이합집산으로 파악된다. "사람이 태어난다는 것은 기가 취합된다는 것이다. 기가 모이면 생명이 되고 기가 흩어지면 죽음이 된다."16) 그런데 자연을 기의 흐름의 과정으로 보는 시각은 도가사상에서만 나타나는 것은 아니다. 동아시아 의학을 기의 의학이라고 부를 수 있는 데서 확인할 수 있듯이 유학도 이 개념체계를 공유하고 있다. 『순자(筍子)』도 자연에 만연하고 있는 기에 대해 이렇게 진술하고 있다.

　　물과 불은 기가 있지만 생명이 없고, 풀과 나무는 생명이 있지만 지각을 못하고, 금수는 지각을 할 수 있지만 이성적 능력이 없다. 사람은 기가 있고, 생명이 있고, 지각을 할 수 있으며 또한 이성적 능력도 있다. 이런 까닭에 인간을 일러 천하에서 가장 귀하다고 한다.17)

　순자의 글에서 두 가지 화제를 분별할 수 있다. 하나는 기가 인간과 동물, 식물, 그리고 무생명체로 간주되는 물과 불, 바람 등에도 있다는 점이다. 즉 기는 천지만물에 두루 깃들어 있다. 다른

---

15) 『莊子』, 「至樂」: 察其始而本無生, 非徒無生也而本無形, 非徒無形也而本無氣. 雜乎芒芴之間, 變而有氣, 氣變而有形, 形變而有生.

16) 『莊子』, 「齊物論」: 大塊噫氣; 「知北遊」: 人之生, 氣之聚也. 聚則爲生, 散則爲死.

17) 『筍子』, 「王制」: 水火有氣而無生, 草木有生而無知, 禽獸有知而無義. 人有氣有生有知, 亦且有義. 固最爲天下貴也.

하나는 인간에게는 기 이외에도 생식기능과 지각능력, 더 나아가 이성까지 겸비하고 있다는 점이다. 그래서 인간을 가장 귀한 존재로 본다. 자연에 퍼져 있는 기는 아무렇게나 흘러 다니는 것이 아니라 일정한 방식으로 작동한다. 그래서 자연에는 변화가 무쌍하지만 또한 규칙적으로 이루어지고, 사계절과 같은 현상도 그래서 나타난다. 이때 기가 일정한 방식으로 변화하므로, 거기서 어떤 규칙적 이치를 찾을 수 있다. 이것을 파악할 수 있는 능력이 이성에게서 비롯된다고 볼 수 있다.

서양에서는 경험적으로 지각 가능하면서 분리된 실체의 지위를 가진 물질을 설정하고 이것과 대비해서 별개의 실체인 이성(또는 정신)을 설정하고 있다. 이 입장은 근대의 합리주의자 데카르트(R. Descartes)에 의해 대표되고 있는데, 오늘날 서양에 만연해 있다. 이와 달리 동아시아에서는 비어 있는 것 같은 우주에 사실은 기가 꽉 들어차 있고, 이것이 우주 역사의 전개 과정을 통해 계속 이어지는데, 그 이합집산에 의해 천지만물이 탄생했다고 보고 있다. 다만 이합집산을 비롯한 기의 작용은 이치에 따른다고 보는데, 이때 이치에 해당하는 것을 이(理)로 분별하고 있다.

동아시아에서도 이와 기를 둘러싼 견해에 차이가 빚어지고 있다. 도가사상은 기를 주로 언급할 뿐 이를 중시하지 않으므로 이와 기의 관계에 대한 언급을 제대로 찾기는 어렵다. 다만『장자』등의 문헌에서 확인할 수 있듯이 도를 기의 출처로 보는 일부 견해가 있는데, 이때의 도는 전적으로 자연 그 자체의 이치일 뿐이지 일반적인 자연적 특성을 넘어선 인간 이성과 거의 상관이 없는 것으로 여겨진다. 반면 유학은 이와 기가 긴밀하게 연결되어 있다고 본다. 여기서도 확연히 대비되는 두 입장을 분별할 수 있다. 하나는 주리론(主理論)이고 다른 하나는 주기론(主氣論)이다.

중국의 주자(朱子)와 한국의 이황에게서 전형적으로 나타나는 것처럼, 성리학은 이를 기의 주재 원리로 보고 또 이를 본원적인 것으로 간주함으로써 주리론의 입장을 견지하고 있다. 물론 기의 존재를 당연히 수용하기 때문에 더 엄격하게 평가하면, 이기이원론의 경향을 비교적 두드러지게 보인다. 반면 중국의 장재(張載)나 한국의 서경덕은 주기론으로 대변된다. 물론 주기론도 이(理)를 전면적으로 부정하지 않는다. 존재론적 차원에서 실재하는 것은 기일 뿐이라고 간주한다. 이때 이의 역할은 보조적인 것으로 축소된다. 신유학의 계보를 잇는 장재는 무(無)에서 유(有)가 출현했다는 것을 부정하는 점에서 노자와 입장을 달리한다. 본래 태허는 기로 충만했기 때문에 무에서 유가 나온 것이 아니라, 혼돈의 기가 이합집산을 거쳐 천지만물이 되었다고 본다. 서경덕도 같은 입장이다. 고요하고 깊이 침잠해 있던 선천(先天)의 기의 세계에서 기의 작용이 활발하게 이루어지면서 삼라만상의 개별상이 드러나는 후천(後天)의 기의 세계로 전환되었을 뿐이다. 다만 기의 막연한 작용만으로는 삼라만상에서 나타나는 차이와 그 각각이 갖는 고유성을 파악할 길이 없다. 그래서 각 존재의 근거로서 이를 도입할 필요가 있다. 이때 이는 기와 독립된 그 무엇이 아니다. 즉, 이는 기 바깥에 따로 존재하는 것이 아니라, 기의 재(宰)로서 작용이나 기능일 뿐이다.[18]

동아시아에서 학파에 따라 이와 기의 관계 및 그 우위에 대한 견해는 다르다고 할지라도, 공통된 것이 있다. 그것은 전체론적으로 자연과 인체를 이해한다는 점이다. 모두 기의 흐름과 이합집산에 따라 생명이 탄생하고 유지하며 소멸 과정을 거친다고 생각

---

18) 최영성, 『한국유학사상사 II: 조선전기편』(아세아문화사, 1995), 234쪽 참조.

한다. 이때 인간과 자연적 존재는 기를 형성하여 주고받는다는 점에서 내적으로 연결되어 있다. 인간은 살아서는 메탄가스 등을 공급하고 죽어서는 자신의 몸을 내어 주는데, 자연에 대해 기여하기보다는 훨씬 많은 것을 받고 있다. 이것은 오히려 인간이 자연에 대해 더 많은 책임을 가져야 함을 뜻한다. 자연은 인간을 비롯한 생명체에게 서로 유기적으로 연결되어 있는 생명의 원천(sources of lives)이기 때문이다.

3. 기-생태주의의 철학

오래 전부터 동아시아인은 자연을 조망하면서 그것을 전체론적으로 파악했다. 자연은 기(氣)가 흐르는 생명의 그물망인 것이다. 다만 기의 흐름은 나름대로의 연유에 의거하는데, 이때 그 근거나 원리로서 이(理)가 설정된다. 다만 이와 기의 관계에 대해서는 여전히 논란에 휩싸여 있다.

필자는 이원적 주리론이나 주기론 모두 한쪽으로 치우쳐 있다고 본다. 주자와 이황이 이를 기의 주재 원리로 본 것은 옳았지만, 이가 기에 우선하고 이와 기가 서로 다른 것으로써 존재한다는 이원론으로 규정한 것은 틀렸다고 본다. 이의 우월성이 전제된 이기이원론은 이성의 우월성에 바탕을 둔 이성-물질의 이원론이라는 서양의 전통 견해와 궤를 같이한다. 그런데 서구의 바로 그런 세계관이 다른 사회제도적 요인과 결부되어 오늘의 생태위기를 초래했다. 이원적 주리론은 이성 우위의 이원론에 선 플라톤의 견해가 잘못된 것과 같은 형세에 놓여 있다.

장재와 서경덕이 태허(太虛)에는 기가 가득 차고, 거기에서 천지만물이 형성되었다고 봄으로써 무에서 유가 나온 것은 아니라

270

고 본 것은 옳았다. 그러나 이를 기에 부속된 속성으로 격하시킴으로써 주기론으로 이행한 것은 좀 지나쳤다고 본다. 자칫 서양의 유물론과 같은 형세로 전락할 수 있기 때문이다. 물론 존재하는 것은 기일 뿐이다. 그러나 이는 변화하는 가운데서도 규칙성을 갖는 자연의 이치이고, 그럼으로써 기의 근거이자 주재(主宰) 원리이다. 이는 기의 단순한 속성 이상의 것이다. 기는 부단히 변화를 보이지만, 이는 불변하기 때문이다. 그렇다고 하더라도 존재론적으로 실재하는 것은 기이고, 이는 기 운행의 주재 원리이다.

필자가 보기에 이와 기의 관계는 어느 한쪽이 우위에 놓인 형세가 아니라, 서로 연계되어 균형을 이루고 있는 상태이다. 인간은 현재까지 다른 자연적 존재와 달리 우주자연에서 전개되는 실상과 연원, 가치를 평가할 수 있는 존재이다. 인간의 이런 능력이 이성(reason)이다. 다만 인간에게는 이성 이외에도 감성(sensibility)과 영성(spirituality)이 있다. 이성이 다른 능력에 비해 우월하지도 않다. 감성이나 영성이 결여된 이성은 좁은 시야만을 갖게 되어 오만하기 십상이다. 자연과 생명을 경시하는 태도는 다른 것을 수단으로 삼는 도구적 이성에서 비롯되었다. 이성은 다른 것과 호혜적으로 관계를 맺는 사회 관계적 이성과 자연 친화적 이성으로 발전되어야 한다.[19]

감성은 인간의 판단에 도움을 주고 또 삶을 역동적으로 만드는 열정을 갖게 한다는 점에서 바람직한 것이다. 그러나 이성이 결여된 감성은 충동적일 수밖에 없다. "법보다 주먹이 가깝다."고 하듯이 매사를 합리적 판단에 의존하기보다 동물적 본능으로 행동하기 쉽다. 예컨대 소중한 인연으로 맺어진 가족보다 이웃 여

---

19) 한면희, 『초록문명론』(동녘, 2004), 340쪽.

성과 남성의 성적 매력에 이끌려 바람을 피우거나 또 가족 내 폭력을 구사하기 일쑤일 수 있다.

이성이 결여된 영성은 신비주의로 흘러서 사태를 그르칠 수 있다. 영성의 영역이 신비스럽고, 이에 신비스러운 것 자체는 결코 나쁜 것도 아니고 비난받을 만한 것도 아니다. 오히려 신비 속에 감추어진 진리와 진실 앞에 인간은 겸손해야 한다. 그것에 옷깃을 여미고 영성적 태도로 다가가야 한다. 그러나 그릇된 신비주의에는 무지와 욕망, 거짓, 오류도 자란다. 예컨대 병에 걸려서 합리적인 치료를 받아야 할 때, 주술적으로 의탁하여 신령님께 비는 것으로 문제가 해결되지 않고 오히려 사태가 악화될 수 있다. 인간에게 독특하게 구비되는 이성이 감성과 영성의 균형자 역할을 수행할 때, 인간은 더 온전한 전체론적 실체가 될 수 있다. 인격도 이런 실체의 중요 특성의 하나이다.

이것과 유비적으로 판단할 때, 자연에 실재하는 기와 인간이 그 원리로 파악하는 이(理)는 서로 다른 고유한 특성을 지니고 있지만, 서로 균형을 이루며 조화를 이루어야 할 짝이다. 존재론적으로 기만 실재한다. 그러나 감성 및 영성의 균형자 역할을 하는 이성에 따라 자연을 파악할 때, 거기서 기의 이치인 이를 파악할 수 있다. 이것이 필자의 균형적 이기론에 따른 기의 철학이다. 그리고 이것은 생태주의 인식과 결합되면서 기-생태주의로 이행한다.

서구식 사유체계에 비추어 보면 우주론적 기의 철학과 기-생태주의가 신비적으로 보일 수 있다. 그러나 신비적 요소가 다소 드리워져 있지만 합리적 요소가 저변에 깔려 있다. 동아시아의 눈으로 보면 신비적이지도 않다. 비록 서구의 패러다임에 부합하지 않아서일 뿐이지 경험적 현실을 통해 확인된 구체성을 바탕으로 보편성을 추구한다는 점에서 그릇된 신비주의와 거리가 멀다고 할 수 있다. 필자가 기의 의학이라고 단순화시킨 동아시아 의학이 그것을 말해 주고 있다.

중국 전국시대에 편작(扁鵲)이라는 명의가 있었는데, 그는 민간 일각에서 주술에 의거하여 질병을 고치려는 시도에 대해 무속을 믿고 의학을 받아들이지 않는 것이 병을 치료하는 데 나타나는 큰 장애라고 말한 바가 있다.[20] 동아시아 의학은 오랜 동안의 경험적 축적에 의해 원리로 일반화가 된 것이다. 다만 그 접근이 동아시아 고유의 자연관과 전체론적 방법에 따른 것일 뿐이다. 이렇게 보면 눈에 보이지 않는 기의 흐름에 따라 질병을 치료하는 동아시아 의학이 주술적이거나 신비적이라고 폄하해서 말할 수 없다. 그것은 인체를 기의 흐름인 경락체계에 의해 진단하고 처방한다. 이때 기의 흐름을 감지하는 인간의 능력은 기감(氣感)인데, 이 기감을 해석하여 병을 진단하고, 이에 따라 처방하는 능력은 이성에서 비롯된다. 동아시아 의학은 이와 기의 상관성에 의한 보편적 원리로서의 학문이다.

다만 동아시아 의학이 관계성에 지나치게 몰두하여 개체로서의 장기의 특성을 명료하게 드러내지 못하거나 객관적 체계화를 제대로 못 시킨 것은 단점일 수 있다. 그렇다고 해서 분리된 이원론적 객관성이 옳은 것도 아니고 바람직하지도 않다. 상관성은 어느 정도 주관성을 담고 갈 수밖에 없는 필연적 구조에 놓여 있다. 그렇다면 동아시아 의학은 주관성이 상호주관성(inter-subjectivity)으로 격상될 수 있도록 보편적 의학체계를 구축해야 하는 과제를 갖고 있다고 할 것이다.

---

20) 상해중의학원 편, 『중의학 기초』, 3쪽.

동아시아 의학은 경험을 통해 축적된 바를 보편적으로 체계화한 것이다. 그것은 구체성을 띠고 있으면서 보편적 원리를 담고 있다. 동아시아 의학은 경락체계에 따라 인체에 기가 흐르고 있다고 보기 때문에 방법론적으로 전체론에 의거하고 있고, 내용상 기를 핵심 개념으로 삼고 있다. 이제 이런 구체성을 담지한 동아시아 의학에 적용되었던 내용과 방법론의 시각으로 자연의 건강성에 주목할 수 있다. 이렇게 할 때 나타나는 지평이 기-생태주의이다. 기-생태주의는 인간이 동아시아 자연관으로 조망하는 자연 상생의 새로운 사회 이념이다. "생기가 자연에 흐를 때, 자연에 거주하는 온갖 생명체는 자연이 허용하는 범위 안에서 번성한다. 인간도 삶의 근원적 터전이 자연이다. 따라서 인간도 삶을 영위하면서 생명을 유지하려면 마땅히 자연에 흐르는 기를 공급받아야 한다. 그러려면 자연에서 생기가 돌고, 또 생기를 원활히 흐르도록 해야 한다. 따라서 기-생태주의에서 환경보전은 자연에 생기가 돌아 흐르도록 하고 또 그렇게 함으로써 인간을 비롯한 생명체의 생명을 건강하게 보전하며 또한 새로운 생명이 자연스럽게 탄생하는 터전을 조성하는 것이다."[21)

몸 안에 흐르는 기가 왜곡되어 정체되거나 외부로부터 사기(邪氣)가 침투하는데 이를 감당할 수 있는 방어 능력을 넘어설 경우 인간이 각종 질병에 걸리듯이 자연도 흡사한 형세에 놓여 있다. 주로 인간 때문이다. 즉, 인간의 문화가 배출한 온갖 독성의 사기가 자연의 황폐화를 초래하면서 동식물 종을 사멸시키는 단계로 이행하고 있다. 이에 인간의 경우에 구사되는 해법과 유사한 방법이 자연을 살리는 데도 구사될 수 있다. 동아시아 자연관과 의

---

21) 한면희, 「생명 존중의 동아시아 환경윤리」, 『대동문화연구』 제37집(성균관 대학교 대동문화연구원, 2000), 377쪽.

학적 처방에서 추구한 것에서 시사를 받아 사태를 조망하고 또 해법을 제시할 수 있다. 또한 동아시아 의학이 발병 이후의 치료보다 질병의 사전 예방에 주안점을 두듯이, 기-생태주의는 자연보전에 있어서도 훼손 후 복원을 시키는 것보다 문화적 영역 이외의 야생 자연환경을 가능한 한 원형으로 유지하도록 보전하고 또한 문화적 확장에 따라 변형이 불가피한 곳에서는 자연의 자정력에 의해 다시 생기가 원활히 돌 수 있도록 주의해야 한다.

기가 결집되면 생명이 되고 흩어지면 죽음이 된다. 이것은 사람에게만 적용되는 것이 아니라 모든 생명체에게 적용된다. 다만 기의 결집 정도와 관여하는 기의 종류에 따른 차이가 있고 또 여기에 주재 원리로서 이(理)의 구현이 이루어지는 수준에 따라 질적 차이가 나타나기 때문에 식물이나 동물, 인간 종으로 탄생하게 된다. 각각의 식물 종과 또 각각의 동물 종 사이의 차이도 마찬가지에서 비롯된다. 온갖 생명체가 이런 흐름과 과정 속에 있음에 비추어 볼 때, 유기체로서의 생명체와 무생명체 사이에도 두부 모 자르듯이 이원적 구획은 이루어지지 않는다. 기의 흐름은 끊길 수 있는 것이 아니기 때문이다. 인간이 생명체와 무생명체를 분류할 수 있지만, 그것 사이에 대쪽같은 구획은 있을 수 없다. 무생명적 터전은 알맞은 조건 조성의 유무에 따라 생명체로 탄생하게 된다. 다만 그렇지 않는 경우에도 그것은 생명체를 위한 생명의 기반 역할을 한다. 또한 생명체는 죽음을 맞이하게 되면 무생명체로 되돌아간다. 따라서 자연은 인간과 생명체에게 생명의 총체적 장(場)인 것이다.

이렇게 전체를 조망하는 수준에서 파악하면, "기는 생태계에서의 생명 에너지이며 기의 흐름은 생명 에너지의 흐름이다. 따라서 생태적인 기는 자연에 흐르는 생명 에너지이다." 이에 인간이 취하는 "근원적인 생명 존중의 태도는 생명 에너지 흐름의 존중의 태도인데, 그것은 곧 생태적 기와 그 흐름을 존중하는 태도이다."[22] 바로 이런 윤리적 태도로 자연에 다가갈 때 새롭게 구축할 수 있는 것이 기 중심적 환경윤리로서, 달리 표현하자면 기-생태주의 윤리이다. 이것에 의해 자연에 다가갈 때 자연이 갖는 가치가 '온 가치(Onn-value)'이다. 필자는 1997년에 『환경윤리』에서 이렇게 언급하였다.

온 가치는 자연의 생명 에너지 흐름을 존중하는 태도를 취할 때 자연적 존재의 생명을 유지하는 터전으로서 자연의 기가 갖는 가치이다. 그것은 자연을 이루는 각 구성원인 자연적 존재들이 서로 얽혀서 상보적으로 에너지 흐름을 잇게 함으로써 생명을 유지하게 되는 장의 가치, 또는 그물코로 상징화되는 수많은 자연적 존재가 서로 생명을 기대어 유지하게 되는 망의 가치이다. 그런데 뭇 자연적 존재도 그것이 생명체이든 아니면 무생명체이든 기를 품고서 기의 원활한 흐름에 기여하는 한, 마찬가지로 온 가치를 갖는다. 이제 인간은 자연에서 어떤 활동을 하든 전체적으로 자연에 흐르는 생태적 기의 흐름을 원활하게 이어지도록 해야 한다. 그 이유는 인간이 자신의 종의 생명을 위해서 그렇게 해야 하며, 더 나아가 지구상의 온갖 생명 일반을 위해서도 그렇게 해야 하기 때문이다.[23]

인간은 자연에서 기를 받아 삶을 영위한다. 자연의 기를 유형별로 분류하면 무수히 많을 것이지만, 생명 유지에 결정적인 것이기 때문에 동아시아인들은 통칭하여 기라고 불렀다. 물론 이것에는 지나치게 신비화되어 부풀려진 것도 있다. 필자는 동아시아

---

22) 한면희, 『환경윤리』(철학과현실사, 1997), 247쪽.
23) 같은 책, 248쪽.

자연관에 부합하면서 현대 생태학에서 생태계의 에너지 흐름으로 서술하고 있는 것으로 국한하여 그것을 자연의 생명 에너지로 보면서, 이런 유형의 것만을 추슬러서 '생태적 기'라고 한정했다. 이런 것에는 우리가 호흡할 때 꼭 필요한 산소를 함유한 공기(空氣)도 포함된다. 비어 있는 것으로 비춰지지만, 그것은 완전히 빈 것이 아니라 기로 가득 차 있다. 우리 인간은 허기(虛氣)가 지면 쌀이나 잡곡과 같은 곡식으로 식사를 한다. 이것을 일러 곡기(穀氣)를 채운다고 했다. 기는 물질에만 관여하는 것은 아니다. 정신에도 미친다. 남이 던진 말 한마디에 따라, 즉 물리적 음파의 색깔과 의미에 따라 나의 정신 상태에 해당하는 기분(氣分)이 좋아지기도 하고 또 나빠지기도 한다.

기가 모이면 생명이 되고 흩어지면 죽음에 이른다. 이것은 자연에 거주하는 인간과 모든 생명체에게 해당한다. 자연은 생명의 장인 것이다. 지구 자연에는 무수히 많은 생태계가 있다. 생태계라는 개념체계에 부응할 수 있는 곳이 다양하게 펼쳐지고 또 중첩되기 때문이다. "단위 생태계는 지역의 토착 생명체가 고유한 역할을 통해 기를 생산하고, 그리고 생태계 먹이사슬 체계를 통해 기가 순환하는 작은 생명의 장이다. 그리고 지구 자연은 단위 생태계가 또다시 서로 간의 관계 속에서 연결되는 더 큰 규모의 생명의 장으로서 숱한 지구 생명체를 부양하는 기의 연결망이다."24) 기-생태주의는 동아시아 자연관에 의거하여 자연을 전체론적 시각으로 조망하는데, 자연을 기의 흐름이 부단히 이루어지는 연계적 체계로 파악한다. 지구상의 모든 생명체는 기의 흐름 통로에서 기를 받고 또 스스로 고유한 기를 산출함으로써 생명

---

24) 한면희, 『미래세대와 생태윤리』(철학과현실사, 2007), 349-350쪽.

유지에 기여한다. 지구 생명 공동체의 구성원들은 이렇게 호혜적으로 의지하면서 살아간다는 것이 기-생태주의의 인식이다. 이에 윤리적으로 인간이 생명 존중의 태도를 취할 때 자연이라는 그물과 그것에 달린 생명체라는 그물코가 생기 흐름에 기여할 때 갖는 특징적 가치를 온 가치로 분별했다. 자연적 존재와 자연이 온 가치를 갖는 한, 생명체와 생명의 장은 온전하게 유지되어야 한다.

4. 온 가치의 생태윤리학

선진국 시민들에게 환경문제가 위기로 다가온 시기는 1970년을 전후로 한 때이다. 이 시점을 계기로 생태주의의 트로이카, 즉 급진적 생태주의가 출현했다. 그리고 뒤이어 철학계에서 환경윤리에 대한 학술적 논의가 뒤따랐다. 넓은 의미의 환경윤리는 편의상 둘로 구분되었다. 하나는 보수적 견해로서 서구 전통의 윤리사상을 유지하는 선에서 그것을 자연보호에 적용하는 인간 중심의 환경윤리가 먼저 제기되었다. 인간 중심의 환경윤리는 기존의 윤리사상을 새로운 화제인 환경사안에 적용하는 것이기 때문에 응용윤리(applied ethics)로 불렸다. 또 다른 하나는 자연윤리(또는 생태윤리)이다. 이것은 기존의 서구 주류의 윤리학을 뛰어넘어서 새로운 윤리사상에 의해 대안을 찾는 형태로 전개되었다. 이런 것 가운데 전체론적 윤리 체계를 개척한 분야는 대안윤리(alternative ethics)로 불리기도 했다.25)

인간 중심의 환경윤리는 자연에서 도구적 가치(instrumental

---

25) 이것에 대한 자세한 논의와 세부적 분류에 대해서는 다음을 볼 것. 같은 책, 2장.

value)만 분별한다. 본래 가치란 평가(evaluation)의 의미를 담는 개념이어서 인간 중심적 표현인데다가, 바라보는 시각 자체에 인간 중심주의가 배어 있다. 이 입장은 환경문제 발생 이전에는 자연의 가치를 무시하거나 낮게 보았는데, 이제 환경문제가 중요해지면서 그 값어치를 높이 평가해서 관리 차원에서 잘 보호하겠다는 것이다. 따라서 인간 중심적 환경윤리는 자연을 경제적 가치 위주로 평가하기 십상이다.

자연윤리는 두 가지 방향으로 분화되었다. 하나는 개체론적 방법으로 인간 이외의 존재에 주목하는 견해로 나타났다. 동물 해방론과 동물 권리론, 생물 중심주의 윤리가 그런 것이다. 이런 입장들은 개체로서의 자연적 존재가 갖는 특성을 식별하여 그것을 근거로 자연적 존재를 보호하고자 한다. 동물 해방론은 동물 각각이 고통을 느낀다는 것에 의거하여 그 동물을 보호해야 한다고 주장하고 있다. 동물 권리론은 개체로서의 동물이 고유한 생활을 영위하고 있다는 것에 비추어 동물의 권리를 주장한다. 생물 중심주의 윤리는 생물 각각이 살기 위해 애를 쓰는 목적을 갖고 있기 때문에 스스로의 생존에 맞는 내재적 가치(intrinsic value)를 지닌다고 본다. 이런 견해는 개체론적 특성에 의거하여 동식물의 권리와 내재적 가치에 주목한다는 점에서 자연적 개체 중심주의 윤리라고 부를 수 있다. 이런 견해들이 갖는 한계는 집합적 개념으로서의 자연이나 생태계, 동식물 종에 대해 직접적 관심과 배려를 행할 수 없다는 데 있다. 동물 해방론과 권리론을 수용하면, 전면적 채식주의로 돌아서야 한다. 마찬가지로 생물 중심주의를 정말로 진지하게 받아들이면, 인간의 생존이 불가능할 수 있다.

자연윤리에는 전체론적 접근을 취하는 또 다른 견해가 있다. 생태 중심주의 윤리로서 심층 생태주의와 문화적 생태 여성주의,

가이아 생태윤리가 그것의 전형을 보여주고 있다. 이런 입장들은 인간이 자연과 하나로 이어져 일체를 이루고 있거나 그 하위 존재이기 때문에 자연이 본래적으로 내재적 가치를 갖고 있다고 본다. 이런 경우, 전체로서의 자연과 생태계, 집합적 생물 종을 개체보다 우선해서 조망하기 때문에 지구 자연을 구하는 데 가장 나은 입장에 놓여 있고, 지구 영성을 고무시키기에 최적일 수 있다. 다만 동물 권리론의 주창자인 레간(T. Regan)이 지적하고 있듯이 전체로서의 생태계 보호와 개체로서의 동물(인간 포함)의 이해가 상충될 때 논리적으로 집합적 전체를 우선시하게 되어, 개체인 인간과 동물의 희생을 수용함으로써 '전체주의의 오류'에 빠질 수 있다는 한계를 띠고 있다. 그리고 자연과 생태계, 생물 종의 내재적 가치와 인간의 내재적 가치가 충돌을 빚을 때, 전체 우선에 따라 인간이 양보를 해야 하기 때문에 실질적으로 인간이 문화인으로서 살아간다는 것이 무척 버거워지게 된다. 더 나아가 인간이 생존을 위해 동식물을 먹이로 해야 하는데, 이때 기초적인 물질적 필요에 부응하기 위해 동식물을 먹이로 취하는 경우를 예외(exception)로 설정하기 때문에 이론의 일관성을 저해하는 한계를 갖게 된다.

생태윤리학의 차원에서 서양은 자연에 대해 도구로서의 가치나 내재적 가치를 분별하는 형태로 이행했다. 한편에서는 정신과 물질, 사회와 자연의 이원론을 전제하고 있고, 또 다른 한편에서는 그것을 극복하고자 하지만 여전히 이원론의 그늘에서 벗어나지 못하고 있는 형세이다. 그런데 이런 상태에 놓인 연유는 그 이면에 서구 전통의 자연관과 우주관이 강하게 숨 쉬고 있기 때문이다. 이에 반해 동아시아 자연관에서는 인간과 자연이 유기적으로 연결되어 있지 서로 분리되어 있지 않다. 동아시아 우주론은 인간과 분리된 도구로써 자연을 보지 않았다. 또한 동아시아는 생태 중심주의처럼 우주자연을 인간과 무관하게 존립하는 자체 목적을 지닌 존재로 설정하지 않았다. 동아시아는 늘 인간과 자연이 분리되어 있지 않은 상태와 과정에 놓인 것으로 파악했다. 물론 기의 철학은 연결고리의 실체를 기로 보았다. 이제 이런 입장에서 자연을 조망할 때, 즉 기-생태주의 철학으로 자연을 조망할 때 자연이 갖는 가치는 서구에서 분별한 것과 다른 새로운 것이어야 한다. 필자는 이것을 온 가치라고 명명했다.

가치는 고도의 평가 개념이기 때문에 자의식을 가진 존재, 곧 인간에 의해 식별될 수밖에 없다. 물론 인격적 초월 신을 전제하지 않을 경우에 그렇다. 가치는 좋다 또는 나쁘다, 옳다 또는 그르다, 선하다 또는 악하다, 아름답다 또는 추하다 등과 같은 것이다. 이렇게 가치가 인간에 의해 평가적 개념으로 출현하게 된다고 해서, 그것이 곧 인간 중심적이어야 한다고 말할 필요는 없다. 인간에 의해 평가되지만, 자연을 위한 것일 수도 있고 또 인간과 자연 모두를 위한 것일 수도 있기 때문이다. 이렇게 보는 가치의 출처는 그 기원이 인간에 의한 것임은 분명하다.26) 그러나 이 가치는 인간과 자연 모두를 위한 것일 수 있다. 필자가 제안한 온 가치는 바로 이런 유형의 것이다. 온 가치 개념은 인간 중심주의의 산물이 아니므로 자연의 도구적 가치와 다르다. 그리고 인간과 무관하게 자연으로 집중된 생태 중심주의의 산물도 아니기 때문에 자연의 내재적 가치와도 다르다.

온 가치의 한 특성은 그것이 관계적(relational) 개념이라는 것

---

26) 이런 견해를 생태윤리 차원에서 개진한 것에 대해서는 다음을 볼 것. J. B. Callicott, *In Defense of the Land Ethic*(Albany, N.Y.: State University of New York Press, 1989), p.151.

이다. 온 가치의 또 다른 특성은 그것이 생명 존중과 같이 호혜적이거나 다른 존재를 배려하는 개념이라는 것이다. 맹자는 측은지심을 인(仁)의 단초로 보았는데, 죽을 줄 모르고 물웅덩이로 기어가는 갓난아이를 구하려는 인간의 마음을 그 사례로 언급했다. 이때 아이를 구하고자 달려든 어른이 갓난아이를 보면서 그에게 느끼는 가치가 일종의 온 가치이다. 어른에게 아이는 도구에 불과한 존재가 아니다. 그렇다고 해서 동아시아에서 고유의 자연관을 갖고 살아가는 어른에게 이 아이는 자신과 분리된 타인이 아니다. 하늘 아래 같은 공동체의 구성원인 것이다. 온 가치는 양자 관계성을 반영하기도 하지만, 기본적으로 나와 뭇사람 또는 모든 자연적 존재와의 다자 관계성을 반영하는 개념이다.

온 가치의 다자 관계성은 '온(Onn)'이란 언어적 표현의 사용과 관련된다. '온' 개념은 조선시대에 한글 창제 정신을 담은 『용비어천가』 58장의 "온 사름 드리샤"에서 나온 것이다. 세종대왕이 한글을 창제할 때, 온 백성이 서로 제각기 역할을 수행하면서 살아가되, 쉬운 우리글을 사용함으로써 서로 기대고 협력하여 삶을 영위하도록 배려한 것이다. 따라서 '온'은 부분들의 단순 합인 '모든'의 의미가 아니고, 개체의 자율성을 존중하는 관계적인 전체를 의미한다고 볼 수 있다.27)

온 개념은 한글 창제 정신에서 유래한 것으로 본래 '백(百)'을 뜻한다. 이것은 전체로서의 '모두'를 의미한다. 그런데 동아시아에서 사용하는 모두라는 전체 개념은 두 가지로 분류하여 그 의미를 세부화할 수 있다. 하나는 전체를 하나로 아우르는 모두를 의미한다. 흔히 일심동체(一心同體)와 같은 것이 그런 것에 해당

---

27) 한면희, 『미래세대와 생태윤리』, 352쪽.

한다. 인도 힌두교의 핵심을 범아일여(梵我一如) 사상으로 부를 때도 마찬가지다. 여기서의 특징은 전체가 하나로 귀일(歸一)된다는, 즉 집합적 단일체가 된다는 데 초점이 맞추어져 있다.

그런데 동아시아와 한국에서 '전체' 또는 '모두'는 '따로따로가 아닌 모두' 또는 '서로 분리되어 있지 않은 모두'를 뜻하기도 한다. 예컨대 인간의 정신과 물질이 둘로 분리되어 있지 않다는 '색심불이(色心不二)'나 인간과 자연이 둘로 분리되어 있지 않다는 '신토불이(身土不二)'를 들 수 있다. 이것은 둘로 나뉘어 분리될 수 없음을 뜻하지, 하나임을 강조하는 것은 아니다. 정신의 속성과 물질의 속성이 다르기 때문에 하나일 수 없지만, 그렇다고 해서 양자가 내적으로 분리된 상태에 놓여 있지 않다는 것으로 해석할 수 있다. 필자의 기 철학은 '이기불이(理氣不二)'를 내세운다. 이와 기는 분리되어 있지 않고 서로 연루되어 있지만, 이와 기의 작용과 기능, 속성은 다른 것으로 본다. 마찬가지로 자연에서 곡기를 취해야 할 인간의 신체와 곡기를 생산하는 땅이 둘로 분리되어 있지 않지만, 인간과 땅의 본성은 다른 것임이 분명하다. 서로 연결되어 있어서 둘이 아니라는 점에서는 하나로 보이지만, 그 각각은 나름대로 고유성을 가진 것으로서 또 하나로 획일화될 수 없다.

세종대왕이 한글을 창제할 때 그 정신은 임금과 백성이 둘로 분리되어 있지 않지만, 백성은 백성대로 각자 자기 역할을 수행해야 하고 임금은 임금으로서의 고유 역할을 충실히 수행해야 하는 것이며, 그런데 그 역할 가운데 중요한 하나가 온 백성이 편히 쓸 수 있도록 어려운 중국의 한자와 다른 우리나라의 말을 제정하는 것이다. 이때 임금인 세종대왕이 보는 온 백성도 한 덩어리의 피통치자가 아니라 사농공상에 따라 각자 제 고유 역할을 수행하면서 생업과 사회생활을 도모하는, 그러면서 서로의 활동이 협력으로 나타나서 서로가 서로에게 의지하는 그런 전체를 염두에 두고 있다고 여겨진다. 바로 이런 의미로 발전시킬 때, '온'은 고유성을 지닌 각 개체가 서로 연계되어 있는 전체를 뜻한다. 즉 온은 집합적 전체로 포섭되지만, 그 안에서 각 구성원이 고유성을 갖는 유기적 관계로서의 전체이다.

동아시아에서 전체의 의미가 둘로 세부화될 수 있음은 또한 전체론적 방법론이 둘로 분류될 수 있음으로 직결된다. 필자는 포괄적 전체론을 둘로 분별하는 것이 세부적 이해에 도움을 주고 또 오류도 최소화할 수 있다고 본다. 그래서 포괄적 전체론을 유기체 전일론(有機體 全一論)과 유기적 전체론(有機的 全體論)으로 분별한 바 있다.28) 유기체 전일론은 구성 부분들이 유기적 관계를 맺고 있는 최상위의 전체(즉, 우주나 지구, 또는 사회)를 실재의 핵심으로 설정해서 그것을 단일한 실체로 보는 입장이다. 이런 경우 구성 부분들(종이나 동식물 개체, 인간 개인 등)은 전일적 실체보다 뒤에 있는 후순위로 밀려난다. 유기체 전일론의 관점에서 우주나 지구를 조망하면 그것만이 유일하고 근본적인 실체로서 부각된다. 스피노자(B. Spinoza)의 범신론과 러브록(J. E. Lovelock)의 가이아 가설, 장회익의 온생명론이 이런 것에 해당한다.

이와 달리 유기적 전체론은 전체를 구성하는 고유한 부분들이 서로 간에 유기적으로 연계되어 있고, 그리고 그 구성 부분들이 자율성을 띠고 있다고 본다. 이때 단위로 설정된 구성 부분은 다른 부분과의 연계 속에서 이루어지는 관계적 자율성의 성격을 띠

---

28) 한면희, 「가이아 가설과 환경윤리」, 『철학』 제59집(1999 여름), 363쪽.

면서도 내적인 고유성을 지니기 때문에, 고유한 구성단위가 전체보다 덜 실재하는 것으로 간주될 수 없다고 여긴다. 즉 고유한 구성단위는 관계성과 함께 실재하는 것으로 중시된다. 이에 여러 구성단위로 이루어진 전체에 유일하고 근원적인 실체로서의 지위를 허용하지 않으므로, 지구를 거대한 또는 상위의 생명 실체로 파악하지 않는다. 다만 전체로서의 지구를 고유한 개체생명체가 의지하는 생명의 장(biotic field)으로 간주한다. 필자의 기-생태주의가 이 지평에 놓여 있다. 이런 지평에서는 자유로운 인간 개인을 위해 전체로서의 자연을 희생시키는 것이 옳지 않다고 여긴다. 마찬가지로 전체로서의 자연이나 사회를 위해 무고한 자율적 개체인 인간을 희생시키는 것도 옳지 않다고 본다. 이렇게 분별을 하면, 흔히 말하는 전체주의의 오류는 유기체 전일론의 영역에서 발생하는 것이지 유기적 전체론의 지평에서 발생하는 것은 아님을 알 수 있다. 기-생태주의는 유기적 전체론의 방법으로 드러난 것이다.

기-생태주의는 자연에서 온 가치를 분별한다. 이런 시각에서 보는 자연은 조금 달라진다. 중립적 시각으로 무심하게 자연을 볼 때 자연에는 기가 가득 차서 운행하며, 그런 것 가운에 일부는 인체에게 전달되어 인간의 생존이 가능하게 된다. 그런데 동아시아 의학은 인체에 영향을 미치는 기를 분별하여 생기(生氣)와 사기(邪氣)로 나누었다. 사기의 전형으로서 풍습한열을 들 수 있다. 이때의 사기는 인간의 건강을 위협하는 바람과 습기, 한기, 더위 등을 뜻한다. 일반적으로 바람이나 비, 추위와 더위가 나쁜 것은 아니다. 오히려 그런 것에 각양각색의 기가 담겨 있다. 다만 인간이 정도 이상으로 바람에 오래 노출되고, 추위에 떨거나 무더위에 지치며, 또는 습기 머금은 곳에 오래 머물 경우 이런 것이 사기의 형태로 인간에게 치명적 해를 입히기 때문에 이런 요인에서 오래 머물지 않고 벗어나고자 하는 것이다. 예컨대 아기를 갓 낳은 산모가 풍습한에 오래 노출되면 추후 관절염과 온갖 부인병 등에 걸리게 되어 고생을 하거나 심할 경우 죽음을 맞이할 수 있다. 이런 의미에서, 즉 인간에게 좋고 나쁜 것을 선별하여 생기와 사기로 분류한 것이다.

인간이 소나무 숲에서 느끼는 향기는 피톤치드를 함유하고 있어서 생기로 분류된다. 그런데 피톤치드는 소나무가 자신에게 달려드는 벌레를 쫓기 위해 방출하는 방향제이다. 피톤치드는 소나무 벌레에게 나쁜 것이지만, 인간에게는 그것을 들이마실 때 기운이 맑아지고 아토피와 같은 피부염을 낫게 하는 생기가 된다. 따라서 생기와 사기의 분류는 인간적인 것이다. 엄격히 말하면 인간 중심성이 전혀 없는 것도 아닌 것으로 비춰진다. 피톤치드는 소나무에게 달려드는 특정 벌레에게 나쁘지만 소나무 자신에게는 좋은 것이다. 이런 유형의 향유와 기피, 자기 방어는 모든 생명체가 행하는 것이기 때문에, 구태여 인간 중심적이라거나, 소나무 중심적이라거나, 또는 곤충 중심적이라고 말하는 것 자체가 무의미하다. 인간이 인간의 영향권에 들어온 풍습한열을 사기로 분류한다고 해서, 이런 비와 바람, 날씨 등을 지구상에서 원천적으로 제거하려는 것은 결코 아니다. 다만 그것을 기피하려고 할 뿐이다. 온 가치 개념체계에 의거하여 다가가는 생기와 사기의 분별은 인간이 자연과 더불어 공존하면서 인간의 생존에 알맞은 문화를 유지하려는 시도인 것이다.

기-생태주의는 유기적 전체론의 방법론과 온 가치 개념체계에 따른 접근을 환경문제에 확장해서 적용한다. 인간은 진화 과정에서 이성(또는 정신)으로 일컬어지는 능력을 구비하게 되었다. 이때부터 인간은 거친 자연에 적응하려고 애쓰면서 무수히 많은 시행착오를 범했다. 이 과정에서 변화하는 자연의 적응에 실패한 인간은 고통 속에 죽음을 맛보아야 했고 그런 문화는 도태되었다. 정착에 성공한 인간의 문화는 특징적 생태계를 생활의 터전으로 삼고 있었는데, 이런 곳에서는 대체로 생기가 조성되고 있었다. 그런데 산업문명이 들어서면서 사태는 구조적으로 돌변하기 시작했다.

현대인은 물질적으로 풍부하고 질적으로 고급스러운 상품이 시장에서 넘쳐 나는 문명적 생활을 향유하면서, 이것이 가능하도록 산업공단과 콘크리트 빌딩으로 상징되는 인조환경의 도시를 광범위하게 조성했다. 이런 곳에서는 자연에서 자원을 채취하여 상품을 생산하고, 그것이 시장에서 자유롭게 유통되어 소비자에 의해 소비되며, 끝으로 폐기되는 절차를 거친다. 이때 자연에 과부하가 걸리고 또한 화학물질과 같은 오염 요인은 자연을 황폐화하고 동식물들의 생명을 앗아 가는 지경에 이른다. 그리고 그것은 기의 연결통로를 통해 다시 인간에게 부메랑으로 되돌아온다. 과거 자연에서 조성되던 생기가 사기로 변모되고 있는 것이다.

기가 운행하며 생명을 탄생시키는 전체 그물로서의 자연은 온 가치를 갖고 있고, 그물망의 한 코로 상징되는 특정 생물 종은 어떤 유형의 기(예컨대 물과 이산화탄소, 햇빛 등)를 받아 생존하면서 고유 역할을 통해 또 다른 유형의 기(산소와 탄수화물 등)를 산출한다. 이런 종과 그 역할을 수행하는 생명체도 온 가치를 갖는다. 그런데 산업문명의 인간은 단기적 풍요를 누리기 위해 자연의 감내 범위를 넘어설 정도로 과부하와 오염을 배출함으로써 기의 흐름을 왜곡하고 또 그것을 나쁜 것으로 바꾸고 있다. 다시 말해서 자연에 온 반가치(Onn disvalue)를 만드는 행위를 지속하고 있는 것이다. 이에 기-생태주의는 온 반가치가 난무하는 생명 죽임의 사회와 지구를 다시 생기가 흐르고 온 가치가 조성되는 문명사회로 새롭게 도모하고자 한다.

5. 인도적 생태주의의 문화와 사회제도

이념의 관점에서 볼 때, 환경문제 해결을 위한 서구의 접근은 크게 둘로 분화되었다. 보수적 환경주의와 진보적 생태주의가 그 것이다. 보수적 환경주의는 전통사상에 비추어 자연의 도구적 가 치만 승인한다. 반면 진보적 생태주의는 서구에서 비주류 전통으 로 조성된 일부 사상(예, 스피노자나 화이트헤드 철학, 아나키즘 등)에서 실마리를 찾아 새로운 이념으로 발전시키고 있는데, 간혹 동양의 사상을 참조하는 경우도 나타나고 있다. 생태주의에서도 생태 중심주의가 두드러지게 부각되고 있다. 이렇게 해서 서양의 환경적 이념은 인간 중심주의와 생태 중심주의 둘 사이의 경합으 로 대비되고 있다. 인간 중심주의는 자연의 도구적 가치를 수용 하고 있는데, 그것이 채택하고 있는 방법론은 개체론이다. 이에 비해 생태 중심주의는 자연에서 내재적 가치를 식별하고 있다. 자연 그 자체가 가치의 출처이거나 아니면 인간과 마찬가지로 목 적으로 대우를 받을 본래적 가치를 그 안에 내재하고 있다고 본 다. 이것을 가장 잘 대변하고 있는 입장이 심층 생태주의이다. 그 대표자인 아느 네스(Arne Naess)는 스피노자 철학의 전공자였다. 그는 자신이 구축하는 철학이 하나의 전체성으로 이행하는 스피 노자의 가르침에서 비롯되었다고 밝히고 있다.29) 이런 생태 중심

---

29) A. Naess, D. Rothenberg(tr. & rev.), *Ecology, Community and Lifestyle* (Cambridge: Cambridge University Press, 1989), p.83, p.85.

주의가 채택하고 있는 방법론은 전체론인데, 필자가 분류한 바에 따르면 유기체 전일론의 방법이 구사되고 있다.

서양에서 인간 중심주의와 생태 중심주의 양자가 논쟁을 벌이고 있는 현실에 비추어 볼 때, 그것은 아직도 이분법을 견지하고 있거나 그 그늘에서 벗어나지 못하고 있다. 이에 비해 동아시아 우주관과 가치관에 따르면 제3의 길, 진정한 의미에서 중용의 도(中庸之道)를 찾는 것이 가능하다. 필자는 방법론적으로 유기적 전체론을 제시했다. 이 방법은 개체론적 사유에서 벗어나 있으면서 전체론으로 나아가되, 전체를 이루는 구성 부분들의 관계성을 중시하고 동시에 관계 항을 이루는 개체 또는 생물 종의 고유성을 함께 중시한다. 이것이 갖는 결정적 특성은 그물코로서의 개체나 낱 생물 종이 그물로서의 전체로 편입되어 사라지지 않는다는 점이다. 따라서 여기서는 개체가 전체로 획일화되어 희생되는 전체주의의 오류가 발생하지 않는다. 그리고 필자는 우리 전통에서 사용하는 '온'이란 표현의 의미를 확장해서 해석하고, 여기에 인간의 눈으로 자연 공동체 구성원(더불어 사회 구성원)에게 다가가는 온 가치를 식별하였다. 이것은 기-생태주의 조망에서 비롯된 것이므로 기가 순환하는 자연과 그것의 발생에 기여하는 생물 종을 중시하여 보전하도록 한다. 그러면서 인간이 자연에서 수혜를 얻을 때 문화적 인간에게 좋지 않은 것을 기피한다. 결국 인간에게만 좋거나 또는 자연에게만 좋은 어느 한쪽으로 쏠리지 않고 인간 사회와 자연 모두에 좋은 상생을 추구한다는 점에서, 기-생태주의는 인도적 생태주의(humanitarian ecologism)로 자리매김을 할 수 있다. 여기서 인도적(人道的)이란 말의 의미는 서구의 휴머니즘이 지시하는 인간 중심주의에 부합하는 것이 아니라, 자연을 생명의 원천으로 여기는 인간이 마땅히 가야 할 바른 길(道)

에 부응한다는 것이다.

제3의 길을 모색하는 기-생태주의는 가장 근원에서 세 가지 규범적 원리(normative principles)를 채택하고 있다.30) 첫째는 생기(生氣) 존중의 원리이고, 둘째는 이기(理氣) 호혜성의 원리이며, 셋째는 이(理)의 자율성 원리이다.

첫째, 자연에는 기가 가득하고, 이것이 이합집산을 통해 생명을 탄생시키고 소멸하는 과정을 거치는 만큼 인간에 의해 나쁜 기, 즉 사기가 조성되지 않도록 하면서 오히려 생명의 기가 다시 건강하게 조성되도록 해야 한다. 이것은 생기 존중의 원리인데, 원칙적으로 지구 자연에 적용된다. 둘째, 자연에서 인간의 사회로 이어지는 생기의 혜택을 수용하면서, 인간 사회 구성의 원리로 작동하는 이(理)의 바른 제어에 의해 문화에서 조성된 사기가 자연에 악순환으로 흘러들지 않도록 해야 한다. 이것은 이기 호혜성의 원리에 해당하는 것으로 자연과 사회가 호혜적인 선순환 관계에 놓이도록 해야 함을 뜻한다. 셋째, 이(理) 자율성의 원리로서 인간 사회 영역에 적용되는 것인데, 이치에 맞는 정의로운 사회제도를 구축하여 인간이면 누구나 자유를 누리는 가운데 서로 협력하여 존엄한 존재로서 살아갈 수 있도록 사랑과 돌봄, 배려와 존중이 이루어져야 한다.

생기 존중의 원리는 자연관이고, 이 자율성의 원리는 사회관이며, 이기 호혜성 원리는 자연 친화적 사회관을 나타낸다. 여기서는 둘째와 셋째 원리에 해당하는 핵심 사항 몇 가지, 즉 정치와 사회문화, 경제 등에 대해 간략하게 살펴보도록 하겠다.

기-생태주의에 부응하는 정치는 냉정한 현실을 직시하면서 실

---

30) 한면희, 『미래세대와 생태윤리』, 359-360쪽.

현 가능한 이상을 지향하는 제도로 구축되어야 한다. 현실 속의 인간은 양면성을 띤 존재이다. 마음속 깊이 양심의 울림이 있기 때문에 옳은 것을 지향하려고 한다. 그러나 마음의 또 다른 구석에 사심이 있어서 욕심을 내고 몸이 요구하는 바에 따라 편리하고 수월하며 많은 것을 축적하려고 한다. 그런데 사회는 공동체 구성원 모두를 만족시킬 정도로 자연에서 구하는 원료로 사회적 산물을 만들어 공급하기에 턱없이 부족하다. 즉, 흄(D. Hume)이 말한 바와 같이 사회 구성원인 인간 각자가 제한적으로 이타적인 (뒤집어 말하면, 어느 정도 이기적인) 모습을 보이고 있는 데 반해, 사회가 제공하는 자연적 및 사회적 산물이 제한적인 상태에서 합리적 이치에 부응할 수 있도록 정의(justice)를 실현하는 제도를 짜야 한다. 이미 자유주의 정의와 마르크스주의 정의가 제기되었지만, 양자는 한계를 갖고 있는 것으로 평가되고 있다. 그리고 자유주의의 기조 위에서 불평등의 최소화를 도모함으로써 평등을 가능한 한 구현하려는 존 롤즈(John Rawls)의 시도도 개진되었다. 모두가 산업문명의 제도로 기능하는 것이지만, 롤즈의 정의론은 그나마 자유와 평등의 양립을 꾀하고 있고, 무지의 베일을 쓰고 정의로운 제도를 구축하려고 한 시도에 비추어 볼 때 다른 두 이념에 비해 환경사안을 좀 더 잘 반영할 수 있다는 장점이 있다.31) 그러나 여전히 자연을 배려하는 시각은 매우 취약하다. 이에 인간의 영역에서 자연의 영역으로 물 흐르듯이 정의가 흐르도록 하는 생태정의(ecological justice)의 지평으로 나아가야 한다.

이때 "생태정의는 인간 사회의 문화적 필요에 따른 발전과 성

---

31) 이에 대한 자세한 논의는 다음을 볼 것. 한면희, 『초록문명론』, 9장.

숙이 생태계의 생명부양 체계와 유기적 어울림의 관계에 놓임으로써 생물 종의 다양성이 구현되고 또 지구촌 문화의 다양성도 존중하며, 그런 자연-사회 연속체 속에서 인간 각자가 자유를 추구하면서 동료 구성원과의 호혜적 관계를 형성하여 사회적으로 응분의 대우를 받고 부담도 공정하게 짊어지는 사회, 즉 생태적으로 건전하면서 자유와 정의가 구현되는 사회를 실현한다."32) 다만 생태정의의 사회가 도래하도록 하려면, 이치에 맞는 사회제도를 구축하는 데서 끝나서는 안 된다. 인간성의 개선이 함께 이루어지지 않으면 안 되기 때문이다. 이에 누구나 덕(virtues)을 키움으로써 합리성을 고양하고, 감추어진 영성을 자극하며, 감성적으로 열정을 키우는 등의 노력도 기울여야 한다.

기-생태주의의 사회에서 인간 개인은 타인과 협력을 통해 관계적 자아를 성숙하게 만드는 관계적 자유를 만끽하고, 참여 민주주의의 단계를 거쳐 풀뿌리 민주주의로 이행함으로써 건강한 공동체를 창출해야 한다. 그리고 이런 공동체의 삶은 주로 지역 생태계에 더 많이 의존하게 된다. 이렇게 생명이 존중되고 평화가 구축되는 곳에서 인간은 진정한 의미에서 활기찬 삶을 영위할 수 있고, 호연지기(浩然之氣)도 기를 수 있다.

우리의 전통문화 가운데 일부는 자연 친화적 문화의 모습을 온전히 간직하고 있다. 양기 풍수학과 백두대간의 문화가 그런 것의 전형에 해당한다. 풍수학 가운데 음택풍수(陰宅風水)는 죽은 자의 묘의 자리를 고르는 방법으로서 신비적 샤머니즘에 빠져서 빗나간 것이지만, 인간 문화시설의 입지를 선정하는 데 구사하는 양기풍수(陽基風水)는 인간과 자연의 상생을 잘 드러내고 있다.

---

32) 같은 책, 263쪽.

흔히 공동체 마을의 최적 입지는 좌청룡(左靑龍), 우백호(右白虎), 북현무(北玄武), 남주작(南朱雀)으로 둘러싸인 곳이다. 백두산을 조산(祖山)으로 하는 북에서 거북이 형세의 산줄기가 연이어 내려오고, 왼쪽으로 청룡이 산줄기를 뻗으며, 오른쪽으로 백호가 역시 산줄기를 틀면서 포효한다. 이런 전반적 형세의 음래(陰來)에 대해 남쪽의 주작이 날개를 펼치고 사뿐히 양수(陽受)의 형세로 맞이한다. 바로 이 사이에 위치한 곳이 문화적 입지로서 최적이라고 보고 있다.

풍수의 첫째 원리는 득수(得水)로서 물을 얻는 것을 으뜸으로 여긴다. 그 둘째 원리가 장풍(藏風)인데, 곧 바람을 가둔다는 뜻이다.[33] 동식물도 마찬가지이지만, 인간이 정착을 통해 문화적 생활을 영위할 때 가장 필요로 하는 것이 용이한 물 공급이다. 식수로 사용해야 하고 또 비가 안 올 때 경작지에 물을 댈 수 있어야 하기 때문이다. 비는 인간의 요구에 맞춰 제때 내리는 것이 아니다. 비는 바람이 몰고 오는데, 습기를 많이 머금고 있으면 뿌려주고 간다. 적게 머금은 것은 그냥 지나친다. 이때 높이 솟은 산줄기는 비구름을 가두어 습기의 농도를 짙게 함으로써 마침내 비를 내리게 한다. 이렇게 내린 비는 산비탈을 타고 아래로 흘러 내를 만들고, 점차 많은 물줄기가 합세하여 천을 이루며, 더 많은 지류가 모여서 강을 형성한다. 인류의 4대 문명이 강을 낀 유역권에서 탄생했듯이 곳곳에 들어서는 작은 문화 공동체도 내와 천, 또는 작은 강을 끼고 있어야 한다. 이것이 가능하려면 좌우로 산줄기가 포진해야 한다. 그리고 그 맞은편에는 넓은 평지가 있고, 그 사이에 물이 흘러야 한다. 기세 좋게 산줄기가 음래할 때 크든

---

33) 최창조, 『한국의 풍수사상』(민음사, 1984), 75쪽.

작든 평야를 끼고 있는 양지가 이를 받아 주는 곳이 바로 풍수학에서 마을 들어서기가 좋은 명당(明堂)이다.

명당은 일단 인간이 문화적 생활을 하기에 좋은 곳이다. 그러면 그곳 언저리를 살펴보자. 바람을 가두는 산으로 인해 물이 모이는데, 이런 곳에서 녹색식물이 자라게 된다. 녹색식물의 남은 여백은 초식동물의 영양분이 되고, 또 그것의 일부는 육식동물의 먹이가 된다. 자연의 먹이사슬이 복잡하고 다양하게 조성된다. 그런데 높이 솟은 산과 물로 인해 기후대와 지형 조건이 다른 탓에 살아가는 생물의 종도 다양하고, 먹이가 풍부하여 개체 수도 많다. 한마디로 기가 흐르고 또 그 기를 섭취하여 생존하며, 또한 기를 산출하는 데 각각의 기여가 가장 활발하게 일어난다. 따라서 풍수학의 명당과 그 언저리 여백에서는 인간의 문화적 생활이 이루어지고 또한 동시에 생물 종의 다양성과 복합성이 펼쳐지고 있으니 문화와 자연의 상생이 가장 잘 구현되는 곳이다.34) 이것이 동아시아인과 우리 민족이 자연에서 문화를 구축하는 고유의 방식이었다.

우리 민족이 자연에 다가간 또 다른 특징적 양태도 있는데, 이것은 지리 인식과 연관된다. 서양은 자연에 대해 지배적 세계관으로 다가갔기 때문에 땅속의 자원(광물질) 분포를 따지는 지질학적 개념을 형성하고, 그에 따라 산맥 체계를 만들었다. 일본인 고토 분지로(小藤文次郞)는 서양 지리학의 개념에 의거하여 조선에서 1900년과 1902년에 전면적으로 지질조사를 수행하고, 이것을 논문으로 체계화하여 발표했다. 수십 개의 산맥줄기가 그어졌고, 추후 단순화되어 마침내 태백산맥과 마식령산맥, 소백산맥 등

---

34) 한면희, 『환경윤리』, 252-255쪽; 『미래세대와 생태윤리』, 356-357쪽.

일련의 산맥 체계로 정비되었다. 기본 동기는 두 가지로 추산되는데, 하나는 학자로서 조선의 지질구조를 파악하기 위한 것이고, 또 다른 하나는 조선의 땅속에 숨겨진 광물질을 채취하여 수탈하기 위한 것이다. 1905년에 을사늑약이 이루어지고, 1910년에 강제적인 한일합방이 이루어졌다. 지질조사에 따른 조선의 자원은 수탈되었고, 그것은 태평양전쟁에서 군수물자로 사용되었다. 이런 서구적 지리 개념과 달리 우리 민족은 고유의 지리 인식을 오래 전부터, 적어도 신라시대부터 형성하고 있었다. 그것은 한마디로 백두대간의 체계로 형상화되는데, 지형 개념에 바탕을 둔 것이었다.

비가 내리면 물은 아래로 흘러 내려와서 내와 천, 강을 이룬 후에 바다로 빠져나간다. 그런데 빗물을 아래로 흐르도록 하는 것은 산줄기로 인해서이다. 산자분수령(山自分水嶺)이란 말이 생겼는데, 산은 물을 가르는 경계라는 뜻이다. "산은 물을 넘지 못하고, 물은 산을 건너지 않는다."는 말도 같은 맥락에서 나왔다.[35] 여하튼 지면에 비가 내려 물이 흐르는 경로를 그리면, 남은 여백은 산줄기가 된다. 이런 산줄기 가운데 '가장 큰 흐름부터 체계화가 가능하다. 다른 모든 것은 산줄기가 바다에 이르러 고개를 숙이는 반면 오직 하나만이 내륙을 향해 뻗쳐 있다. 민족의 영산 백두산에서 내려오는 줄기인 것이다. 바로 이것을 백두대간이라고 하고, 거기서 씨줄과 날줄로 뻗친 큰 줄기를 정맥 또는 정간이라고 하였다. 1개의 대간과 대략 13개로 정비되는 정맥이 정돈되었다.

산줄기와 강은 서로 짝을 이루어 유역권을 조성하고, 거기서

---

35) 조석필, 『태백산맥은 없다』(사람과산, 1997), 60쪽.

일정한 규모의 문화권이 탄생한다. 그리고 그런 곳에서 지역의 생태적 특성을 반영하는 색깔 있는 문화예술도 탄생했다. 판소리는 주로 호남에서 발전했다. 명창도 여럿 나왔고, 소리 색깔에 비추어 중심적 흐름을 형성하는 특징적 소리제로서 서편제와 동편제로 분화하여 발전했는데, 19세기 무렵이었다. 그런데 놀랍게도이 소리제의 특성을 비교하면 자연 및 문화의 영향을 받은 것으로 해석된다는 것이다.

동편제는 남원 운봉 출신의 가왕 송흥록에 의해 발전된 것인데, 주로 남원과 구례 등에서 유행하였고, 서편제는 순창 출신으로 보성에서 말년을 보낸 박유전에 의해 주로 개발되어서 보성과 나주, 광주, 담양 등의 지역에서 유행하였다.36) 두 제를 가르는 지형은 백두대간에서 호남 방면으로 뻗친 호남정맥이었다. 다시 말해서 지리산에서 출발한 백두대간이 북으로 올라가다가 왼쪽으로 금남호남정맥을 내보내고, 거기서 다시 아래로 호남정맥이 형성된다. 그러니 이 사이로 내리는 빗물은 섬진강으로 합류한다. 섬진강 유역권에는 남원과 구례 등이 위치해 있는데, 이곳에서 유행한 동편제는 창법이 웅건하면서 청담하고, 발성초가 신중하며, 구절의 끝마침이 매우 분명한 특징을 갖고 있다. 이곳의 생태적 여건을 보면, 웅장한 지리산이 버티고 있고 또 섬진강은 한강이나 낙동강 등 다른 주요 강에 비해 물살이 세고 길이가 짧은 편이다.

반면 호남정맥 바깥 서해 쪽으로는 나주와 광주, 담양, 전주로 이어지는데 서편제가 유행한 곳이다. 서편제의 특성은 부드러우면서 구성지고 애절하며, 소리의 끝이 길게 늘어지는 이른바 꼬

---

36) 최동현, 『판소리 이야기』(인동, 1999), 84쪽.

리를 달고 있다는 점이다. 이곳은 지리적으로 호남평야와 나주평야가 광활하게 펼쳐져 있고, 문화적으로는 오래 전부터 중앙과 지역의 탐관오리의 수탈로 인해 힘들여 수확한 쌀과 작물을 빼앗기고 있어서 한(恨)이 쌓여 있던 곳이다. 그러니 소리의 색깔도 이를 반영하듯이 한에 맺혀서 끝맺음도 길게 늘어지는 특성을 띠게 된 것으로 보인다. 이렇게 우리 민족은 자연 친화적 문화를 구축하고 있었고, 그에 따라 문화예술을 조성할 때도 지역 생태계의 특성을 반영하는 형태로 문화적 다양성을 보이고 있었다.37)

기-생태주의에 따른 경제를 구축하는 것은 결코 쉬운 일은 아닐 것이다. 그러나 슈마허(E. F. Schumacher)가 언급한 바처럼 불교 경제학이 가능한 만큼 이것은 더욱 실현이 가능하다. 기-생태주의는 이기 호혜성의 원리에 따라 조성되는 것으로써 생태적 여건이 감내할 수 있는 범위 안에서 인간의 경제가 운영되어야 한다고 여긴다. 마침 이것에 부응하는 형태의 생태경제(ecological economics)가 조성되고 있다. 생태경제학자 댈리(H. E. Daly)는 인간의 경제가 무한히 성장을 지속할 수 없다고 보았다. 인간의 경제는 지구 생물권 경제의 하위에 속하는데, 생물권 경제는 일정한 상태를 유지하기 때문이다. 지구 생물권에서 녹색식물은 광합성 작용을 통해 탄수화물을 형성한다. 이것의 일부는 초식동물의 먹이가 되고, 그 일부는 육식동물의 먹이가 된다. 그리고 인간은 잡식을 한다. 이렇게 최초 먹이 생산은 생산자 역할을 주로 하는 녹색식물에 의해 이루어진다. 그런데 녹색식물이 광합성 작용을 통해 생산하는 지구 생물권의 순일차 광합성 생산량(NPP)은 일정하다. 인간의 경제가 어느 정도까지는 성장이 가능하지만, 인

---

37) 한면희, 「한반도 녹색공동체의 이념: 기(氣)생태주의와 백두대간의 문화」, 『환경철학』 제1집(2002), 66-68쪽.

간 경제의 팽창에 따라 다른 생물권 영역이 축소되면서 마침내 더 이상의 성장이 불가능한 지경에 이르게 된다.38) 따라서 이런 한계상황에 이르기 전에 인간의 경제는 성장 위주의 전략에서 질적으로 전환이 이루어져야 한다. 이에 기-생태주의는 경제성숙(mature economics)이 이루어지는 지평으로 나아가야 한다고 본다. 여기서 중요한 것은 물질의 양을 많이 늘리는 것이 아니라 적은 양으로도 큰 만족을 느낄 수 있도록 정신적 가치를 중시하는 행복한 사회를 조성하는 데 있다.

기-생태주의 사회에서는 과학과 기술의 전환도 이루어져야 한다. 오직 돈이 중시됨으로써 자연은 물론 인간조차 대상화하는 과학기술이 아니라 자연에게도 부드럽게 다가가는 것으로 변모되어야 한다. 우주와 지구, 자연과 인간에 대한 과학적 지식을 지속적으로 탐구하되, 과학자는 가치평가에 의거하여 신중하고 부드럽게 다가가야 한다. 과학과 기술의 연구 과정과 결과는 늘 사회적 토론의 장에 노출되어 평가를 수반하는 선에서 채택되고 적용됨으로써 인류 사회의 규범적 진보에 기여하는 것이어야 한다.

6. 기-생태주의의 생태적 함의

기-생태주의는 자연에 생기가 지속적으로 조성되어 자연적 존재가 서로 의지하여 생명을 유지하고, 그런 생명적 기반에 자리를 잡은 인간의 문화가 고유의 생활양식을 갖추고 사회제도를 운영함으로써 개인은 자유를 향유하고 또한 공동체적 협력에 의해

---

38) H. E. Daly, "Sustainable Growth: An Impossibility Theorem", H. E. Daly et al.(eds.), *Valuing the Earth: Economy, Ecology, Ethics*(Cambridge: The MIT Press, 1993), pp.267-268.

사회적 산물을 생산하고 공정한 혜택을 알맞게 누리는 삶을 활기차게 영위하는데, 이런 문화가 생태적으로 지속 가능하도록 구축하고자 한다.

인간의 문화적 활동은 자연에 일정한 부담을 주지 않을 수 없다. 본래 자연에서 이루어지는 생물 종의 역할은 미시적으로 볼 때 피식자에게 불이익을 주면서 포식자에게는 이익을 주는 양태로 나타나고, 거시적으로 조망하면 끊임없는 교란과 변화가 나타나는 가운데서도 다소 불안정한 균형이 반복되면서 창조적 진화 과정에 적응과 도태를 거치게 된다. 반면 인간은 자연에서 풍성한 혜택을 누리는 데 비해 기여는 극히 적게 하는 편이다. 그런데 이것이 어느 정도까지는 가능하지만, 무한히 지속될 수는 없다. 물론 러브록이 가이아 이론에서 밝히고 있는 것처럼, 지구의 생명부양 체계는 인간이 생각하는 것보다 훨씬 탄력적이고 또 위력적이라고 한다. 이런 지구의 여력을 너무 얕잡아 볼 이유도 없지만 그렇다고 해서 그것에 너무 확신을 갖는 것도 균형감 있는 판단은 아니라고 본다. 이에 기-생태주의는 한 예시로서 자연 친화적 문명이 다음과 같은 기조로 운영되어야 한다고 여긴다.

한 문화권이 공동체 구성원의 생활양식에 의해 자연에 주는 총 부하량을 α라고 하자. 이것은 한 문화권의 총 사기 배출량에 해당한다. 인간의 문화가 배출하는 부하를 자연(지역 생태계가 주로 받고 나머지는 지구 생물권)이 받게 되는데, 이때 자연이 자체적으로 사기를 생기로 전환할 수 있는 자연 정화량을 β라고 하자. 그리고 그 문화권의 지식과 과학기술에 의해 인간이 배출한 사기를 일정한 정도로 정화를 통해 생기로 바꿀 수 있을 것이므로 이 문화적 정화량을 γ라고 하자. 원리적으로 한 문화권의 생활양식 유지에 따른 총 부하량(α)이 자연 정화량(β)과 인간의 생태 친화적 기술에 의한 문화적 정화량(v)의 합보다 적도록 제어(α ≤ β + v)가 이루어질 때, 그 문화권은 생태적으로 지속 가능하다고 할 수 있다. 이것은 환경적 차원에서 물질적 흐름에 따른 평가를 한 것인데, 실제는 이렇게 단순화된 것보다 훨씬 복잡하게 전개될 것이다. 따라서 물질적 에너지 흐름을 용이하게 제어하거나 또는 물질적 흐름에 괘념을 하지 않더라도 늘 생태 친화적 문화가 유지될 수 있는 그런 정신문화의 세계를 구축하는 데 주력해야 한다.

이제 기-생태주의 사상에 대한 생태적 함의를 평가해 보도록 하자. 소극적 생태주의를 충족시킬 수 있는 최소한의 두 논제는 사회와 자연의 연계성 논제와 자연의 탈도구적 가치 논제이다. 기-생태주의는 방법론적으로 유기적 전체론의 특징을 취하고 있고, 그에 따라 자연을 조망하고 있다. 자연에는 기가 운행하는 가운데 이합집산에 의해 생명의 탄생과 소멸이 이루어지고 있고 인간의 사회도 그런 바탕에서 존립하고 있으므로 인간과 자연은 유기적으로 연결되어 있다고 보고 있다. 따라서 기-생태주의는 사회와 자연의 유기적 연계성 논제를 수용한다. 그리고 기-생태주의가 보는 자연은 온 가치를 갖는 것으로 평가된다. 온 가치는 자연의 도구적 가치와 다르다. 왜냐하면 기-생태주의는 자연을 도구로 보는 시각을 넘어서서 그 가치를 평가하기 때문이다. 온 가치는 자연의 탈도구적 가치 유형의 하나에 속하는 것으로서 인간과 자연의 호혜성에 따른 관계적 가치 개념에 해당한다. 자연의 탈도구적 가치 논제를 수용하고 있다. 따라서 기-생태주의는 소극적 생태주의의 단계에 놓여 있음은 매우 분명하다.

다음으로 적극적 생태주의 차원에서 평가해 보자. 여기에는 두 논제, 즉 사회의 생태적 한계성 논제와 이념 구체화 프로그램 논제가 해당한다. 기-생태주의는 인간의 문화가 자연의 생명부양 체계의 영역 안에 놓여 있다고 보고, 그런 한에서 능동적으로 자연의 생기가 원활히 생성되어 흐르고 또 그것을 인간도 향유함으로써 건강한 문화적 생활양식을 구축하는 데 주안점을 두고 있다. 물론 수동적으로 인간의 문화가 배출하는 불가피한 사기를 자연 자체의 정화력과 인간의 기술력으로 남김없이 해소하여 생기 흐름에 지장이 없도록 함으로써 실질적으로 지속 가능한 사회가 이룩되도록 하고자 한다. 이런 설정을 하지 않을 수 없는 연유는 자연이 인간 사회의 양적 성장을 무한히 받아 줄 수 없다고 보기 때문이다. 즉 사회 성장의 한계를 수용하고 있는 것이다. 기-생태주의는 인간 경제가 생물권 경제의 하위에 있음을 전제하고 있으므로 생태적 한계성 논제를 수용한다.

문제는 기-생태주의 사상이 이념 구체화 프로그램 논제를 제대로 구비하고 있느냐와 관련된다. 엄격히 평가하자면, 제대로 구비한 것과는 거리가 멀다고 할 수 있다. 선언적 형태에서 조금 구체적 모습을 가시화한 정도에 불과하기 때문이다. 정치와 경제, 사회문화와 과학기술에 대한 간략한 시사가 제기되었다.

가능한 한에 있어서 사회 구성원들은 자신들의 삶을 유지하는 지역 생태계와 경작지 생산물에 의존하는 정도를 높이고, 그곳의 특징을 반영하는 형태로 고유한 문화예술을 창출하며, 참여적 태도로 민주주의를 활성화하는 형태로 지역의 자치를 실현한다. 지역경제 의존율을 획기적으로 높이면서 불가피하게 지역 이외에서 도입해야 할 물품은 호혜경제에 의해 교환이 이루어지도록 하되, 정신문화가 구현된 생산물의 향유가 가득 이루어지도록 세심하게 주의하고 배려한다. 생산수단 가운데 토지는 사적으로 소유할 성질의 것이 아니므로 공적인 소유 속에서 개인이 사용권을 갖도록 하고, 그 이외의 것에 대해서는 자유로운 생산과 거래가 이루어지도록 하며, 소규모 공동체의 협력 속에서 기초 경제가 이루어지도록 한다. 이런 곳에서는 구성원 누구나 자유로운 정치 참여가 가능하게 조성되는데, 원칙적으로 참여 민주주의를 거쳐 직접 민주주의로 이행하며, 미래세대와 자연적 존재(특히 지역 상징의 생물 종)를 대리할 후견인의 정치적 역할을 설정함으로써 생태 민주주의 지평으로 나아간다. 과학기술은 자연에 부드럽게 다가갈 수 있는 연성 기술(soft technology)로 전환한다. 인간의 건강도 자연의 이치에 힘입어 질병을 사전에 예방하는 체계를 우선적으로 구축하고, 발생한 질병에 대해서는 공정한 제도에 의해 누구에게나 그 필요에 적극 부응한다. 자연의학이 주축이 되어 동서의 의학이 통섭을 이루는 가운데 협진이 실질적으로 조성되고, 무엇보다도 자연의 건강을 유지함으로써 심신의 건강이 뒤따르도록 생태의학의 창달에 힘을 쏟는다. 이제 이런 접근에 세부적인 항목을 더 추가하고 이것을 제도적으로 구체화하는 일련의 절차를 거친다면, 장차 기-생태주의가 이념 구체화 프로그램을 담는 것도 불가능하지는 않을 것이다.

7. 전망

인간이 처한 상황을 단순화해서 두 가지 극명한 문화에 비추어 대조해 보는 것이 가능하다. 그것은 생물권 문화(biosphere culture)와 생태계 문화(ecosystem culture)로 대별된다.[39] 생물권 문화인의 전형으로 뉴욕 월가의 한 금융인을 상정할 수 있다. 그는

---

39) R. Dasmann, "Future Primitive: Ecosystem People versus Biosphere People", *CoEvolution Quarterly* 11(1976), pp.26-31.

아침에 말레이시아산 천연고무로 만든 라텍스 침대에서 일어나 멕시코산 세면대에서 세수를 한 후에 독일산 냉장고 문을 열어서 필리핀산 바나나와 캘리포니아산 오렌지를 곁들여서 인근에서 온 계란과 빵으로 아침을 해결한다. 이탈리아산 옷을 입고 일본산 자동차를 타고 출근하다가 주유소에 들러 사우디아라비아산 휘발유를 넣고, 한국산 핸드폰으로 의뢰인과 통화하여 급한 업무를 처리하고 사무실에 도착한다. 일을 본 후에 점심이 되자 아르헨티나산 송아지 고기로 만든 스테이크를 먹는데, 프랑스산 포도주가 곁들여지고, 후식으로 칠레산 과일을 먹는다. 이렇게 월가의 한 금융인에게서 보듯이 문명화된 인간은 자신이 필요로 하는 것을 전 지구적 생물권에 의탁하는 문화적 삶을 살아간다.

이에 반해 1960년대 한국의 한 농촌 부부의 생활은 생태계 문화인의 전형을 보여준다. 아침 일찍 일어나서 식사를 하는데, 스스로 농사를 지어서 생산한 것이 주종을 이룬다. 식탁에는 주식인 쌀밥을 중심으로 김치와 된장찌개가 올라와 있고, 지난 장날 시장에서 사온 생선 한 마리가 놓여 있다. 식사를 마친 후에 남편은 논으로 나가 피를 뽑고 그리고 밭으로 이동하여 새 작물을 심는 등 분주하게 움직인다. 아내는 집 안을 정리한 후에 조금 여유가 있는 마늘 서너 꾸러미와 어제 캔 산나물을 챙겨서 장으로 나간다. 마늘과 나물을 판 돈으로 고무신 한 켤레와 생선을 사가지고 돌아와서, 남편의 점심을 챙겨서 밭으로 나가 식사를 한 후에 일을 거든다. 저녁 무렵이 가까워지면서 집으로 돌아오는데 길가에 핀 들꽃의 향기를 맡고 또 이웃과 마주치자 몇 마디 살림살이 얘기를 정겹게 나눈다. 이곳 농촌 부부는 자신들이 필요로 하는 것의 대부분을 스스로 생산하거나 아니면 인근 생태계에서 나온 것에 의존하는 문화적 삶을 영위하고 있다.

사례로 언급된 생물권 문화인과 생태계 문화인은 각각 도시와 농촌에서 살아가는 평범한 시민이다. 그런데 그들이 끼치는 자연에 대한 영향은 극명하게 대조되며, 더 나아가 자연에 대한 책임 있는 행동과 연루된다. 생태계 문화인은 비록 문화적 존재로 살아가고 있다고 하더라도 자연에 부담을 주는 것이 적으며, 그런 부담은 자연의 자정력 안에 있기 때문에 환경문제가 구조적으로 발생할 여지가 거의 없다. 가령 섬진강 마을 사람들이 어느 해인가 인근 하천에서 은어와 재첩을 집중적으로 잡거나 채취했더니 그 다음 해에는 은어와 재첩을 구경하기 어려운 경험도 했을 것이다. 이런 경험을 통해 습득한 지혜는 은어와 재첩을 채취하더라도 구역을 정해 쉬는 곳을 설정하고 또 치어와 씨알 작은 것은 잡지 않도록 그물의 망을 성기게 하는 것이다. 이렇게 지역 생태계에 의존하는 문화인은 자신들의 생활이 지속될 수 있도록 자연에 대해 책임을 지는 형태로 다가가게 된다. 그러나 생물권 문화인은 별 다른 문제의식 없이 좋은 것을 마음껏 향유할 뿐이다. 이때 자신과 같은 사람들이 자동차를 많이 운행함으로써 석유가 점차 고갈되고 또 온실가스 과다 배출로 인해 지구 온난화가 야기되며, 그 영향의 일환으로 2008년 미얀마를 덮친 허리케인 때문에 많은 사람이 죽은 것에 대해서도 그다지 의식하지 않을 수 있다. 실제로 생물권 문화인은 사회윤리적으로 비난받을 짓을 하고 있는 것은 결코 아니다. 사실 정도의 차이가 있을 뿐이지 현대인 다수가 이런 상황에 노출되어 있다. 문제는 현대문명의 구조가 생물권 문화인에게 자연에 대해 무책임하게 행동하도록 만든다는 데 있다. 이 두 문화를 비교할 때, 필자는 생태계 문화의 모습에 더 많이 이끌리게 된다. 그러나 사태는 그렇게 단순하지 않다는 데 고민이 있다.

환경위기 극복의 방안이 여러 가지로 탐구될 수 있다. 가장 단순한 방안은 생물권 문화를 청산하고 생태계 문화로 돌아가면 된다. 이것은 어떤 의미에서 과거의 농업문화로 돌아가고, 현재 진행되는 세계화를 완전히 백지로 되돌리며, 그럼으로써 외부와의 소통을 가능한 한 단절하자는 주장과 일치한다. 그런데 이런 주장이 현실적으로 설득력을 얻기는 어렵다. 두 가지 이유를 들 수 있다. 하나는 과거와 현재를 경험한 사람들에게 현재의 삶을 청산하고 과거의 삶으로 돌아가자고 할 때 대다수는 이를 거부할 것이라는 점이다. 이들의 거부 이면에는 불합리한 점도 있지만 또한 합리적인 점도 있을 것으로 여겨진다. 생태적 이유만으로 함부로 재단해서는 안 될 것으로 보인다. 또 다른 하나는 가이아 가설의 주창자인 러브록의 말처럼 인간의 문화적 행위에 대해 지구 생물권이 감당할 수 있는 여력이 생각보다 클 수 있다는 점이다. 러브록은 문화적 삶에 필요한 에너지를 계속 생산하면서 지구 온난화를 해결할 수 있는 방도로 원자력 발전을 대폭 늘리는 방안을 강구해야 한다고 주장하고 있다. 필자는 원자력 발전에 관한 러브록의 견해에 비판적이지만, 그렇다고 해서 그의 주장 전부를 한꺼번에 무시하는 것은 아니다. 그렇다면 또 다른 해법은 생태계 문화의 삶을 중심축으로 삼으면서, 그런 문화 사이의 교류를 더 많이 늘림으로써 생물권 문화의 특성을 전환시켜서 수용하는 것이다. 이때 유념해야 할 것은 서로 꼭 필요한 물질적 산물의 교환을 그대로 유지하면서도 정신적 가치의 문화적 산물을 대폭으로 확대해서 교류하는 비중을 높인다면, 그에 따른 생물권 부하는 지구가 감내 가능할 수 있다고 여겨진다.

기-생태주의 사회에서는 지역 생태계가 감내할 수 있는 선에서 소공동체가 구성되고, 그 안에서 구성원 누구나 자유를 구가하면서 서로 협력하는 사회적 노동을 수행한다. 생산수단 가운데 토지는 원칙적으로 공유화하고, 그 나머지 생산수단은 사유화할 수 있다. 토지도 사적인 소유는 불가능해도 각자가 이용이 가능한 범위 안에서 일정한 기간을 정하여 사용 권한을 갖게 된다. 물질적 재원은 꼭 필요한 정도로 생산되어 향유된다. 인간과 자연을 문화적으로 잇는 연장의 개념을 확장해서 지혜와 기술을 통해 자연에서 생산물을 얻되 이웃과 협력을 통해 수행하고, 그에 따라 공정한 분배가 이루어짐으로써 사회 구성원 누구나 존엄한 인간으로서 살아가는 데 큰 불편함이 없도록 배려한다. 이웃 공동체와는 연대를 통해 상위 연맹체를 구성하며, 그 연장선상에서 국가를 존속시킬 수 있다. 물론 이때의 국가는 강제성을 수반한 권력을 폐기하거나 최소화하는 새로운 형태의 모습이어야 한다. 국가의 주요 역할은 생태주의 사회를 유지하기 위해 필요한 계획을 수립하고 집행하는데, 구성원의 참여에 따른 동의 속에서 진행해야 하며, 이웃 나라와 교류를 하되 평화적 연대의 원리에 따라 행해야 한다. 결국 이런 사회에서 각 구성원은 돌봄과 배려, 존중을 수행함으로써 누구나 활기(活氣)가 넘치는 방식으로 문화생활을 영위하고 행복한 미래를 열어 갈 수 있어야 한다.

종합하자면, 기-생태주의는 사회에서 자연으로 물 흐르듯이 정의가 구현되는 가운데 인간이 자유롭게 생활하면서 서로 협력하여 공동선을 이루고, 인간으로서 덕을 함양하는 가운데 합리성이 생태적 감성과 자연 영성을 싸안아 함께 어우러지는 세상을 열어 가도록 한다. 이때 자연에 흐르는 생기가 사회에도 감돌고, 이것을 인간의 문화적 생활에 알맞도록 이치에 따른 조절을 함께 일구어 냄으로써 인간이 자연과 상생하는 생태주의 사회로 나아가는 것이 불가능하지 않을 것이다. 무엇보다도 자연 친화성을 구

비한 동아시아 문화에 바탕을 둔 생태주의가 합리성을 담은 서양
의 생태주의와 합세하여 새로운 생태사회를 일구는 것이 가능하
리라고 전망된다.

참고문헌

권성아, 『홍익인간사상과 통일교육』, 집문당, 1999.

김기윤, 「생태학의 사회 문화적 배경에 관한 역사적 고찰」, 『한국과학사학회지』 제24권 제1호, 2002.

_____, 「진화 생태학의 형성을 통해 살펴본 생태학의 성격」, 『한국과학사학회지』 제24권 제2호, 2002.

김영식, 『주희의 자연철학』, 예문서원, 2005.

김지하, 『밥』, 분도출판사, 1984.

_____, 『오적』, 솔, 1993.

_____, 『동학이야기』, 솔, 1994.

_____, 『생명』, 솔, 1996.

_____, 『생명과 자치』, 솔, 1996.

_____, 『생명과 평화의 길』, 문학과지성사, 2005.

_____, 『흰 그늘의 미학을 찾아서』, 실천문학, 2005.

김한규, 『요동사』, 문학과지성사, 2004.

박기갑 외, 『환경오염의 법적 구제와 개선책』, 소화, 1996.

박종홍, 『한국사상사논고: 유학편』, 서문당, 1977.

류승국, 『동양철학연구』, 근역서재, 1983.

안계현, 「신라 불교의 교학사상」, 고익진 외, 『고대 한국불교 교학연구』, 민족사, 1989.

오문환, 『사람이 하늘이다』, 솔, 1996.

오홍근, 『자연치료의학』, 정한PNP, 2004.

은정희, 「원효의 불교사상」, 김형효 외, 『원효의 사상과 그 현대적 의미』, 한국정신문화연구원, 1994.

장회익, 「생명의 단위에 대한 존재론적 고찰」, 『철학연구』 제23집, 1988 봄.

_____, 『삶과 온생명』, 솔, 1998.

_____, 『온생명과 환경, 공동체적 삶』, 생각의나무, 2008.

조석필, 『태백산맥은 없다』, 사람과산, 1997.

정재서, 『한국 도교의 기원과 역사』, 이화여대 출판부, 2006.

조석필, 『태백산맥은 없다』, 사람과산, 1997.

차주환, 『한국도교사상연구』, 서울대 출판부, 1978.

최동희·이경원, 『새로 쓰는 동학: 사상과 경전』, 집문당, 2003.

최영성, 『한국유학사상사: 고대·고려편』, 아세아문화사, 1994.

_____, 『한국유학사상사 II: 조선전기편』, 아세아문화사, 1995.

_____, 『한국유학사상사 IV: 조선후기편 하』, 아세아문화사, 1995.

최준식, 『한국의 종교, 문화로 읽는다 2: 도교, 동학, 신종교』, 사계절, 1998.

최창조, 『한국의 풍수사상』, 민음사, 1984.

평양의학출판사 편, 『알기 쉬운 침구학』, 김영진 감수, 열린책들, 1991.

한면희, 「환경철학의 세계관과 윤리」, 『철학연구』 제35집, 1994.

_____, 「자연환경에 대한 도덕적 고려」, 『철학』 제46집, 1996 봄.

_____, 『환경윤리』, 철학과현실사, 1997.

_____, 「가이아 가설과 환경윤리」, 『철학』 제59집, 1999 여름.

_____, 「생명 존중의 동아시아 환경윤리」, 『대동문화연구』 제37집, 성균관대학교 대동문화연구원, 2000.

_____, 「환경정책철학의 원리와 필요성」, 한면희 외, 『우리 시대 환경의 과제』, 도서출판 환경정의, 2001.

_____, 「자연 친화적 사회의 환경정의와 생태윤리」, 최병두 외, 『녹색전망』, 도요새, 2002.

_____, 「세계화 시대의 환경정의」, 『인문과학』 제32집, 성균관대학교 인문과학연구소, 2002.

_____, 「한반도 녹색공동체의 이념: 기(氣)생태주의와 백두대간의 문화」, 『환경철학』 제1집, 2002.

_____, 「산업 자본주의 및 사회주의 자연 이념의 특성과 한계」, 『환경철학』 제2집, 2003.

_____, 「남성 생태주의자가 본 페미니즘 사상」, 『철학과 현상학 연구』 제23집, 2004 가을.

_____, 『초록문명론』, 동녘, 2004.

_____, 「환경윤리의 눈으로 조망한 환경운동」, 『환경철학』 제4집, 2005.

_____, 「환경운동사로 본 환경정의」, 『철학과 현상학 연구』 제28집, 2006 봄.

_____, 『미래세대와 생태윤리』, 철학과현실사, 2007.

_____, 「인문생태 연구의 필요성과 의의」, 『한국학논집』 제36집, 계명대학교 한국학연구원, 2008.

_____, 「환경정책철학의 원리와 한국의 환경정책」, 『환경철학』 제7집, 2008.

_____, 「스피노자와 생태주의」, 『니체와 생태주의적 자연관』, 2009년도 한국니체학회 · 한국환경철학회 봄철 공동학술대회 자료집, 2009.

한면희 · 이종훈, 『현대사회와 윤리』, 철학과현실사, 1999.

한영우, 『다시 찾는 우리 역사』, 경세원, 1997.

『한겨레신문』, 「내 혈액은 화학물질 칵테일」, 2003년 11월 8일자.

나라 야스아키, 『인도불교』, 정호영 옮김, 민족사, 1990.

다카쿠스 준지로, 『불교철학의 정수』, 정승석 옮김, 대원정사, 1989.

레스터 브라운, 『에코 이코노미』, 한국생태경제연구회 옮김, 도요새, 2003.

로버트 매킨토시, 『생태학의 배경: 개념과 이론』, 김지홍 옮김, 아르케, 1999.

로버트 A. 월리스 외, 『생물학: 생명의 과학』, 이광웅 외 옮김, 을유문화사, 1993.

로지 브라이도티 외, 『여성과 환경 그리고 지속 가능한 개발』, 한국여성

NGO위원회 여성과환경분과 옮김, 나라사랑, 1995.

루크 마텔, 『녹색사회론』, 대구사회연구소 옮김, 한울아카데미, 1998.

마루야마 도시아끼, 『기란 무엇인가』, 박희준 옮김, 정신세계사, 1989.

마리아 미스·반다나 시바, 『에코페미니즘』, 손덕수·이난아 옮김, 창작
과비평사, 2000.

맥클로스키, 『환경윤리와 환경정책』, 황경식 외 옮김, 법영사, 1995.

머레이 북친, 『사회 생태론의 철학』, 문순홍 옮김, 솔, 1997.

_____, 『사회 생태주의란 무엇인가』, 박홍규 옮김, 민음사, 1998.

상해중의학원 편, 『중의학 기초』, 오원교 옮김, 신아사, 2005.

숀 쉬한, 『우리 시대의 아나키즘』, 조준상 옮김, 필맥, 2003.

슈마허, 『작은 것이 아름답다』, 원종익 옮김, 원음사, 1992.

스피노자, 『에티카』, 강영계 옮김, 서광사, 2007.

알도 레오폴드, 『모래 군의 열두 달』, 송명규 옮김, 따님, 2003.

야나기다 세이잔, 『선의 사상과 역사』, 추만호 외 옮김, 민족사, 1989.

앨리슨 재거, 『여성 해방론과 인간 본성』, 공미혜 외 옮김, 이론과실천,
1992.

울리히 벡, 『위험사회』, 홍성태 옮김, 새물결, 2006.

유진 오덤, 『생태학: 환경의 위기와 우리의 미래』, 이도원 외 옮김, 민음
사, 1995.

이사도르 로젠펠드, 『대체의학』, 박은숙·박용우 옮김, 김영사, 1998.

장 프레포지에, 『아나키즘의 역사』, 이소희 외 옮김, 이룸, 2003.

제임스 러브록, 『가이아: 생명체로서의 지구』, 홍욱희 옮김, 범양사,
1990.

_____, 『가이아의 시대: 살아 있는 우리 지구의 전기』, 홍욱희 옮김, 범
양사, 1992.

키무라 키요타카, 『중국불교사상사』, 장휘옥 옮김, 민족사, 1989.

팡 리티엔, 『불교철학개론』, 유영희 옮김, 민족사, 1989.

풍우란, 『중국철학사』, 정인재 옮김, 형설출판사, 1989.

풍우, 『동양의 자연과 인간 이해』, 김갑수 옮김, 논형, 2008.

프리초프 카프라, 『현대 물리학과 동양사상』, 김용정 외 옮김, 범양사,

1994.

피터 싱어, 『동물해방』, 김성한 옮김, 인간사랑, 1999.

한스 울리히, 『더 이상 먹을 게 없다』, 오은경 편역, 모색, 2001.

하야시 하지매, 『동양의학은 서양과학을 뒤엎을 것인가』, 한국철학사상
　연구소 기철학분과 및 동의과학연구소 옮김, 보광재, 1996.

허준, 『東醫寶鑑　제1권　내경편』, 동의과학연구소 옮김, 휴머니스트,
　2002.

WCED, 『우리 공동의 미래』, 조형준·홍성태 옮김, 새물결, 1994.

김인환 역해, 『周易』, 고려대학교출판부, 2006.

홍원식 옮김, 『黃帝內徑　素問』, 전통문화연구회, 1992.

홍원식 옮김, 『黃帝內徑　靈樞』, 전통문화연구회, 1994.

余培林 註譯, 『新譯 老子讀本』, 臺北: 三民書局印行, 1973.

『論語』.

『老子』.

『湛軒書』.

『東經大全』.

『孟子』.

『三國史記』.

『筍子』.

『呂氏春秋』.

『栗谷全書』.

『莊子』.

『雜阿含經』.

『肇論』.

『周易』.

『漢書』.

『花潭集』.

『黃帝內徑: 素問』.

『黃帝內徑: 靈樞』.

Barbour, I. G., *Technology, Environment, and Human Values*, Westport, CT: Praeger, 1980.

Blackstone, W. T.(ed.), *Philosophy & Environmental Crisis*, Athens: University of George Press, 1974.

Bookchin, M., *The Ecology of Freedom*(revised ed.), Montreal: Black Rose Books, 1991.

Bouma-Prediger, S., *The Greening of Theology*, Atlanta: Scholars Press, 1995.

Bryant, B., "Introduction", B. Bryant(ed.), *Environmental Justice: Issues, Polices, and Solutions*, Washington, D.C.: Island Press, 1995.

Callicott, J. B., "Non-Anthropocentric Value Theory and Environmental Ethics", *American Philosophical Quarterly* 21, 1984.

_____, *In Defense of the Land Ethic: Essays in Philosophy*, Albany: State University of New York Press, 1989.

Capra, F., *The Tao of Physics*(3rd ed.), Boston: Shambhala Publications, 1991.

Carter, N., *The Politics of the Environment*, Cambridge: Cambridge University Press, 2001.

Cheng, Chung-ying, "On the Environmental Ethics of the *Tao* and the *Ch'i*", *Environmental Ethics* 8, 1986.

Cobb, J., Jr., "Ecology and Process Theology", C. Merchant(ed.), *Ecology*, Atlantic Highlands, N.J.: Humanities Press, 1994.

Commoner, B., *The Closing Circle*, New York: Bantam, 1971.

Daly, H. E., "Sustainable Growth: An Impossibility Theorem", H. E. Daly et al.(eds.), *Valuing the Earth: Economy, Ecology, Ethics*, Cambridge: The MIT Press, 1993.

Danford, J. W., *Wittgenstein and Political Philosophy*, Chicago: The University of Chicago Press, 1978.

Dasmann, R., "Future Primitives: Ecosystem People versus Biosphere People", *CoEvolution Quarterly* 11, 1976.

Devall, B. & G. Sessions, *Deep Ecology*, Salt Lake City: Gibbs Smith, 1985.

Dobson, A., *Green Political Thought*(3rd ed.), London: Routledge, 2000.

Feinberg, J., "The Rights of Animals and Unborn Generations", W. T. Blackstone(ed.), *Philosophy & Environmental Crisis*, 1974.

Folse, H. J. Jr., "The Environment and the Epistemological Lesson of Complementarity", *Environmental Ethics* 15, 1993.

Frankena, W. K., "Value and Valuation", *The Encyclopedia of Philosophy* V. 8, New York: Macmillan & Free Press, 1967.

Gewirth, A., "Human Rights and Future Generations", M. Boylan(ed.), *Environmental Ethics*, Upper Saddle River, N.J.: Prentice Hall, 2001.

Goodpaster, K. E., "On Being Morally Considerable", *Journal of Philosophy* 75, 1978.

Hardin, G., "The Tragedy of the Commons," H. E. Daly et al.(eds.), *Valuing the Earth: Economics, Ecology, Ethics*, Cambridge: The MIT Press, 1993.

Hayward, T., *Ecological Thought*, Cambridge: Polity Press, 1994.

Heisenberg, W., *Physics and Philosophy*, New York: Harper & Row, 1958.

Holland, A., "Suatainability", D. Jamieson(ed.), *A Companion to Environmental Philosophy*, Malden, MA: Blackwell, 2001.

Kuhn, T., *The Structure of Scientific Revolutions*(2nd ed.), Chicago: University of Chicago Press, 1970.

Leopold, A., *A Sand County Almanac: And Sketches Here and There*, New York: Oxford University Press, 1949.

List, P. C.(ed.), *Radical Environmentalism: Philosophy and Tactics*, Belmont, CA: Wadsworth Publishing Co., 1993.

Machan, T., "Pollution and Political Theory", T. Regan(ed.), *Earthbound*, Prospect Heights, Ill.: Waveland Press, 1984.

Martell, L., *Ecology and Society*, Cambridge: Polity Press, 1994.

McLaughlin, A., *Regarding Nature*, Albany: State University of New York Press, 1993.

Melosi, M. V., "Environmental Justice, Political Agenda Setting, and the Myths of History", O. L. Graham, Jr.(ed.), *Environmental Politics and Policy, 1960s-1990s*, University Park, Penn.: The University State University Press, 2000.

Merchant, C.(ed.), *Ecology: Key Concepts in Critical Theory*, Atlantic Highlands, N.J.: Humanities Press, 1994.

Miller, G. T., Jr., *Living in the Environment*, Belmont, CA: Wadsworth Publishing Co., 1985.

Munitz, M. K., *Contemporary Analytic Philosophy*, New York: Macmillan, 1981.

Naess, A., "The Shallow and the Deep, Long-Range Ecology Movement: A Summary", *Inquiry* 16, 1973.

_____, David Rothenberg(tr. & rev.), *Ecology, Community and Lifestyle*, Cambridge: Cambridge University Press, 1989.

Nash, R. F., *The Rights of Nature: A History of Environmental Ethics*, Madison: The University of Wisconsin Press, 1989.

Newton, D. E., *Environmental Justice*, Santa Barbara, CA: ABC-CLIO, 1996.

Pepper, D., *Eco-socialism*, London: Routledge, 1993.

Plumwood, V., "Feminism and Ecofeminism: Beyond the Dualistic Assumptions of Women, Men, and Nature", *The Ecologist* 22, 1992.

Popper, K. R., *Conjectures and Refutations*, New York: Harper & Row. 1965.

Prall, D. W., *A Study in the Theory of Value*, Berkeley: University of California Press, 1921.

Regan, T., *The Case for Animal Rights*, London: Routledge, 1983.

Reuther, R. R., *Gaia & God: An Ecofeminist Theology of Earth Healing*, New York: Harper San Francisco, 1992.

Ritter, A., *Anarchism*, London: Cambridge University Press, 1980.

Russel, C. A., *The Earth, Humanity and God*, Guildford: UCL Press, 1994.

Sagan, D & L. Margulis., "The Gaian Perspective of Ecology", *The Ecologist* 13, 1983.

Serafin, R., "Noosphere, Gaia, and the Science of the Biosphere", *Environmental Ethics* 10, 1988.

Sessions, G.(ed.), *Deep Ecology for the 21st Century*, Boston: Shambhala, 1995.

Talbot, C., "Environmental Justice", *Encyclopedia of Applied Ethics*, Vol. 2, San Diego, CA: Academic Press, 1998.

Tucker, M. E., "Ecological Themes in Taoism and Confucianism", M. E. Tucker et al.(eds.), *Worldviews and Ecology*, Maryknoll, N.Y.: Orbis Books, 1994.

Warren, K. J., "Feminism and Ecology: Making Connections", *Environmental Ethics* 9, 1987.

Wenz, P. S., *Environmental Justice*, Albany, N.Y.: State University of New York Press, 1988.

Weston, A., "Forms of Gaian Ethics", *Environmental Ethics* 9, 1987.

White, L., Jr., "The Historical Roots of Our Ecological Crisis", *Science* 155, 1967.

Zimmerman, M. E., "General Introduction", M. E. Zimmerman et al. (eds.), *Environmental Philosophy*, Englewood Cliffs, N.J.: Prentice Hall, 1993.

한면희(韓勉熙)

호는 가언(駕言). 1956년 충남 청양 태생으로 성균관대학교 중문학과(철학
부전공)를 졸업하고, 같은 대학교 대학원 철학과에서 석박사 과정을 마쳤으
며, 「환경윤리와 자연의 가치」란 주제로 철학 박사 학위를 취득하였다. 서강
대학교 연구교수와 녹색대학교 교수 및 대표를 역임하였으며, 현재 전북대학
교 쌀·삶·문명연구원 HK교수로 재직하고 있다. 주요 논문으로 「환경철학
의 세계관과 윤리」, 「가이아 가설과 환경윤리」, 「남성 생태주의자가 본 페미
니즘 사상」, 「환경정책철학의 원리와 한국의 환경정책」 등이 있고, 저서로는
『환경윤리』(1997), 『초록문명론』(2004), 『미래세대와 생태윤리』(2007) 등이
있다.

동아시아 문명과 한국의 생태주의

·

2009년 8월 20일 1판 1쇄 인쇄
2009년 8월 25일 1판 1쇄 발행

지은이 / 한 면 희
발행인 / 전 춘 호
발행처 / 철학과현실사
서울시 종로구 동숭동 1-45
전화 579-5908·5909
등록 / 1987.12.15.제1-583호

ISBN 978-89-7775-698-4   03130
값 15,000원